《近代中国》编委会

近代中国

JIN DAI ZHONG GUO

上海中山学社 主办

【第三十一辑】

主　编：廖大伟

副主编：戴鞍钢　　　易惠莉

编辑部主任：陆兴龙

上海社会科学院出版社
SHANGHAI ACADEMY OF SOCIAL SCIENCES PRESS

目　录

社　会　政　治

经　济　社　会

社会政治

陈天华蹈海意义之辩与
中国救亡道路选择①

刘长林　朱昊中

陈天华是清末我国著名的革命宣传家。他的《猛回头》《警世钟》等宣传文章脍炙人口,对民族主义与革命思想的形成与传播做出了重大贡献。在日本政府"取缔规则"事件中,他的自杀间接导致了大量留学生回国参与革命、创办教育机关中国公学于上海,深刻地影响了清末的国内局势。关于陈天华的思想以及蹈海原因,目前已经有不少研究,如从传统的观念和民族气节方面分析陈天华蹈海的原因,②从心理学纵向的角度分析陈天华的心态,③从政治学的矛盾论分析陈天华身上的三对矛盾,使他走上了蹈海的道路,④将陈天华之死与某一群体联系,认为陈天华代表了没有完成职业革命家身份转换的那部分知识分子,他的自杀反映了这两个身份的冲突。⑤ 然而,陈天华去世后,时人对陈天华之死的意义有

① 基金项目:国家社科基金一般项目(15BSH017):自杀问题防范与处理的中国经验研究;上海市哲学社会科学研究规划一般项目(2013BLS003):中国近代城市化进程中的自杀问题研究。
② 刘真武:《陈天华蹈海捐躯因果论》,《河北大学学报》1987年第3期。
③ 陈一容:《陈天华蹈海自殉探因》,《西南师范大学学报》1997年第3期。
④ 刘云波:《陈天华蹈海原因新析》,《文史哲》2002年第5期。
⑤ 王瑞成:《知识分子与革命:陈天华的困境与历史之困》,《民国研究》2013年第1期。

不尽相同的诠释,上述研究涉及较少。本文通过分析当时留学界的不同派别以及国内的舆论,对此进行初步研究。

一、取缔规则事件与陈天华蹈海之因

1905 年,中国的留日学生达到了史无前例的 8 000 人。如此庞大的留学生团体,又缺乏专门的管理章程,自然也产生了不少问题。一些学校为了牟利而激烈竞争,导致教育质量下降,再加上留学生人数众多、良莠不齐,校方和留学生在保送入学、课程设置、住宿等问题上发生多次摩擦和纠纷。有鉴于此,1905 年 11 月 2 日,日本文部省正式颁布《关于准许清国学生入学之公立、私立学校之规程》(以下简称为《规程》),希望能对接收中国留学生的公私立学校进行整顿,改善留学教育的混乱局面,并提高留学生的素质。

然而,当时的留日学生却对这一规程产生了误解与误读,认为该项规程是日、中两国政府相互串通的结果,目的是为了压制留日学界的革命思潮。一些留学生受到传闻影响,误译规程为《清韩留学生取缔规则》(以下简称为《取缔规则》)等,认为这是日本蓄意侮辱中国留学生、侵辱国权的行为,纷纷表示反感和抵制。在这种情况下,中国留学生会馆干事与各省同乡会负责人经多次会议,商定《学生公禀》,于 11 月 28 日以全体留学生的名义上呈驻日公使杨枢,请求代为转达至日本文部省,希望能够修改或取消可能对中国学生不利的第九、十两条。由于前述的种种误解,留学生的民族情绪很快就高涨起来,一部分同学成立了"留学生联合会",以胡瑛为会长,主张以罢课要求日本政府修改条约,不然则全体归国,希望可以借此事件组织留学生集体退学回国,投身于反清革命的实践。另一部分同学反对这一主张,认为《规程》与国体无关,罢课属于误解规程,主张恢复上课,成立了维持会。随着留学生的情绪不断激进化,联合会的势力也随之扩张,领导留学生集体罢课,要求日本政府取消整个规程,不然则全体归国。12 月 8 日,陈天华投海身死,更是激化了留学生的情绪,认为陈天华是为了反对该规程而死,留日同仁应该继承其遗志,斗争到底。①

陈天华对此事的真实立场,并不像这些留学生所想的那么简单和片面化。在 1905 年夏季,曾经流传过日本政府要制定《清韩留学生取缔规则》的消息。陈天华认为这是"以无理加于我","使我与韩国学生,同受彼邦旅邸下女小使之凌辱",于是撰写了《敬告我国人》一书,呼吁国人"万众一心,同御此侮"。但是当他得知这只是传言后,计划也随之取消。而等到 11 月 2 日,"日本文部省之《规程》既颁布,我留日学生集议反对,有推天华作檄文以示声讨者。天华以条文重在管理学校,与夏间所传取缔学生迥然不同,遂力辞之"。② 由此可见,陈天华虽然也会受到传闻的影响而情绪激动,但他阅读了《规程》后,发现这一规程与传言不一样,便推辞了写作声讨檄文的任务。因此,他的立场与那些强烈反对规程的留学生迥然不同,显然不会为了激励他们而蹈海自尽。陈天华遗书说:"继同学诸君倡为停课,鄙人闻之,恐事体愈致重大,颇不赞成;然既已如此矣,则宜全体一致,务期始终贯彻,万不可互相参差,贻日人以口实。"③他想说的是,他并不赞成留学生以停课的方式进行抗争,认为这并不是一个好选择。既然已经开始停课了,他也表示支持,如果再不团结一致、坚持到底的话,那么就会"贻日人以口实",在斗争中陷入更不利的地位。然而,陈天华与联合会的留日学生虽然同样是主张罢课,其想要达到的目的也是不同的。联合会的留日学生由于认为《规程》侮辱人格、侵害国权,要求将其取

① 李喜所、李来容:《清末留日学生"取缔规则"事件再解读》,《近代史研究》2009年第 6 期。

② 中国人民政治协商会议北京市委员会文史资料研究委员会编:《文史资料选编第三十三辑》,北京出版社 1988 年版,第 100 页。

③ 刘晴波、彭国兴编:《陈天华集》岳麓书社 2008 年版,第 230 页。

消，为此不惜以回国抗议。陈天华则对《规程》没有那么大的敌意，也并不坚持将其取消。之所以要求学生"全体一致"，是不希望看到留学生内部的混乱被日本人抓住，作为攻击的借口而已。他在《致留日学生总会诸干事书》中，告诫总会干事"事实已如此，诸君不力为维持，徒引身而退，不欲有留学界耶？"[1]显然，他是希望留日学生总会的干事能够约束留学生的过激情绪。他担心自己的自杀会为罢课归国附上一层道德光环，留日同仁会因为他的死而更加激进，无法与日本政府达成妥协，于是在遗书中写道："鄙人死后，取缔规则问题可了则了，切勿固执。"[2]如果留学生因为他的死而愤然归国的话，那就误解他的本意了，因为他在遗书中告诉留日同仁，自己死后，希望他们能够"卧薪尝胆，刻苦求学，徐以养成实力，丕兴国家"[3]，可见无论《规程》是否取消，他还是希望留学生继续在日本求学，等到学成之后再来报效祖国。

陈天华对于"取缔规则"事件的看法已如上所述。要进一步说明的是，陈天华的自杀虽然受到这一事件的刺激，但是他的真正意图，并不是为了激励留学生抗争："但慎毋误会其意，谓鄙人为取缔规则问题而死，而更有意外之举动。"[4]他的自杀，显然还有更深层次的含义。

日本各大报纸对留学生的嘲讽谩骂，无疑是陈天华之死的导火线，正可以借此窥见其自杀想要表达的意义。据张篁溪记载，陈天华"见日本各报，因我学生罢课风潮扩大，反唇相讥，不觉怒气填膺，自言自语曰：'吾同胞其果为放纵卑劣耶？吾同胞之团体，其果为乌合之众耶？'又以各校停课后，主张归国者与主张恢复上课者，显已分成两派，意见大有出入，乃曰：'此《规程》更改与否，原无足

---

① 刘晴波、彭国兴编：《陈天华集》，岳麓书社 2008 年版，第 228 页。
② 刘晴波、彭国兴编：《陈天华集》，岳麓书社 2008 年版，第 231 页。
③ 刘晴波、彭国兴编：《陈天华集》，岳麓书社 2008 年版，第 231 页。
④ 刘晴波、彭国兴编：《陈天华集》，岳麓书社 2008 年版，第 231 页。

轻重,惟彼政府口言欲为吾国学生尽其教育之责任,何不更改数条,以实行其方针,而必结此冤恨乎?设有较此事而大者,吾同胞亦将如此不谋而动,以莫衷一是乎?倘果如彼报纸所言,则难洗被詈之恶名,又岂不可耻也乎?'"①由此可见,留学生在这一事件上表现出的"不谋而动"和"莫衷一是",被日本的各大报纸利用,以为口实。陈天华对留学生如此轻举妄动的行为也是深为失望。而日本报纸嘲讽中国留学生"放纵卑劣",更是触动了他心中的隐痛,在遗书中写道:"夫使此四字加诸我而未当也,斯亦不足与之计较。若或有万一之似焉,则真不可磨之玷也。"那么,在陈天华的心目中,这四个字究竟是否符合当时留学界的实情呢?从陈天华的态度来看,答案是肯定的。因为陈天华明确表示,如果用这四个字来形容留学界并不恰当的话,那也不值得和他们计较。但是陈天华对此却表现得耿耿于怀:"鄙人心痛此言,欲我同胞时时勿忘此语,力除此四字,而做此四字之反面:'坚忍奉公,力学爱国'。"②这句话表明,他并不认为"放纵卑劣"这四个字仅仅是日本人的污蔑,还认为它反映出了留学界的一部分实质,所以才会心痛此言,告诫留日同仁力做此四字之反面。

正是出于对留学生的失望,陈天华在遗书中,对当时的留日学生也多有批评,认为他们"有可疵可指之处亦不少"③。如有一部分同学毫无爱国心和责任感,"以东瀛为终南捷径,其目的在于求利禄,而不在于居责任。其尤不肖者,则学问未事,私德先坏,其被举于彼国报章者,不可缕数"。④即使是所谓的爱国青年,也有很多人"误解自由,以不服从规则、违抗尊长为能,以爱国自饰,而先

① 中国人民政治协商会议北京市委员会文史资料研究委员会编:《文史资料选编》第三十三辑,北京出版社1988年版,第100—102页。
② 刘晴波、彭国兴编:《陈天华集》,岳麓书社2008年版,第231页。
③ 刘晴波、彭国兴编:《陈天华集》,岳麓书社2008年版,第230页。
④ 刘晴波、彭国兴编:《陈天华集》,岳麓书社2008年版,第230页。

牺牲一切私德。此之结果,不言可想"。① 在"取缔规则"事件中,陈天华看到一些同学虽然爱国之心可嘉,但是目光短浅,仅凭一时的感情冲动而无以为继,劝告他们"凡作一事,须远瞩百年,不可徒任一时感触而一切不顾,一哄之政策,此后再不宜于中国矣。如有问题发生,须计全局,勿轻于发难,此固鄙人有谓而发,然亦切要之言也"。②

　　陈天华对留学生的指责,实质上是爱之深而责之切。因为在陈天华的思想体系中,"中等社会"是中国将来的希望。所谓"中等社会",其实就是指一部分掌握了新知识、新思想的"先知先觉"——知识分子,说得再确切一点,其实主要就是指他所侧身的留日学界。③ 虽然说"今日之中国,主权失矣,利权去矣,无在而不是悲观,未见有乐观者存",但是"其有一线之希望者,则在于近来留学者日多,风气渐开也。使由是而日进不已,人皆以爱国为念,刻苦向学,以救祖国,则十年二十年之后,未始不可转危为安"。④正因为他把所有的希望都寄托在了留学界上面,当留学生暴露出自身的问题时,并被日本报纸指责时,他表现得特别敏感:"惟留学生而皆放纵卑劣,则中国真亡矣。岂特亡国而已,二十世纪之后有放纵卑劣之人种,能存于世乎?"⑤陈天华的自杀,反映了他对留日学生的失望,但在失望中也包含了希望,说明陈天华希望能用一死促其醒悟。因此,陈天华自杀的目的不是为了抗议日本报纸的辱骂,因为他一向"原重自修,不重尤人"⑥,而是希望同胞能够从这一事件中吸取教训,从自身做起,"亟讲善后之策,力求振作之方,

---

①　刘晴波、彭国兴编:《陈天华集》,岳麓书社 2008 年版,第 234 页。
②　刘晴波、彭国兴编:《陈天华集》,岳麓书社 2008 年版,第 234 页。
③　刘云波:《陈天华蹈海原因新析》,《文史哲》2002 年第 5 期。
④　刘晴波、彭国兴编:《陈天华集》,岳麓书社 2008 年版,第 230 页。
⑤　刘晴波、彭国兴编:《陈天华集》,岳麓书社 2008 年版,第 231 页。
⑥　刘晴波、彭国兴编:《陈天华集》,岳麓书社 2008 年版,第 231 页。

雪日本报章所言,举行救国之实"①,而不是仅仅把这一事件当成一次反日运动,而忽略了反省自身。对于这番劝谏,陈天华"恐同胞之不见听而或忘之,故以身投东海,为诸君之纪念",希望"诸君而如念及鄙人也,则毋忘鄙人今日所言"②。

总而言之,在中国留学生反对"取缔规则"的过程中,留学生暴露出很多非理性、非文明倾向,遭到日本媒体的攻击,令陈天华深为失望。他希望通过一死促进同胞醒悟,努力做到"坚忍奉公,力学爱国"。

二、留学生对陈天华蹈海的不同理解与意义评价

陈天华的死讯很快就传遍了留学界。一部分同学领回了他的遗书,并聚集在留学生会馆,"一人宣读之,听者数百人,皆泣下不能抑"。③ 然而,反对"取缔规则"事件正在高潮时期,大部分同学的情绪都很激昂,很少有人仔细阅读陈天华的遗书,静下心来思考他自杀的目的何在。陈天华自杀的结果,仅仅是导致学界的风潮更加激烈而已。据梁启超的观察,"自君之死,而全学界热度复陡增数倍。……乃反以增固执者之热狂,是恐又非君之志已"。④ 景梅九在回忆此事时提到,陈天华死后,"大家即时开了个追悼会,有几个晓得先生事迹的,痛哭流涕演说了一场,人人悲恨填胸,有愿和先生同死的景象,风潮又汹涌起来"。⑤

---

① 刘晴波、彭国兴编:《陈天华集》,岳麓书社 2008 年版,第 231 页。
② 刘晴波、彭国兴编:《陈天华集》,岳麓书社 2008 年版,第 231 页。
③ 郭汉民编:《宋教仁集》,湖南人民出版社 2008 年版,第 22 页。
④ 中国之新民:《记东京留学界公愤事并述余之意见》,1905 年 12 月 26 日《新民丛报》。
⑤ 中国史学会主编:《中国近代史资料丛刊:辛亥革命》(二),上海人民出版社 1957 年版,第 243 页。

在反对"取缔规则"的运动达到顶峰时,留学生已经受爱国激情的缠绕而远离了理智,陈天华的死讯和死因更是通过口耳相传的方式在大多数留学生之间传播,误解也就不可避免了。当时的一位留学生黄尊三,在日记里记下了自己听到陈天华死讯的反应:"午后,陈兆襄来,谓同乡陈君天华,为取缔规则事,愤而投海,遗书数千言,勉励同人,非达到取消取缔规则的目的,决勿留东。闻之深为哀悼……此次凶耗传来,留学界全体为之震动。是晓,弘文代表,持愿书找余书名,余即书愿归,并画押其下。"①黄尊三并不是留学生中的激进分子。在"取缔规则"事件愈演愈烈时,他"主张详细调查日本取缔留学生之原因,与规则内容,及各省同乡会对此问题之应付情形。众以为不必调查,即日停课,多数举手,一哄而散"。②但是在听到陈天华的死讯,他却没有调查陈天华的死因,就理所当然地认为陈天华之死,是为了激励留学生全体归国,并因此而采取了归国的行动。另一位留学生王时泽虽然并不以罢课为然,主张"忍辱负重,学成然后归国",然而他也同样认为陈天华之死,是为了反对取缔规则而死。③这说明即使是少数较为理性的留学生,也难以摆脱风潮的影响。留学生中的激进派更是借助于陈天华之死,将矛头指向了反对归国的同学:

> 此皆反对党有以激成之也。天华之所以死,愤团体之不同也。吾辈尚忝颜在日本留学,其将何以对死者?自今日有天华蹈海之信,反对党魄为之慑,渐屏息不敢复出。即如法政学堂反党首领邵章、汪兆(盟)〈铭〉等,或逃往横滨,或潜行归国。此外各学堂之败类,尚有倡言维持会者。此丧心病狂之

---

① 黄尊三:《留学日记》,湖南印书馆1933年版,第38页。
② 黄尊三:《留学日记》,湖南印书馆1933年版,第36页。
③ 郭延礼编:《秋瑾研究资料》,山东教育出版社1987年版,第204页。

徒,将来难免不以白刃从事。盖天华以争取缔不得而死,凡稍有人心者无不悲悼。其甘为外人奴隶而不辞者,皆同人所欲劂刃于其腹中者也。现在此事已至如此,回国者至少当居三分之二五。将来吾国士气之振作,内地学界之发达,未始非天华之力也。①

虽然大多数同学认为陈天华的死是为了激励同学取消"取缔规则",但仍有少数同学不以为然,与之争锋相对:"陈天华投海身殉,留日同人,莫不震悼。联合会人谓:天华为《规程》而死,后死者应继承遗志,再接再厉,百折不回。其不附和联合会者则曰:天华最初即为不赞成停课之人,且有'停课问题,可了则了'之言,后死者应适可而止,毋负其嘱。两说各以陈天华之死,为其主张之理由,彼此辩论,互不相下。"②双方都以陈天华的遗书为依据,却产生了截然不同的解读。如陈天华遗书中有"可了则了,万勿固执"一句,反对停课者认为这是"陈君反对停课之据,并以此问题为不当争,而愤激而拼此一死,效古直者之以尸谏也。"③但是赞同停课者却认为陈天华说这句话的目的是"诚恐事故久则变态多,我学界团结之不坚,或于中途有不思议之解散,我所要求,卒不可得,反使外人获最后之胜利,则我以争国体之故,而适以失国体者更多。其语重忧深,而用心亦已苦矣"。④ 对于反对停课者认为陈天华之死是为了"尸谏"的主张,赞同停课者反驳道:"陈君非大愚病狂,何至为此为大多数人而轻生若此。即不忍见此剧烈之举动,或深居简

---

① 《烈士陈天华蹈海纪事》,1905 年 12 月 25 日《中华报》。
② 中国人民政治协商会议北京市委员会文史资料研究委员会编:《文史资料选编第三十三辑》,北京出版社 1988 年版,第 101 页。
③ 中国史学会主编:《中国近代史资料丛刊:辛亥革命》(二),上海人民出版社 1957 年版,第 224 页。
④ 中国史学会主编:《中国近代史资料丛刊:辛亥革命》(二),上海人民出版社 1957 年版,第 224 页。

出,或旅行各地,亦无不可。乃凭一瞥之感情而愤不顾身,陈君亦死非其所矣。何者? 以不值一死而竟死,则不过一刹那顷,而此事将不足挂人齿颊。"①虽然对陈天华自杀的原因,双方有不同的解读,但仅仅围绕着陈天华到底是为了赞成停课还是为了反对停课,而缺少自省的成分,显然失之于肤浅,也并不符合陈天华遗书的初衷。

关于陈天华死亡的意义,为何会受到大多数留学生,以至国人的误解呢? 首先,并不是所有留学生都读到了陈天华的遗书,因此只能通过他人转述来理解他自杀的意义,如前文所述的黄尊三就是如此。等到日本取消《规程》后,他又重新回到日本留学,直到1909 年 9 月 11 日才接触到了陈天华的遗书,已经过去了将近 4年。他在日记里记下了自己的感受:"阅日报毕,复看民报。有(秦)〈陈〉天华绝命书一篇,反复读之,不胜感慨。庸碌如余,对此只有抱愧。誓由下午二点二十五分钟起,从新为人。"②许多人对陈天华之死的印象已经形成,即使有机会读到陈天华的遗书,也未必能像黄尊三那样"反复读之",自然无法修改自己的固有印象。其次,陈天华的遗书中,对于留学生应该如何应对这一事件,确实有若干自相矛盾的地方,这就给了别人以利用的机会。徐佛苏指出,陈天华的性格中有诱于热度的成分,"静想时,理解甚精。若遇事时,即不能制裁热度"。③ 正是因为如此,他才会"既明言取缔规则问题,可了则了,又云宜全体一致,始终贯彻"。④ 事实上,陈天华的目的是留学生的全体一致,不给日本人以攻击的口实。至于究竟是一致罢课还是一致复课,反而是次要的问题。如果带有先

① 中国史学会主编:《中国近代史资料丛刊:辛亥革命》(二),上海人民出版社1957 年版,第 224 页。
② 黄尊三:《留学日记》,湖南印书馆 1933 年版,第 201 页。
③ 佛苏:《对于陈烈士蹈海之感叹》,1906 年 2 月 8 日《新民丛报》。
④ 佛苏:《对于陈烈士蹈海之感叹》,1906 年 2 月 8 日《新民丛报》。

入之见的话，就很容易从里面摘录只言片语，作为自己观点的佐证。如罢课派指责复课派对陈天华遗书的解读，是"以强人就我之故，又复卤莽灭裂"①，其实双方并不存在一方高于另一方的事情。由此可见，在"取缔规则"事件中，不能"制裁热度"的，恐怕并不是陈天华，而是当时的大多数学生。

为了抗议日本的"取缔规则"，不少留学生选择了回国，并在上海创办中国公学。即使是在日本取消《规程》后，一部分留学生也没有选择回到日本，而是继续在上海坚持下去。当盲目的爱国主义情绪冷却以后，留学生的理性又重新回归。经过反思以后，他们对于"取缔规则"事件以及陈天华之死又有了新的评价。如中国公学创始人之一的姚宏业，在遗书中对"取缔规则"事件的是非采取了模糊的立场，称"夫此次之争之当与否，今姑勿论"②，态度明显有所保留。中国公学在收到日本留学界的友人来函，得知留学界在抵制"取缔"失败后，"团体之涣散，自治之疏纵"，写信告诫道：

> 去岁陈烈士星台绝命书云：吾之死，非为取缔而死。又云：留学生而放纵卑劣，则中国真亡矣云云。是星台之死，全为我留学界自治不严，团体不固死也。即今观之，一若烈士预见及此等现象，故特为下一针砭也者。夫放纵卑劣之足以亡国，及留学生放纵卑劣足为亡国之基础，此道至明，无待解释。第思他日我中国脱有不幸，千秋万岁后之读史者将齐声论断曰此留学生阶之厉也，诸君能受之乎？且星台有见于此，故不惜牺牲其最可宝贵之生命，以冀我辈之一悟。自非木石，乌能无所动于中？而今日仍不免有此现象，是诲者谆谆而听者终藐藐也。诸君试一抚衷自维，何以对我陈星台于九原者？③

---

① 中国史学会主编：《中国近代史资料丛刊：辛亥革命》（二），上海人民出版社1957年版，第224—225页。

② 郑孝胥：《中国公学第一次报告书》，商务印书馆1908年版，第70页。

③ 郑孝胥：《中国公学第一次报告书》，商务印书馆1908年版，第58—59页。

文中指出陈天华并不是为了"取缔规则"而死,而是为了"留学界自治不严,团体不固"而死,标志着一些回国留学生开始客观地看待陈天华自杀想要表达的意图而有所反省。虽然陈天华本意是希望留学生能够在日本安心学习,对国家有所贡献,但他也说过:"鄙人以救国为前提,苟可以达救国之目的者,其行事不必与鄙人合也。"①因此,即使留学生选择回国创办中国公学,可能辜负了陈天华的期望,但是回国创办教育,并不违反救国的主旨,也符合陈天华所想要表达的精神。正如有学者指出的那样,"'取缔规则'事件由误读、激进到自省的转变,标志着弥漫于留日学生中强烈的爱国主义激情开始由感性向理性提升"。② 留学生对陈天华之死的意义评价,也同样遵循了这一轨迹。

由于在"取缔规则"运动中,国内对这一事件的认识大多是通过留学生的信件而得来,因此留学生对陈天华之死的意义评价,势必会影响到陈天华在国内的形象。由于大部分留学生都认为陈天华是为了反对"取缔规则"而死,所以国内的报纸在登载留学生信函时,也把这一观念带入了国内。如《申报》转述的留学生信件,在叙述陈天华死因时称:"陈天华干事(湖南人,《警世钟》主笔)愤而蹈海以励同学(其遗书有初次即休学本属大误,今事已决裂,惟有坚持团体,不达目的,全体归国之语)。"③《大公报》在转述留学生信件时称:"留学生湖南新化志士陈天华君因痛愤规条之苛待,已于十一月十二日跃入东海死。同学闻耗,一齐号哭,反抗风潮益形激烈矣。"④不难想象,陈天华形象的建构会受到这些报道很大的影响。他的自杀,则被描绘成反对日本帝国主义的经典案例。

---

①　刘晴波、彭国兴编:《陈天华集》,岳麓书社,2008 年版,第 232 页。

②　李喜所、李来容:《清末留日学生"取缔规则"事件再解读》,《近代史研究》,2009 年第 6 期。

③　爽:《留日学生同盟退校之原因》,1905 年 12 月 17 日《申报》。

④　《留学风潮纪闻》,1905 年 12 月 28 日《大公报》。

三、立宪派对陈天华之死的解读

陈天华自杀的消息传遍学界，也为梁启超所得知。他在总结陈天华的死因时，认为他的死是因为"深愤日本报纸上'放纵卑劣'之辱骂，乃以身殉之，而劝告后死者以团体之不可不坚也"。① 徐佛苏亦指出："夫烈士淹死之原因，非为日本文部省所发布之规程也。绝命词中云：'慎毋误会其意，谓鄙人为取缔规则而死。'夫既非为规则而死，然何以偏值留学生抵抗规则风潮急激之时而蹈海耶？此无他，其有决死之志，不自今日始耳……特今日及抵抗规程之事，触发其积愤耳。且其最伤心之处，在日本某报'放纵卑劣'一语。如此则更非触发于抵抗规程之原动力而死，乃系触发于抵抗规程之反动力而死也。乃他人误会其用意，故对于烈士之死也，或有不甚表同情者，或有妄引为同调者，究之皆未熟察烈士平昔之性情也。"②在旅日的立宪派看来，陈天华自杀的原因并不是为了反对《规程》，而是因为他很早就抱有死志，又受到了日本报纸辱骂留学生的刺激。其自杀的目的，是为了劝告留学生坚固团体。

徐佛苏在《新民丛报》上发表了《对于陈烈士蹈海之感叹》，对陈天华的思想作出了评价，并借陈天华之死，抒发了自己对于统治者和爱国者的建议。徐佛苏认为，陈天华的思想变化，经过了三个时期："自入该省学堂，为其心理滋养时期；自东渡留学，为其心理发达时期；自客春以来，为其心理结构时期。"③最为外界所熟知的是陈天华思想的发达时期，鼓吹反满革命，也因此受到了社会的推崇与政府的屏斥。但是徐佛苏认为那是"窥其一斑，妄加褒贬，陋

---

① 中国之新民：《记东京留学界公愤事并述余之意见》，1905 年 12 月 26 日《新民丛报》。

② 佛苏：《对于陈烈士蹈海之感叹》，1906 年 2 月 8 日《新民丛报》。

③ 佛苏：《对于陈烈士蹈海之感叹》，1906 年 2 月 8 日《新民丛报》。

已",因为陈天华的思想已经在其死前一年发生了变化,"集大成于结构时期"①。普通人所熟悉的是陈天华主张破坏的一面,但这并不是陈天华思想的全貌。徐佛苏以陈天华的《要求救亡意见书》和《绝命辞》为佐证,将他在结构时期的思想概括为 3 条:(一)对于政府有正当要求之条件也;(二)知以暴烈手段为最后之示威举动也;(三)知无学不能救国,不主张急进也。简而言之,如果说陈天华在发达时期的思想是主张暴力革命,那么他在结构时期就是倾向于改良。徐佛苏认为:"譬之山然,丘壑纵横,不过为其结穴之过脉。譬之木然,花叶披纷,不过为其结果之酿渍。一丘一壑,讵足见山岳之雄奇耶? 一花一叶,讵足见果品之秾美耶?"②他运用比喻的手法,将陈天华第二时期的思想比作丘壑和花叶,将陈天华第三时期的思想比作山岳和果品。显然,徐佛苏认为陈天华结构时期的思想要高于前一时期。他指出,虽然"他人之为烈士作传记者,大都引证其鼓吹革命主张激烈之一派事实,充篇幅之内容,而于其近来变迁之心理,概置不录。其别有用心,固可嘉谅"③,但是"烈士近来之心理,沉毅坚卓,深入学理,尤为现社会之圣剂。毋谓趋于平淡,不能受舆论之欢迎。且传记者务精神逼肖,使生气仿佛行间。若随笔墨范围之广狭,以出入其性质。则死者一生之事实心理,皆不啻专为搦管者,增其润色之颜料也"④ 也就是说,虽然陈天华的革命思想深入人心,他的改良倾向不受舆论欢迎,但是写传记的人应该客观地表达他的思想变化,否则的话写出的只是执笔者,而不是陈天华本人了。这段话应该是有所谓而发,针对的是《民报》上宋教仁所写的《烈士陈星台小传》。宋教仁在传记中就强调了陈天华革命的一面,称其"日惟著述以鼓吹民族主义","近年

---

① 佛苏:《对于陈烈士蹈海之感叹》,1906 年 2 月 8 日《新民丛报》。

② 佛苏:《对于陈烈士蹈海之感叹》,1906 年 2 月 8 日《新民丛报》。

③ 佛苏:《对于陈烈士蹈海之感叹》,1906 年 2 月 8 日《新民丛报》。

④ 佛苏:《对于陈烈士蹈海之感叹》,1906 年 2 月 8 日《新民丛报》。

革命风涛簸荡一时者,皆烈士提倡之也"①。关于陈天华自杀的原因,是因为他"益见中国之将邻于亡,革命之不可一日缓"②。至于陈天华在 1905 年年初想要赴北京请愿以及他想要表达的改良主张,则轻描淡写地一笔带过:"今年春发意见书,思单身赴北京有所运动,为同学所阻止。"③为何徐佛苏要花那么大的篇幅来要描述陈天华死前的思想变化呢?因为在立宪派看来,陈天华"既以一死欲易天下,则后死者益崇拜之而思竟其志,亦义所宜然"。④ 指出他的思想变化,可能把一些陈天华的追随者拉入己方的阵营。其实质用心,是为了与革命派争夺陈天华思想的解释权,宣传立宪派的主张。

接下来,徐佛苏通过陈天华之死,对执政者、爱国者提出了自己的忠告。对于陈天华之死,执政者应当予以理解,知道"忧国志士之激烈,实因日夜悲悯过切,思想愤乱,肝肠郁结,故一时不免,有矫枉过正之弊。非出于名誉心、禄位心、破坏心也。不然何以一旦决死不顾哉!"⑤因此,革命党的主张并不是"无病呻吟",而是急切地想要拯救国家的危难,为此不惜采取激烈的手段。在当下的世界,即使是在一些立宪共和国,也很难避免反对派的出现,更何况中国目前的情况,"外则竞争日逼,内则秩序荡然。卑污羸弱者,盘踞要津。暴恣黠猾者,舞弄典宪"。在这种情况下,"人人有与政府决死之心",而"烈士之死也,尤足以为其导火线。后来再接再厉,不可思议"。徐佛苏引用了拿破仑的名言"数叶反对之报纸,胜于千百之铳枪",更进一步发挥说:"一志士之决死,胜于千万之铳枪也。"徐佛苏高度评价了陈天华之死的意义,认为他的死比反对

---

① 郭汉民编:《宋教仁集》,湖南人民出版社 2008 年版,第 26 页。
② 郭汉民编:《宋教仁集》,湖南人民出版社 2008 年版,第 26 页。
③ 郭汉民编:《宋教仁集》,湖南人民出版社 2008 年版,第 26 页。
④ 饮冰:《申论种族革命与政治革命之得失》,1906 年 3 月 9 日《新民丛报》。
⑤ 佛苏:《对于陈烈士蹈海之感叹》,1906 年 2 月 8 日《新民丛报》。

派的报纸还要厉害。以法国大革命为例,"其始也不过一二志士之抵抗,浸假而势力普及于全国"。为了避免这种情况出现,徐佛苏告诫执政者应该做到励精图治,才能避免革命的出现,并为执政者画出了一张美好的蓝图:"倘能力扶纪纲,调和民气,昏耄者退避贤路,干实者拔选群才,推诚布公,黜华崇实,无徒翎顶扬扬,拜跪跄跄,以置国难于度外,则中国不难转危为安矣,民气自日消于范围中矣。"①

对于爱国者,徐佛苏指出,陈天华的性格有优点,也有缺点。其优点有三:志行艰苦、理想敏锐、实行勇朴。其缺点有三:纯任悲观、偏尚独裁、诱于热度。志行艰苦,是指陈天华的行为全部出于他爱国的赤诚之心,性格方正,而不沉迷于声色。理想敏锐,是指陈天华虽然没有专门学习法律,也没有政治经验,但其思想相当符合这些学科的学理。实行勇朴,是指陈天华想到什么就做什么,毫无观望之心。纯任悲观,是指陈天华的行为和言论较为消极,从来没有眉目清爽之时。偏尚独裁,是指陈天华喜欢一个人冥思苦想,不和别人一起研究问题。诱于热度,是指陈天华遇到大事时,容易被情绪冲昏头脑,做出不理智的行为。徐佛苏认为,许多中国人的心理分为两派,各持一偏,"一则或过虑成败而不敢任事;一则或绝不虑成败而滥于任事。一则或遇事冷眼旁观;一则或遇事热心代表。一则或空谈性理;一则或专骛功名。括言之,一则为全凭消极作用,一则为全凭积极作用也"。② 陈天华就是全凭积极作用的,因此徐佛苏告诫他们说:"全凭消极作用者,观察烈士之优点,当知振兴。全凭积极作用者,观察烈士之缺点,当知敛抑。且绝命词中有云:'诸君而欲及鄙人也,则毋忘今日所言。'又云:'苟可以达救国之目的,其行事不必与鄙人合。'苟能窃取此两义,则善不善

---

①　佛苏:《对于陈烈士蹈海之感叹》,1906 年 2 月 8 日《新民丛报》。
②　佛苏:《对于陈烈士蹈海之感叹》,1906 年 2 月 8 日《新民丛报》。

皆我师也。不然,则烈士之自淹奚为耶?绝命时血书数千言,又奚为耶?"①总之,徐佛苏认为陈天华自杀的目的是为了激励爱国者改善自身的性格,事实上还是对留学生进行劝诫。无论是性格积极的还是性格消极的,通过陈天华之死,都应该有所反省。

在这一事件中,由于留学生的信件是国内的信息来源,因此国内的立宪派报纸也受其误导,认为陈天华之死是为了反对"取缔规则"。然而,随着陈天华的遗书在国内传播,一部分人也发现了他的自杀并不是为了抵抗"取缔规则"。《大公报》刊载的一篇文章《辨陈天华烈士死事之诬》,就对这一传言进行了辟谣:

> 今海内志士相与言陈天华烈士之死事,莫不潜然横涕,而道之曰痛哉痛哉。呜呼!曾亦知陈烈士果何为而死也?莫不曰为日本取缔之规则而死也,为取缔之规则有辱于学界,有伤于国体而死也。有此一死,可以坚同学之志,而不受以取缔之规则也。虽然,其诬我烈士也实甚。夫烈士之死,非为取缔规则而死,为抗争取缔规则者而死也。何以知其然也?夫不观陈烈士之遗书乎(闻遗书已有印本),谓取缔问题可了则了,万勿固执云云。由是言之,其死事之原因磊落光明,昭如日月,盖深痛同学之暴动,而用慨中国之前途,故不惜鱼腹一暝,万世不顾。若陈君者,其志弥高,而其心弥苦矣。然当时之死事,而传闻尽失其实者,何也?盖由于联合会利用其死,借以激昂人心,膨胀动力,故不惜重诬陈君以行其暴烈之手段。此所谓司马昭之心,路人皆知者也。②

作者认为,陈天华抗争取缔规则之死的形象是联合会的塑造。其死亡的真实原因,是对同学的暴动行为感到失望,而对中国的前途失去信心。作者对联合会以陈天华的名义裹挟大多数留学生深

---

① 佛苏:《对于陈烈士蹈海之感叹》,1906 年 2 月 8 ョ《新民丛报》。
② 《辨陈天华烈士死事之诬》,1906 年 2 月 8 日《大公报》。

感厌恶,认为这不仅仅是污蔑陈天华,更是"诬学界耳,诬学界之野蛮耳。诬学界之野蛮,而将为彼都所齿冷,致谓秦国之无人也,良可叹矣。吾于是不得不辨,非为陈君辨,为吾学界辨也,为吾学界恐受野蛮之名而辨也。"①作者最后总结道:"此义既明,而后陈烈士之死可敬、可服、可痛、可惜,而不敢薄其为人。非然者,则陈氏亦一下流社会之暴动匹夫匹妇,沟渎之为谅耳,岂可得令海内志士潸然横涕,而道之曰痛哉痛哉?"②

综上所述,立宪派对陈天华之死的理解较接近其本意,认为他的死是为了告诫留学生自我反省,努力救国。除此以外,立宪派还着重指出了陈天华死前由革命到改良的思想变化,借此宣扬立宪派的政治主张,以吸引他人的支持。

四、同盟会对陈天华之死的解读

以同盟会为代表的革命派在"取缔规则"事件中发生了分裂,分别加入了联合会和维持会两个阵营。以胡瑛、宋教仁等为首的一部分同盟会成员,认为可以借此机会回国发动革命,参加了联合会。而以胡汉民、汪精卫等为首的一部分同盟会成员,认为如果轻率归国,有被清政府一网打尽的危险,参加了维持会。

虽然双方的立场不同,但在描述陈天华的死因方面,却表现出了一致的态度。胡汉民在回忆这一事件时称:"当一九〇五年冬,日本文部省忽颁取缔中国留学生所入学校及寄宿舍之规则……留学界闻此则大哗,有径行归国者,同志陈天华(星台)至发愤投海死。"③显然是把陈天华当作了归国派的一员。就连反对罢课归国

---

① 《辨陈天华烈士死事之诬》,1906年2月8日《大公报》。
② 《辨陈天华烈士死事之诬》,1906年2月8日《大公报》。
③ 中国科学院历史研究所近代史资料编辑组:《近代史资料45号》,中国社会科学出版社1981年版,第18页。

的胡汉民都是如此认为,更不用说一直在借助于他的死"激昂人心,膨胀动力"的联合会人了。亲预其事的曹亚伯在回忆此事时称:"斯时,中国各省之留学日本者,几及万人,群起反对。而革命党之大文豪陈天华遂投海殉国,以坚留学生之志,于是人心愈愤激,大有与满洲政府势不两立之气,不愿留学日本以蒙数重奴隶之羞。陈天华之死,全体痛悼,凡血性青年,皆起赴义不顾身之热诚。"①吴玉章在回忆中写道:"'取缔规则'颁布后,我留日学生悲愤填膺,决定全体罢学回国,不在日本求学受辱。这一决定,是在一时激愤和高度热情的支配下作出的,实行起来颇有困难。但既经决定,若不实行,必被日本帝国主义所耻笑。陈天华看到这点,特别是看到当时留日学生总会的领导人都不肯负责,便愤而蹈海,想以此来激励人们坚持斗争……他临死前还写了一篇《绝命辞》,谆谆告诫留日学生必须奋起斗争;同时又给留日学生总会诸干事写了一封信,其中说:'闻诸君有辞职者,不解所谓。事实已如此,诸君不力为维持,徒引身而退,不重辱留学界耶?'这一封信,虽然感动了许多人,但却没有使留日学生总会那些冥顽不灵的最负责的领导者受到感动。"②曾继梧于 1905 年加入同盟会,在当时也是留日学生之一。1921 年,他在岳麓山为陈天华立墓碑时,关于他的死因是这么描述的:"岁乙巳,愤日政府取缔清韩学生,草绝命书数千言,自投海死。"③这些回忆和描述共同的特点,就是强调陈天华的自杀,是为了激励留学生进行抗争。

在"取缔规则"事件中,一些同盟会会员并不在现场,但他们关于此事也是采取了同样的说法。冯自由当时远在香港,他在记载此事时称:《民报》出版未一月,值日本文部省徇清公使所求,颁布

---

① 曹亚伯:《革命真史》,中国长安出版社 2011 年版,第 28 页。

② 吴玉章:《吴玉章回忆录》,中国青年出版社 1978 年版,第 35 页。

③ 郑坚编:《岳麓山辛亥英烈墓》,湖南大学出版社 2011 年版,第 66 页。

取缔留学生规则，留学界异常愤激。同盟会对于此事亦分为两派：一派主张归国，另在上海办学，以洗日人取缔之耻辱，天华与易本羲、秋瑾、田桐等主之；一派主张求学宜忍辱负重，胡汉民、朱执信、汪精卫等主之。两派互相驳论，争之至烈。秋瑾、易本羲等以是归国，天华愤不能平，乃作绝命书累万言，竟于十一月十二日投大森海湾自杀。"①苏鹏当时在湖南，陈天华死讯传来后，湖南学界派他迎回陈天华的灵柩。他在记载此事时称："阅期年，日本取缔中国留学生规则颁布，留学界大愤。开会议决，全体归国，以相抵制。中有一部怀升官发财者，则破坏此议不归。烈士愤人心之不齐，草遗书数千言告国人，当团结救国，自投日本大森海而死。"②

　　虽然同盟会在宣传中，强调陈天华是为了反对"取缔规则"而死，但是同盟会内部的一些人显然是清楚地知道陈天华的立场是与他们不同的。《民报》对陈天华遗书的修改可以作为这一事实的佐证。《民报》的第 2 期刊载了陈天华的《绝命辞》与《致留日学生总会诸干事书》。但是，《民报》上的《致留日学生总会诸干事书》与陈天华手书的版本并不完全相合，有受到修改的痕迹。陈天华手书的原文为：

　　　　干事诸君鉴：闻诸君有欲辞职者，不解所谓。事实已如此，诸君不力为维持，徒引身而退，不欲有留学界耶？如日俄交战，倘日本政府因国民之暴动，而即解散机关，坐视国家之灭，可乎？否乎？今之问题，何以异兹？愿诸君思之。③

　　而《民报》上刊载的《致留日学生总会诸干事书》，则把"事实已

----

① 　冯自由：《冯自由回忆录：革命逸史》，东方出版社 2011 年版，第 238—239 页。

② 　中国科学院历史研究所近代史资料编辑组编：《近代史资料 44 号》，中国社会科学出版社 1981 年版，第 199—200 页。

③ 　刘晴波、彭国兴编：《陈天华集》，岳麓书社 2008 年版，第 228 页。

如此,诸君不力为维持,徒引身而退,不欲有留学界耶?"一句,改为"事实已如此,诸君不力为维持,保全国体,不重辱留学界耶?"①这样的修改用意何在,对比两句话的微妙差别,也就不难发现,陈天华的这封信是写给留日学生总会的。在"取缔规则"事件中,留日学生总会与联合会的立场并不一致。留日学生总会仅仅主张和平交涉,修改部分条约,并不主张罢课。而联合会主张取消整个规程,并以罢课归国相要挟。由于双方立场并不一致,再加上联合会势大,留日学生总会受到了联合会的胁迫,总干事杨度由于反对罢课归国,担心凶变及身,于是逃往外地,还有一些干事产生了畏难情绪,不敢承担责任。陈天华的《致留日学生总会诸干事书》正是为了鼓励总会的干事承担起责任,约束联合会的过激行为,其目的是为了保存留学界。他把留日学生总会比作日本政府,劝告他们在"日俄交战"(即罢课)中,不能因为"国民"(即留学生)的暴动,就"解散机关",坐视"国家"(即留学界)之灭。然而,经过《民报》修改后的《致留日学生总会诸干事书》则要求总会"保全国体",不然的话就会"重辱留学界"。"保全国体"是联合会的专用语,这段修改无疑使陈天华站在了联合会的立场上。显然,同盟会中的一些人参加了联合会,认识到了陈天华的立场与他们不同,所以需要通过修改原文的方式为自己的立场服务。

据宋教仁1906年1月22日的日记记载:"巳正,至东新译社访曾拊九,询陈星台遗文存者有几……拊九欲再刻其《绝命书》,乃偕拊九至秀光社,属该社用《民报》中该书之纸型印刷焉。"②可见《民报》中加入陈天华绝命书是曾拊九、宋教仁两人的手笔。至于修改原文是否也是出于曾、宋二人之授意,则不得而知。然而可以

---

① 中国科学院历史研究所第三所编辑:《近代史资料18号》,科学出版社1958年版,第145页。

② 郭汉民编:《宋教仁集》,湖南人民出版社2008年版,第714页。

肯定的是,同盟会中的一些人确实在有意识地建构陈天华的形象,修改原文只是其手段中的一部分而已。

以宋教仁为例,作为陈天华生前的好友,宋教仁是看懂了陈天华想要以一死表达的意图,他在《绝命书》的跋文中写道:"虽然,吾观君之言曰:以救国为前提。又曰:欲我同胞时时刻刻勿忘此语,力除此四字,而做此四字之反面,恐同胞不见听或忘之,故以身投东海为诸君之纪念。又曰:中国去亡之期,极少须有十年。与其死于十年之后,曷若死于今日,使诸君有所警动。盖君之意自以为留此身以有所俟,孰与死之影响强?吾宁取夫死觉吾同胞,使共登于救国之一途。则其所成就,较以吾一身之所为孰多耶?噫!此则君之所以死欤?君之心则苦矣。吾人读君之书,想见君之为人,不徒悼惜夫君之死,惟勉有以副乎君死时之所言焉,斯君为不死也已。"[1]汤增璧在回忆中提到,自陈天华死后,宋教仁"深感于激烈之行,可以励一时,而不足以持久远,于是态度一变,甚慕各国政治家之为人。且富于政党思想,作事重条理,而钻研外交、政治、经济诸书,甚勤且专。"[2]可见宋教仁对陈天华的"坚忍奉公,力学爱国"深有感触,身体力行。但他作为同盟会人的立场,刻意忽视了陈天华思想中倾向于改良的一面。如跋文中提道:"今岁春,东报兴瓜分谣,君愈愤,欲北上,冀以死要满廷救亡。殆固知无裨益,而思以一身尝试,绝世人扶满之望也。"[3]事实上,陈天华的《要求救亡意见书》反映了他的思想向立宪派靠拢,并不是为了"绝世人扶满之望"。当时为了阻止他去北京请愿,和他辩论多次的宋教仁应该是再清楚不过了。另外,据日本警察署的记载,陈天华的绝命书是邮寄给杨度的,但是宋教仁在跋文中有意识地避讳了这一点,将收信

---

① 郭汉民编:《宋教仁集》,湖南人民出版社 2008 年版,第 22—23 页。

② 江西省萍乡市政协编:《中国民主革命的先驱——汤增璧》,甘肃人民出版社 2011 年版,第 89 页。

③ 郭汉民编:《宋教仁集》,湖南人民出版社 2008 年版,第 21—22 页。

人称为"中国留学生总会馆干事长者"。这封信既然是写给杨度
的,按理来说应有一些写给杨度本人的文字,或者是有一通写给杨
度的信,再附上此文,依情理推断不可能只是我们所能见到《绝命
辞》的这些文字。① 一个较合情理的推断是,由于杨度是立宪派,
如果写明陈天华的遗书是邮寄给杨度的,就有可能会暴露陈天华
思想与立宪派接近的事实,这对同盟会显然是一大打击。因此同
盟会对陈天华之死的意义评价,就要强调其反满革命的一面,避免
其形象被立宪派利用。如《民报》上登载的《祭陈星台先生文》,全
文为:

> 黄帝纪元四千六百零三年十一月十二日,国士陈君星台
> 自沉于日本大森之海湾。越八日同学□□□等设会以吊,为
> 文以哭之。其辞曰:天失其位,人忘其祖。群虫蚩以为徒,若
> 与之而终古。惟夫子之圣明,张挞伐于胡虏。居天中而霹雳,
> 起吴儿与越姥。君为天口,大放厥词。一字一泪,沁人心脾。
> 谈复仇而色变,歌爱国而声歔。惟民之牖,谁实尸之? 按遗书
> 而觇国始,仿佛乎夫子之所为。有知即行,君师阳明。徒宗言
> 以垂世,计国腊其将倾乃。奔走大泽,号召同盟。斩竿以授涉
> 广,草檄而联韩彭。噫楚氛之未灭,大业败以垂成。缇骑溢其
> 四出,幸间关而潜行。呜乎! 以身许国,未遑居处。谁则亡
> 胡,不忘在(莒)。徒飘流于岛国,呼田横以为侣。郁热血以中
> 沸,握秘怀而谁语。哀民生之多艰,恫吾徒之无与。物以极而
> 必返,情以真而忍去。竟蹈海以身死,还清明于天吕。呜乎哀
> 哉! 世将启而仍晦,人半昧而终蒙。假新语以自崇,逞私怀而
> 相讧。倒亡国之前景,际胡运之未终。以君至诚为性,贞白乃
> 躬。既孤怀而只手,复血雨而腥风。虽地垠之无极,何所往而

---

① 孔祥吉、村田雄二郎:《陈天华若干重要史实补充订正——以日本外务省档案为中心》,《福建论坛》(人文社会科学版)2005 年第 4 期。

不穷。昔屈氏之怀沙，亦离忧之太挚。读当年之表著，辨清浊与醒醉。追遗则于彭成，哭同声于原谊。倘君灵之来下，当恫鉴于遗类。呜乎哀哉！①

文中称赞了陈天华宣传革命的功绩，认为在大多数人浑浑噩噩的情况下，"惟夫子之圣明，张挞伐于胡虏"，形容他的宣传效果为"居天中而霹雳，起吴儿与越姥"，并利用秦末起义的典故，形容陈天华的革命行动为"奔走大泽，号召同盟"，"斩竿以授涉广，草檄而联韩彭"。虽然起义最终失败，但是陈天华并没有灰心丧气，依然念念不忘反满革命，正所谓"谁则亡胡，不忘在莒"。又如冯自由在听到陈天华的死讯后，在香港杏花楼的追悼会作挽联一首："生平得爱友二人，星台殉国，近午何之，可叹吾党英才，又弱一个。灵爽凭健儿五百，公武鸣钟，自由不死，誓覆虏酋政府，实践三民。"②上半联感叹陈天华的死是同盟会的一大损失，下半联则强调虽然陈天华死了，但是"自由不死"，赋予了陈天华的死以革命的含义。又如刘师复在香山追悼冯夏威、陈天华时，作一挽联云："京华车站间，亦大有人，痛寂寂无闻，独二公享此馨香，曷能瞑目。支那本部内，允非吾土，叹哀哀亡国，问我辈具何面目，来赋招魂。"③联中所指的"京华车站间，亦大有人"是指吴樾炸五大臣事。作者认为反对万恶统治者的斗争，不应该采用消极的懦夫态度，应该像吴樾那样激烈地冲击。将吴樾与陈天华并列，也是在强调陈天华的反满特征。

显然，同盟会认为陈天华之死是为了激励留学生反抗"取缔规则"，并强调其反满革命的一面，为同盟会的革命活动进行舆论动员。

---

① 《祭陈星台先生文》，1906 年 1 月 22 日《民报》。
② 冯自由：《冯自由回忆录：革命逸史》，东方出版社 2011 年版，第 239 页。
③ 曼昭、胡朴安：《南社诗话二种》，中国人民大学出版社 1996 年版，第 67 页。

五、立宪派和同盟会论战中关于
陈天华遗书主旨的争论

1906 年初,梁启超先后在《新民丛报》上发表了《开明专制论》和《申论种族革命与政治革命之得失》,拉开了立宪派与革命派之间大论战的序幕。稍后他更将两文合刊为《中国存亡一大问题》单行本,进一步增强攻势。对于梁启超的攻势,《民报》迅速做出回应,双方就革命与保皇、民主立宪与君主立宪和土地国有这三大问题展开了激烈的论战。陈天华在遗书中所表达的政治思想也成为双方争论的一个焦点。

梁启超说:"吾与陈君相识不过一年,晤谈不过两次,然当时已敬其为人,非于其今之既死而始借其言以为重也;但君既以一死欲易天下,则后死者益崇拜之而思竟其志,亦义所宜然。吾以为当世诸君子中,或有多数焉,其交陈君也,视吾久且稔,而其知陈君也,不若吾真且深。吾请言吾所欲言可乎?"显然,他想要借重陈天华在留学生中的影响力宣传立宪派的观点。

在《开明专制论》一文的开篇中,梁启超指出:"本篇因陈烈士天华遗书有'欲救中国必用开明专制'之语,故畅发其理由,抑亦鄙人近年来所怀抱之意见也。"对此,汪兆铭回应称:"开明专制本有广狭二义。语其广义,则专制之善良者,悉谓之开明专制,日本笕克彦氏所谓中国汉、唐盛时,亦得谓之开明专制时代也。语其狭义,则必政权生大变动之后,权力散漫,于是方有以立宪为目的,而以开明专制为达此目的之手段者,德国那特硁氏所谓近世擅制政治,如法兰西拿破仑第一时代是也。由其前者,意义宽泛。由其后者,则发生于政权变动之后,思黄所谓革命之后,先以开明专制者也。吾与思黄所见稍异,今姑不辨。而于论者之主张开明专制,则绝对排斥者也。"事实上,梁启超所说的"开明专制"和陈天华所说的"开明专制"虽为同一词语,但含义却截然不同。

梁启超又在《申论种族革命与政治革命之得失》一文中援引陈天华遗书中"鄙人以救国为前提,苟可以达其目的,其行事不必与鄙人合也。"认为陈天华注重的是目的,而非手段,如果有人虽然与陈天华采取同一手段,但目的不同,则其人必非陈天华的同道中人。他又援引陈天华遗书中"革命之中,有置重于民族主义者,有置重于政治问题者,鄙人所主张固重政治而轻民族。"鄙人之排满也,非如倡复仇论者所云云,仍为政治问题也"。所以梁启超认为陈天华认政治革命为可以达救国目的之手段,而不认种族革命为可以达救国目的之手段。政治革命是救国的唯一手段,种族革命只是政治革命的辅助手段。如果有其他手段可以有助于救国,则陈天华一定会采取。如果陈天华认识到种族革命不足以补助政治革命,甚或与救国之目的不相容,则亦必幡然弃之。"是故当知苟以复仇为前提者,是先与君之目的相戾,万不许其引君之言以为重,故复仇论可置勿道。"梁启超甚至认为,救国和政治革命不可分割,政治革命本身也是目的。梁启超又通过一系列论证,否定了种族革命可以成为手段。梁启超又引用陈天华遗书中:"鄙人之于革命,必出之以极迂拙之手段(中略)夫以鄙人之迂远如此,或至无实行之期,亦不可知。然而举中国皆汉人也,使汉人皆认革命为必要,则或如瑞典、诺(挪)威之分离,以一纸书通过,而无须流血焉可也。故今日惟有使中等社会皆知革命主义,渐普及下等社会。斯时也,一夫发难,万众响应,其于事何难焉。若多数犹未明此义,而即实行,恐未足以救中国,而转以乱中国也。"梁启超认为,想要让下层社会普及排满很难做到,即使普及,排满后也不能达到目的。他认为这句话需要改成:"今日惟有使中等社会皆知政治革命主义,渐普及下等社会",并不无自得地认为"陈君天华而不死也,吾信其将闻吾言而契之也"。

梁启超对陈天华遗书的解读引发了革命派的高度警惕,指责梁启超"以陈君天华亦为吾人所推服者,且已湛死,则割裂其文字,而颠倒其主义焉,以为陈君固尝云云,则一般敬爱陈君者将相率而去。而不知陈君之文章具在,陈君之知已有人,亦不任梁氏之作贼也。凡若是者,作伪心劳,不见其效,则亦成为梁氏之谬妄而已。"认为他的解读"于事物之义解不了然,而强附会之以为根据,或攻击之也。于是其根据为无实,其攻击为无当",并予以针锋相对的反驳。

革命派首先解释了陈天华遗书中的"苟可达其目的者,其行事不必与鄙人合也",认为陈天华的遗书从文意上可以分为两个部分。从开篇到这句话为止,说的是对留学生的期望。而这句话以后的内容,表达的是陈天华本人的政治观点。所以陈天华的这句话主要是承接前文,是针对留学生而发,只要能够达成救国目的,不必如陈天华那样从事政治活动,也可以在社会上的其他行业作出自己的贡献。而陈天华的政治革命的目的,则是与他种族革命、社会革命的目的相并行,没有一条是可以被牺牲的。"同为欲救国者,可为教育家,可为实业家,可与革命两不相妨。至于同为革命家者,固非此言所及。若实畏避不敢为,而姑妄言革命者,尤非星台所屑与言也。"而陈天华遗书中所说的"重政治而轻民族",原意是说他主张革命的理由是出于"政治之利害"而非"民族之感情"。而不是像梁启超所理解的那样,以政治革命为最终目的,以种族革命为辅助手段。陈天华在主张革命的理由方面和作者略有不同之处。作者除了强调陈天华所说的"政治之利害",也非常注重"民族之感情":"夫吾辈主张社会上理由,谓感情之已暌,则我族不得雪其沉冤,社会终无发达之望"。但这一小小的分歧并不影响最终结论。作者认为陈天华所主张的革命,是广泛意义上的革命,种族革命自然包括在内,而非专指政治革命。作者又引用陈天华遗书中的原句"至近则主张民族者,则以满汉终不两立,(中略)岂能望彼消释嫌疑,而甘心与我共事乎。欲使中国不亡,惟有一刀两断,代满洲执政柄"。"政治公例,以多数优等之族,统治少数之劣等族者,为顺;以少数之劣等族,统治多数之优等族者,为逆故也。"指出陈天华对于种族革命的决心是坚定不移的,是把它当成目的而非手段。

（刘长林,上海大学文学院历史系教授;
朱昊中,上海大学历史系硕士研究生）

平武外役监:国民政府时期
监犯移垦与监狱改良的
地方试点

刘昕杰

平武县位于四川省绵阳市北部,紧邻北川,两地在民国时期被统称为平北地区。在其新建的县城档案馆里,至今仍保存着几卷残缺的民国档案,这部分档案所记载的史实,正是曾被《大公报》连载介绍并受到广泛关注与称赞的民国实验监狱:平武外役监。

外役,即是组织监犯在监所外作业劳动。平武外役监是组织各地押解来的监犯在平武县偏僻的山林荒地之间从事农业开发。国民政府成立后,由于社会动荡所造成监犯大幅增加,而传统监狱被新式监狱逐渐替代后,新式监狱的开支又成为政府很沉重的财政负担。也正是在这个时期,以内陆人员移垦西北西南边疆,又逐渐成为民国政府开发国土、扩展战略纵深的重要国策。一方面是西部边疆人口稀少,亟待开发;另一方面是监所人满为患,亟待纾解。在这个大背景下,司法行政部作出了监犯移垦的决定,试图以建立外役监为依托,将内陆监犯移送至西部荒区进行垦殖,从而达到一举两得的目的。但由于各种原因,在长达20多年的论证、调查和实施中,最后付诸实践的仅有四川省平武县外役监一处。平武外役监的实验,除冯客等人在论著中简要提及外,鲜为学界所关注。[①]　本文梳理了监犯移垦的制度设计与平武外役监的试点实验,希冀重现这段淹没于民国移垦运动中的监狱改良历史。

一、国民政府时期的监犯移垦

组织内陆居民垦殖边疆一直是中央政府的持续策略,但从 20 世纪 20 年代末开始,随着外患日益严重,移民垦殖西部边疆地区,逐渐成为国民政府的一项基本国策。[②]　持续了二三十年的移垦制度类型繁多、成效各异。以"移"来分,有志愿移垦和强制移垦,以"民"来分,则主要有难民移垦、公务人员移垦和监犯移垦。

难民是移垦的主要群体。日军侵华导致难民不断涌入内陆、数量逐年增多,1938 年开始,国民政府决定以垦殖为配置难民的主要工作,并随即密集颁行了多部难民移垦法规。1938 年 3 月 3 日公布《难民垦殖实施办法大纲》,10 月 15 日公布《非常时期难民移垦规则》,1939 年 5 月 6 日公布《非常时期难民移垦条例》,行政院还同时颁布了《中央补助各省难民移垦经费办法》。由于难民自身生活所需,移垦积极,中央在土地、财政以及社会介入等政策上给予鼓励,各地方配合度很高,难民移垦在安置难民和开拓边荒方

---

① 这些记载或描述见于冯客著,徐有威等译,《近代中国的犯罪、惩罚与监狱》,江苏人民出版社 2008 年版;王利荣:《民国四川平武外役监》,《档案史料与研究》1990 年第 4 期;陈坤:《抗日战争大后方民国狱政改革述评》,西南政法大学硕士论文,2012 年;龚先砦:《论民国监犯移垦制度的实施及其借鉴意义》,《兰州学刊》2017 年第 8 期等。上述论著提及平武外役监时,或仅为零星论述(如冯客文),或多采间接史料(如陈坤、龚先砦),或仅为片段铺陈(如王利荣文),均未有对平武外役监完整全面的论述。

② 民国时即有很多关于移垦的农学著作,如李积新:《垦殖学》,商务印书馆 1935 年版;舒联莹:《垦殖学》,重庆中国文化服务社 1948 年版,另外还有一些关于垦殖的文献资料汇编,如蒋荫松编:《垦殖浅说》,南京正中书局 1940 年版;唐启宇:《中国的垦殖》,上海永祥印书馆 1951 年版等。

面收效明显。

公务人员移垦最早由蒋介石1942年视察西北后提出，他致函孔祥熙，认为"目前中央党、军、政各机关官员太多，人浮于事，似可依照上述原则，裁减三分之一。此项被裁人员，可作有计划之迁移，即准备分批移送至西昌与西北，从事于屯垦或开发实业等工作"。[①] 行政院随即制定了《公务人员移垦办法大纲》和《裁减人员移殖西北办法纲要》，开始实施公务人员移垦政策。出于自身考虑，公务人员的移垦一直采取志愿而非强制的方式，《公务人员移垦办法大纲》号召"中央党军政各机关人员志愿赴边疆垦殖者，分期选取，依照建设边防、开发实业之要旨，迅速实边，以树立建国之基础"，虽然最后行政院将裁减人数从蒋所希望的三分之一降至十分之一的比例，但公务人员志愿移垦者仍甚少，所以收效甚微。

监犯移垦从国民政府成立时起就被提及。1929年初，司法行政部考虑到"触犯刑章比比皆是，各地监狱均人满为患"，拟在"吉林、黑龙江、新疆、绥远、察哈尔、宁夏、青海"等地筹划设立新监，选犯垦殖。司法行政部要求各地高等法院按照"地点及亩数（某处有荒地若干）、地质（黑土地或沙地、草地或林地）、地势（平原或山岗、有无水道）、交通（距某城镇村落若干里）"，"就近调查荒地情况，上报司法院与行政院，以便饬令各省府协助办理人犯移垦事务"。[②]

1930年，司法行政部参事陈福民在发表的《监犯垦殖计划书》中，对组织、经费以及移垦标准，服役期限等进行了详细论述。[③] 不久，司法行政部部长罗文干拟就《监犯移垦办法大纲》，这是一部系统的监犯移垦的策略书，罗文干在其中提出了监犯边修路边垦

---

① 《孔祥熙致俞鸿钧函 照录委座手令》，孙武：《蒋介石令裁各机关官员移屯西北及筹议办法三件》，《民国档案》2004年第3期。

② 《法部拟移囚垦边》，《监狱杂志》1929年第1期。

③ 陈福民：《监犯移垦计划书》（一），《法律评论》1930年第7卷第26期；陈福民：《监犯移垦计划书》（二），《法律评论》1930年第7卷第27期。

殖、联通内陆与西北的宏大设想：

> 遣犯所垦之地由司法行政部商请各该省政府以官荒拨充。所拨官荒，每一处须有可耕之地二三万亩以上，且连成片段，至少可供遣犯六百人之垦殖……每批人数目六百至一千二百人，由各省狱监拨定解至郑州会齐，乘陇海线火车行抵潼关后分作数起步行。每起各相隔若干里，经长安而至甘肃新疆。初发遣之若干批犯人自长安而西应沿途修路，首批抵第一处垦地时即行留垦，由次批接修以前之路。①

罗文干认为，以此方式集中全国各地监犯往西边逐地垦殖，接续修路，将长安至伊犁之旧官道作为主线，主线到各垦殖地为支线，形成畅通的道路网，从而既解决了交通问题，又沿线安置监犯、不至于让监犯过于集中。他认为"每一犯人垦地约三十亩，其收获所入归于国库，但已遣居农舍者应提给若干俾得自营生活"，"愿受地入籍者则授以地若干亩为私产并编入该处户籍，其地照章升科纳粮"，使得政府和监犯都可收益。② 但大纲未及颁行。③

监犯移垦的正式法规是 1934 年 7 月 10 日南京国民政府公布的《徒刑人犯移垦暂行条例》。《条例》规定，"处无期徒刑之人犯，执行满五年后，处三年以上有期徒刑之人犯，执行满五分之一后，得以司法行政部命令移送边远或荒旷地方从事垦殖，如系军事人犯，得以军政部命令移送之。移垦人犯以二十岁以上之男子，品性较良、身体健全、能任农事者为限"。1936 年 2 月 29 日，《徒刑人犯移垦暂行条例》修订案公布施行，将第十一条改为"人犯移垦实施办法由司法院会同行政院定之"，原文系"由行政院定之"。因在当时司法行政部归属于行政院，后司法行政部归入司法院，考虑到

---

① 《监犯移垦办法大纲》，《法治周报》1933 年第 1 卷第 35 期。
② 《监犯移垦办法大纲》，《法治周报》1933 年第 1 卷第 35 期。
③ 宏：《时事述评：徒刑人犯移垦》，《时代公论》1934 年第 116 期。

军事人犯事务同行政院有关,故而改由两院共同定之。1940 年 7 月 15 日,司法院和行政院共同制定的 3 项配套法案《徒刑人犯移垦实施办法》《移垦人犯累进办法》以及《移垦人犯减缩刑期办法》同时公布施行,至此监犯移垦的相应的法规已基本完备。

监犯移垦与难民、公务人员移垦的不同之处在于移垦人员仍在服刑期间,所以必须要限定监犯移垦范围,以保障徒刑执行和社会安全。从 1920 年代末开始,中央和各地方在监犯移垦的地点上就开始不断地考察和选择。司法行政部的最初想法是组织监犯跨省移垦边疆,以确保移垦地兼顾垦荒的必要性和监管的可行性。

1929 年 9 月,河北高等法院院长邵修文依司法行政部命令,指派河北第一监狱看守长吴定凯带员赴绥远视察,"由绥远径赴五原沿河而下至托克托为止,无论在何县份觅得相当荒地,其他各处即可停止调查",①考察地点包括托克托、萨拉齐、包头、五原等。1931 年初,《中华法学杂志》刊载消息称,司法行政部指定宁夏省湛恩渠为试办区域。报道称:

> 原据调查,宁夏省有渠两处,一为汉延渠梢,有官荒四五千亩,一为湛恩渠梢,有官荒四五万亩。汉延地少发展困难,而选湛恩。指令宁夏高等法院院长王芝庭,先就该唐莱渠支渠湛恩渠梢处试办一区,其工作人犯,就该省及附近各省等监。查照部定监犯移垦初步实施第二甲款先行调查,如有合于所开标准者,呈部核办,所需经费,并另切实估计呈核。②

虽然这两次消息均无后续,但可以看出西北地区特别是陕甘宁一带是监犯移垦首先考虑的区域。但跨省移垦监犯的耗费较大,当时国民政府有较强司法行政的控制力且监犯人员较多的地

---

① 司法部公报处:《司法公报》1929 年第 37 期。
② 《国内要闻:监犯移垦区域决定》,《中华法学杂志》1931 年第 2 卷第 8 期。

区,主要集中在江浙一带的省份。将监犯从东南押送到西北,仅交通一项就难以承受,所以由中央组织的监犯跨省移垦很快被搁置。① 监狱司司长王元增接收媒体访问时解释道:

> 人犯移垦,原拟在中央训练,作各省模范,现以经费关系,决由各省分别自行准备,除都市监犯侧重工业技能训练外,其他各监狱俱需设置二百亩农场一所,训练人犯农作技能,并灌输其农业常识,俟训练有素,即就各该省荒地实施开垦步骤。②

自此,原拟由中央统一推行的监犯移垦,改为由各省自行推行,由司法行政部选择一两省先行实验。③ 在先行实验的候选区域中,西南地区特别是四川逐渐替代西北地区成为监犯移垦政策实施的首选实验区。

二、监犯移垦选址四川平武

选择西南四川等地实施监犯移垦实验的原因一方面可能是由于西南地区的交通较之西北较为便利,特别是 1937 年国民政府迁都重庆之后,西南川康黔等地与战时首都更为邻近;另一方面是西南各省特别是四川在边荒垦殖方面成效显著,在 1944 年全国统计的 153 个公私垦殖单位中,四川占 53 个,居全国第一。④ 这些垦区包括东西山屯垦实验区、金佛山垦殖实验区、雷马屏峨垦区,以及西康建省后成立的西昌垦牧实验场等。⑤ 在西南各省中,四川

---

① 《监犯移垦计划因交通经费困难一时尚不易实现》,《法治周报》1934 年第 2 卷第 18 期。

② 《监犯移垦办法之一说》,《农业周报》1934 年第 3 卷第 28 期。

③ 《监犯移垦先从赣省始》,《农业周报》1934 年第 3 卷第 28 期。

④ 段金生:《南京国民政府的边政》,民族出版社 2012 年版,第 134 页。

⑤ 中华年鉴社:《中华年鉴》下册,南京中国文化服务社 1948 年版,第 13264 页。

省的难民移垦工作最具成效，从 1937—1945 年，共收容移民 17 760 人，垦地面积 769 652 亩。① 在垦殖的配套法令方面，四川早在 1933 年就由屯殖督办署制定了《四川垦荒暂行章程》，1936年制定了《荒地垦殖督促办法》，1938 年正式颁布了《四川省督垦荒地大纲》和《四川承垦荒地实施细则》，1939 年又颁布了《四川省垦务委员会难民移垦实施方案》。整个抗战时期四川耕地垦殖以年均 1.5‰的速度递增，到民国后期，四川人口下降了 0.7％，耕地面积却增加了 1.6％。②

在四川难民移垦收到良好效果的情况下，1938 年 3 月 24 日，居正致函四川高等法院院长谢冠生，称："监犯移垦计划，既荷介公采纳，宜详加研究，务祈切实可行。"③于是四川许多垦区都在难民移垦之外积极筹划监犯移垦。

当时著名的川边垦区泰宁农业实验区在 1939 年初就提出了监犯移垦的规划。④ 邢肃芝在《雪域求法记》中曾描述过他考察泰宁农业实验区的情况，"主要任务是改良农业和畜牧业，并培训康巴人，提高他们的农牧技术和改善产品的质量"，"但是康藏高原人肥及化肥都很缺乏，而且人民保留下来的旧习惯，一时也难以纠正过来，所以改良康藏农牧业的工作，在当时是一项长期艰巨的任务"。⑤ 西康建省委员会设立泰宁实验区的主要目的在于垦殖开发，其主任和职员都由农牧试验场农牧人员兼任，但泰宁面积达

---

① 唐启宇：《中国的垦殖》，上海永祥印书 1951 年版。

② 葛全胜等：《过去三百年中国土地利用变化与陆地碳收支》，科学出版社 2008 年版，第 85 页。

③ 罗福惠、萧怡编：《居正文集》，华中师范大学出版社 1989 年版，第 438 页。

④ 泰宁农业实验区时跨西康建省前后。西康建省委员会时即设立实验区。1939 年西康建省辖宁、雅、康三属。康属即包括 19 县及泰宁实验区。1940 年泰宁实验区改为泰宁设治局，1945 年改为干宁县。

⑤ 邢肃芝口述，张健飞等笔述：《雪域求法记：一个汉人喇嘛的口述史》，上海三联书店 2003 年版，第 76—77 页。

2 000多平方千米,人口却只有 299 户 1 588 人,其中男丁仅 865人,每平方千米尚不足 1 人,"人少地多成为垦殖的主要问题"。于是,泰宁实验区主任张志远拟就《监犯移垦泰宁实验区计划草案》,①该规划详细阐述了监犯移垦泰宁的方案,他分析监犯移垦泰宁,"其得的方面,有既成之优良环境,可给移垦后优良之垦果。其失的方面,仅开办经费较多。至监犯性质不良,可以政治指导弥补,监犯之气候食物不适,时间久可自必使之相适"。② 他建议立即实施监犯移垦计划,请求"首批最迟于 1939 年 2 月移送,不误当年农时。以 200 人犯计算,所需经费为 64 415 元"。但也许是西康随即脱离四川建省,故未能将此计划付诸实施。

川西北一直是移垦计划中的重要区域,1938 年四川省就拟定了利用难民垦殖北川平武一带荒地的计划。平北两地均系熟荒,交通较为便利,原有人口 19 万人左右,由于多年的兵灾匪患,人口锐减至 9 万人,在建设厅厅长何北衡的主持下,四川省设立垦务局,年预算经费 15 万元,拟吸纳 5 万难民垦荒。③ 但因为交通不便,难民迁移困难,遂主要转向监犯移垦。

1939 年 4 月 6 日—5 月 16 日,四川省建设厅技师程绍行与四川高等法院廖芷才等一行 4 人前往平武勘查荒地,这是对监犯移垦地区的正式选址。经过 40 多天的实地勘查,程绍行等撰写了《平武县徒犯垦区会勘报告》,④该报告从荒区范围、自然状况、交通状况、社会状况、产权现状、水利、主要产物、荒芜原因等 8 个方面对平武县的荒地进行了会勘,并详细罗列了平武县各荒地的具

---

① 张志远:《监犯移垦泰宁实验区计划草案(附表)》,《边事研究》1939 年第 9 卷第 1 期。

② 张志远:《监犯移垦泰宁实验区计划草案(附表)》,《边事研究》1939 年第 9 卷第 1 期。

③ 《垦务近讯》,《四川经济月刊》1938 年第 10 卷第 3 期。

④ 程绍行:《平武县徒犯垦区会勘报告》,《建设周刊》1940 年第 23—26 期合刊。

体地址、业主、面积、地价估价、种量及现状,平武县正式成为实验监犯移垦的实施地。

三、平武外役监的兴办与实效

由于涉及监犯的刑罚执行,因此监犯移垦不仅涉及移垦政策的完善,还涉及司法制度的相应变革。从清末开始,在"吾国监狱黑暗久为各国所訾言"①的自我认知下,将传统中国的旧式监狱改建为新式监狱,一直是司法改良的重要内容。但新式监狱与旧式监狱相比,由于强调其对监犯的保障和教育,监所建设耗时耗资较多,以当时的政府财力很难以应对日益增多的监犯所需。1933 年司法行政部电令各省高等法院统计徒刑 3 年以上 15 年以下的壮年人犯数量,据报内地各省合计上报约 2.1 万余人。② 所以组织监犯开展劳动作业,是减少政府财政负担的重要手段。

1935 年司法行政部部长王用宾在视察华北司法后认为,"人犯作业为监犯自给自足主义所由实现,一则藉此训练人犯,使能自食其力","一则可将作业之收入补助国库之支出,一举两得"。③同时,监所作业可以培训监犯自食其力的品德,提供给监犯职业技能和谋生之道,"民国二十一年监犯统计所载人犯 72 172 人中,无职业者 20 095 人,约占全国数三分之一。今欲根本改善,免致再犯,若徒恃感化之教诲,浅近文字之教育,而不注重作业教育,使之练习职业,以养成其谋生之技能,诚恐既释之囚,终不能跻为齐民矣"。④

---

① 薛梅卿等编:《清末民初改良监狱专辑》,中国监狱学会 1997 年,第 128 页。
② 《移犯垦边之初步》,《法律评论》1933 年第 10 卷第 515 期。
③ 王用宾:《视察华北七省司法报告书》,《法律评论》1935 年第 12 卷第 621 期。
④ 林炳勋:《请令饬新旧监狱厉行作业教育提案》《司法公报》1935 年 12 月第 83 号。

　　新式监狱的大部分监所作业为小手工业,特别是生产监所本身所需的办公物品和生活用具,或是当地销路较好的小商品,以为监所创造收入,所涉农务科目极少,多为自身生活所需。① 这类作业只能在监狱之内进行,因此监犯移垦需要建设新式的外役的监所,即在监所外的荒地进行农业劳动,从而实现垦荒和服役的双重功能。

　　为加快外役的推进,早在 1930 年,南京国民政府就专门出台了《监犯外役施行细则》,对监犯外役事项进行规范。② 其后江苏、山东、安徽、湖北等省也颁行了监犯外役的实施办法或具体章程,但均仅限于将现处新旧监狱的监犯调派至监狱外从事劳作,③如《湖北省新旧监狱监犯外役简章》就规定外役工作"暂以筑路浚河抛石子或修缮公署时充泥水匠为限,监犯外役由监狱选派得力看守员士率领并应函由当地公安机关或保安队派军警武装协同戒

----

　　① 如江苏第一监狱,监所作业有"铁工科 12 人,染织科 64 人、毛巾科 42 人、缝工科 20 人,袜工科 16 人,木工科 22 人,鞋工科 56 人,印刷科 76 人",参见李竹勋:《江苏第一监狱报告》,1919 年,第 25—26 页;京师第一监狱,监所作业有"木工科 21 人,织工科 28 人,缝纫科 21 人,钣金科 16 人,印刷科 165 人,藤竹科 62 人"。参见《京外改良各监狱报告录要》,司法部监狱司,1919 年,第 11 页。京师第二监狱,监所作业种类有"窑科 156 人、木科 35 人、藤竹科 28 人、席科 26 人、纺织科 38 人、制面科 52 人、柳条科 6 人、洋铁科 8 人、鞋科 28 人、缝纫科 21 人、印刷科 12 人……农作科 12 人",参见梁锦汉:《京师第二监狱报告书》,1919 年,第 62—64 页;湖北第一监狱,监所作业有"织布科 190 人,靴鞋科 70 名,木工科 16 人,鞭筒科 60 人,裁缝科 25 人,雨伞科 30 人,刷印科 28 人……种菜科 10 人",参见《京外改良各监狱报告录要》,司法部监狱司,1919 年,第 198 页。

　　② 中华人民共和国司法部编:《中国监狱史料汇编》下册,群众出版社 1988 年版,第 125—126 页。

　　③ 江苏、安徽、山东等省规定参见:《安徽高等法院训令第九五七号:令各县管狱员奉令抄发旧监作业办法并附发监犯外役施行细则暨山东各县监作业暂行办法由》,《安徽高等法院公报》,1932 年第 3—4 卷。参见湖北等省规定:《湖北省新旧监狱监犯外役简章》,《湖北省政府公报》1934 年第 49 期。

护"。① 直至 1940 年代，各地仍未真正建立起完全以外役为劳作方式的新式外役监狱。

居正在"十年来之司法建设"的总结中要求重视整顿监狱，并设"外役"及"移垦"两方法以辅之，②在《抗战四年来之司法》中，居正将筹设新监作为司法建设的重要工作，并计划设置外役监，并"为人犯移垦之用，拟在边远省份各设一所"，而最先筹设的外役监，就是四川平武的外役监：

> 四川省监犯移垦一案，原已勘定四川平武县荒地为移垦区域，拟就其中选择官荒建筑外役监，为移垦准备。旋四川省政府以所勘地是否纯官荒，尚待清理，嘱转商行政院一面划拨，一面清荒，当经咨请行政院饬由内政、经济、财政等部会咨四川省政府统筹办理。至二十九年八月间，该省垦务委员会、地政局、建设厅与四川高等法院会商结果，又以该县农民，近多回籍复业，情形变更，办理划地，须先清荒，未清荒前，且须复勘。现已指派专员负责，会同该省各主管机关，办理复勘等事宜；一俟复勘划勘确定后，即可积极进行。③

1941 年 10 月 10 日，平武外役监正式成立。至 1942 年 8 月，平武外役监共有工作人员 57 人，家属 193 人。④ 1946 年工作人员达到 84 人。外役监的典狱长一直为杨达才，典狱长以下，设军训、医务、会计三室和一科、二科和三科。此"三科二室二所"的内部结构与民国其他新式监狱的结构大体一致。其后期增设了教诲科，

---

① 《湖北省新旧监狱监犯外役简章》，《湖北省政府公报》1934 年第 49 期。
② 范忠信、尤陈俊、龚先砦选编：《为什么要重建中国法系——居正法政文选》，中国政法大学出版社 2009 年版，第 214 页。
③ 范忠信、尤陈俊、龚先砦选编：《为什么要重建中国法系——居正法政文选》，中国政法大学出版社 2009 年版，第 330 页。
④ 《四川外役监造报员役与其家属实领平价米代金清册》，平武县民国档案平武县档案馆藏，档案号：137－1－21。

由教师张文甫担任科长。①

　　杨达才,字明理,亦名杨达斋,四川开县人,曾在东北担任绥芬河市市长,1930 年代回到四川,任成都救济院院长。杨与时任四川高等法院院长的苏兆祥有旧交,在苏兆祥的推介下出任平武外役监典狱长。杨达才在任内恪尽职守,对监犯管教有方,奖惩适度。② 外役监所取得的成绩,"大都有赖于创办者杨典狱长明理之热忱毅力"。③

　　平武外役监的监犯都来自四川,省内各区域均有监犯移送至此参与垦殖,主要集中于靠近平武的川西平原各县。监犯均为短期徒刑且危害性不大之人,但即使如此,交通、看管等途中押解所费人力与资金也让外役监负担很重。外役监曾希望四川省高等法院拨出一部车辆供监犯押运,以缩短监犯在途的时间,但未得到批准。监犯徒步到达需一两个月,有些在途中生病死亡甚至逃脱,平武外役监最初计划是服役监犯 2 000 余人,但实际上常年的监犯数仅有 150 余人。

　　平武外役监的垦殖区域共"二万七千余亩。已经垦熟耕地一千四百余亩。未开垦之地,森林密茂,则从事采木摘茶割漆等工作。建筑农舍及新式监房二百余间。水力磨房两座"。④ 经营数年,外役监所购置的 5 处荒地包括:第一处在江油县旧城武都之南 20 里处之老人窝,荒田 35 亩,荒地 10 余亩,在该地设农舍一所,开垦后,作为山地与平集土质生长试验地;第二处在平通附近,有菜园 10 亩及新监基地 42 亩,其新监建筑已完成一部分;第三处

---

①　《熊树良有关外役监情况回忆(1970 年 8 月)》,平武县民国档案,平武县档案馆,137－1－21。

②　平武县县志编纂委员会编:《平武县志》,四川科学技术出版社 1997 年版,第 947 页。

③　汪楫宝:《民国司法志》,商务印书馆 2013 年版,第 94 页。

④　汪楫宝:《民国司法志》,商务印书馆 2013 年版,第 93—94 页。

为伽帽山，有荒地 200 亩，设有小农舍一所已开垦荒地 2/3，预作刑满人犯授地入籍；第四处是关门子第一垦区，距平通场 12 华里，上至山顶，下至河心，西至钻子沟，东至关门子山岩，南北长约 20 里，东西宽 10 余里，可耕土地 9 000 亩，约种 100 石，其山岩溪壑老林，宜种药材，设牧场，供薪炭燃料面积约 5 000 亩。在关门子及钻子沟以西之灵官庙，有一旧有关隘，利用此关，前临深涧，后倚峭壁，右踞悬岩，左傍陡山，天然形成画地为牢，该处设有较大的农舍四处，农舍管理处一所，常住人犯 100 多名，已垦土地 1 000 余亩；第五处是堡子沟第二垦区，在堡子沟、杉林湾、核桃林、苦竹园、白果园、洪水沟、齐头岩一带，面积凡 1.8 万亩，该地面积大，预备大批人犯致时再开垦，但该地有杉树林、漆林、茶树，均先派了 200 余名人犯搞此项采伐工作，以作外役监之经济来源。总计外役监共购买荒地面积 2.7 万亩，投入买地价款为法币 60 余万元。[①] 移垦荒地的购买过程一般由当地行政、司法、垦务与外役监一同出面，在乡绅的配合下，以公道价格向荒地业主购买。如 1942 年 6 月 13 日，平武县县长张一之，平北垦务管理局局长吴劭先，平武县司法处审判官熊其愚，当地乡绅张卓然，薛文华，外役监典狱长杨明理、主科看守长魏行之，一同征收平武县关门子一带民荒。征收者在乡绅业主的监督下，将欲购垦区荒地分为熟地、熟荒、生荒三种，熟地与熟荒再分三等，分类评定土地价格，生荒也需以地域、地形分别定价，给相关业主不同征收价格，以此方式购买所垦荒地。[②]

　　时任司法行政部监狱司司长王元增在促进监狱改良方面非常积极。他对外役监的实施十分重视，监犯移垦的各项条例制度也

---

　　① 乔天鲁：《国民政府司法行政部的四川外役监》，《平武文史资料选辑》第 3 辑，平武县政协文史资料研究委员会 1989 年，第 29—30 页。
　　② 《会议记录》，平武县民国档案，平武县档案馆，档案号：137 - 1 - 21。

大多出自王元增之手。1942 年 7 月，王元增来到四川，亲自参观了平武外役监。在王元增看来，监犯移垦是解决经济自给的最好办法，他大胆设想数百犯人移垦而不用花国家的钱，并且他预计外役监在一年内产出 1 000 千克大米，还有 2 000 千克玉米和其他农产品。① 从效果来看，外役监实施 2 年多，"购地万余亩，建屋十数处，以及置制器皿农具耕牛猪羊所费约共 40 万元，现在开荒成熟，饲畜孳生以及物价演进之结果，财产总值已在资本十倍以上，收支相抵已属有盈无绌"。②

　　实施 5 年后，平武外役监在垦荒获益方面有更明显的成效。根据 1946 年外役监的年度收益统计，农作物中各种蔬菜收获 32 000 斤，豆类 8 755 斤，瓜类 13 106 斤，海椒 1 781 斤，玉米 97 500 斤，稻谷 27 550 斤，马铃薯 11 237 斤，马铃薯粉 439 斤，小麦 2 317 斤，柴薪 22 500 斤，纯收入法币 200 余万元。畜牧收入猪肉 3 311 斤，羊 29 只，收入法币 75 万余元。采伐杉木 1 750 根等，收入法币 441 万余元，剩余木料约值 650 万余元。加之其他的各项收入，平武外役监的纯收益在法币 1 000 万元以上，考虑到 1940 年代货币贬值严重，外役监所生产的实物价值是非常可观的。

　　在管理方面，与其他新式监狱相比，外役监强调行动军事化，"极力模仿军队一切动作，绝对服从长官命令，俾一切工作藉收迅速敏捷之要"；生活纪律化，"整齐严肃为管理人犯之要素"；生活生产化，"好逸恶劳、人之常情，作奸犯科、半由怠惰。如欲使无恒心恒业恒产之人化为良善，必须导以勤俭、授以技能，日濡月染、习渐而成，垦区僻处山中，耳闻目见皆属农事，一般农民朝夕劳顿，可资感悟，自谋生活之道，此其最好之学习机会。至于农作，择地选种

---

① 潘君明，《中国历代监狱大观》，法律出版社 2003 年版，第 193 页。
② 《四川外役监概况述略》，平武县民国档案，平武县档案馆藏，档案号：137 - 1 - 21。

皆有研究,牧畜植树时有改进,并利用休息时间织履编扇"。①

由于管理方式得当,特别是移垦给监犯所带来的劳动技能与生计机会,服役监犯在外役监的教育改造颇有成效:

> 移垦人犯,每日平均在二百人左右。实际从事农作者,约一百人。五年之中,刑期届满,陆续开释者,二百七十余人。其中十分之六,各已回家,均有职业。十分之三,受地入籍,为自耕农。余则自愿在该监采木摘茶等厂,为客工……垦犯食粮及副食品,自给自足。身体健康,服从教诲。定期举行小组自治会,故虽垦区荒旷,戒护非易,而逃亡者绝少。②

四、平武外役监的影响与终结

平武外役监地处偏僻,规模较小,监犯人数一直未超过 200人,除了外役劳动外,主要监所制度也与一般监所基本无异。外役监虽然直属于司法行政部,但因为监犯移垦被视作移垦运动的一部分,故而在很长时间内都没有作为一项司法改良措施引起国内司法界和社会的重视。平武外役监在自我总结时,也是将其实验效果的归于对移垦工作的典范意义:

> 荒地开发即成生产之区,囚犯服役则为有用之人,故国不患土地广大,唯恐荒区不垦,不患人口众多,只恐闲居生食。吾中华五千年以来,以农立国,移民实边,喧腾既久,增加物力,建议最高。总理更有人尽其力,地尽其利,物尽其用之说。我司法行政部有鉴于此,乃于用甘边境、山险水急、交通尤其不便之地,移囚于此开垦,令派筹办。初无把握,任事之后,审时度势,妥慎进行,凡事尽其在我,不欲宣传,不求人知。三年

---

① 《四川外役监概况述略》,平武县民国档案,平武县档案馆藏,档案号:137-1-21。
② 汪楫宝,《民国司法志》,商务印书馆 2013 年版,第 94 页。

以来,实施试验,勉告厥成,垦殖规模业已初具,本监根基亦渐巩固。从此可知,移犯垦殖,并非高谈理论,增加生成,今已见诸事实。惟我国边区荒地最广,设置外役监制度,各省无不咸宜。①

1947 年 3 月,《大公报》对平武外役监进行了大力的宣传和褒扬,让这个在川西北的监所成为全国性的监狱改良模范。《大公报》连续两日以《人犯移垦纪实》为题,连载介绍了四川平武外役监对人犯进行教诲、管理、组织生产等方面的情况和经验,并发表了《值得表扬的人犯移垦工作》的社评,对于平武外役监的实验,社评给予了高度的称赞,"战乱纷纷,迄无已时,公私事业,交受其困,但政府各级机构自有其应做的职务,不能一概推之大局未定而闲置起来"。《大公报》认为:

> 移犯开垦,有利于地方繁荣、国家进步,有利于国家政治、经济、文化、交通的发展,有利于囚犯改良品行、学会技艺、步入社会、自谋生计而为良民,有利于创试集体农场、建设新村和苏俄式的隔离监狱。对改进监狱管理,进而改良整个中国监狱,进行了新的尝试。②

1947 年,国立中山大学法学院尹德华指导的学生黄汝缘在《广州地方法院三十五年刑事案件的分析研究》这篇毕业论文中写道:"处理人犯,最好是依照三十年秋司法部在四川平武之平通场所设立外役监的办法。因为此外役监系办理人犯移垦,这是中国司法史上的创举。""希望类似这样的外役监,多设几处,在因人犯固可辟一条新路,边疆荒地也可藉此开垦,较之移民实在更觉事半功倍。"③由此可见,经过《大公报》的推介,平武外役监成为颇具推

---

① 《四川外役监概况述略》,平武县民国档案,平武县档案馆藏,档案号:137-1-21。
② 《人犯移垦纪实》,1947 年 3 月 15 日、16 日、22 日《大公报》。
③ 程焕文、吴滔主编:《民国时期社会调查丛编三编:岭南大学与中山大学卷》(下),福建教育出版社 2014 年版,第 679—680 页。

广价值的监狱改良实验。

因平武外役监成效明显，司法行政部通令各监所参考借鉴平武外役监的制度和做法，"该外役监组织与训练，教诲及教育，人犯之待遇，戒护之方法，规划甚为周密，尤以外役监之办法，注重内外两端，对内必有守法精神，对外须有行政手腕，主管人员更须廉以自持，明以督下，确立信誉，俾收事半功倍之效"。① 在司法行政部的主导下，各地加快实施监犯外役，而且多地开始积极筹建专门的外役监狱。至 1940 年代后期，先后有安徽宣城、贵州平坝、湖南宜章拟推广创办外役监。安徽宣城及贵州平坝两处外役监于 1947 年开始筹办。② 1948 年，安徽省宣城外役监成立，"平坝一处，已经开辟公路，建筑房舍。此外监狱中有空旷基地者，则令辟建农场，以供人犯种植"。③ 但随着国内政治军事局势的变化，两地的外役监都未实际实施。

由于深居川西内地，四川平武作为当时唯一实际运行的外役监，在抗战和内战期间一直运转。1949 年 12 月平武县和平解放，杨达才致函重庆西南军政委员会，陈述外役监情况，刘伯承和但懋辛回信嘱其"静待接收"。1950 年春，西南军政委员会指令川北、川西行署，共同派员处理平武外役监事务，1950 年 11 月，平武外役监正式移交，监犯及财产由当地政府接收，工作人员由平武县人民政府录用或安置，外役监随即停办。典狱长杨达才被接送到四川江油县，并被推举为平武县各代会筹委会委员和第一届各代会代表，不久因病逝世。④ 至此，平武外役监的监犯移垦实验真正

---

① 《法部重视徒刑人犯移垦办法》，《法学月刊》1947 年第 1 期。

② 谢冠生：《战时司法纪要》，唐润明主编：《抗战时期国民政府在渝纪实》，重庆出版社 2012 年版，第 420 页。

③ 汪楫宝：《民国司法志》，商务印书馆，2013 年版，第 93—94 页。

④ 平武县县志编纂委员会：《平武县志》，四川科学技术出版社 1997 年版，第 947 页。

终结。①

五、平武外役监与民国司法改良

在四川平武设立外役监是国民政府时期的监狱改良乃至近代中国司法改良中不应被忽视的一次有益探索。虽然规模不大,但平武外役监所收到的效果无疑是可以复制和值得推广的。从设立的预期目的和实施的实际效果来考察,平武外役监可算作是一次较为成功的地方性司法实验。倘若将平武外役监的实验放置于清末以来的监狱改良运动历史中,尚有两点值得一提:

(一)晚清以来的制度变革,特别是法律和司法变革,多囿于国内外时局不及实施,如最重要的新式法院的改建规划民初早已订立,但川省许多县级法院的设立直至 1949 年国民党逃到台湾前夕都未能开始实施。其原因最重要当然是国内外战乱之变故,但规划超前、不计国力的改革设计,也使改良措施的实施愈加困难。

从清末开始,监狱改良就是法律变革的重要任务。沈家本曾言,"监狱与立法、司法鼎峙而三,纵有完备之法与明允之法官,无适当之监狱,以执行刑罚,则改过迁善,犹托空言"。② 但自晚清政府至南京国民政府,都将监狱改良的重心放在新式监所的硬件设施修建改善,即如当时监狱学家孙雄所认为的,"改良监狱,以改良建筑为根本问题",③并冀望达到西欧监狱"壮丽几宫阙"④的文明

---

① 1962 年 6 月 5 日,台湾《外役监条例》颁行,台东监狱被改为台东外役监,外役监在台湾地区恢复实施。

② 《前修律大臣大理寺正卿沈家本奏请实行改良监狱折》,薛梅卿等编:《清末民初改良监狱专辑》,中国监狱学会 1997 年,第 5 页。

③ 孙雄:《监狱学》,商务印书馆 2011 年点校重印本,第 72 页。

④ 《前修律大臣大理寺正卿沈家本奏请实行改良监狱折》,薛梅卿等编:《清末民初改良监狱专辑》,中国监狱学会 1997 年,第 5 页。

之态,从而花费大量的人力物力修建"模范监狱"。殊不知欧美的监狱建设,并非一夕之功,政局稳定,国库丰盈,尚不可短期可成,更何况内战正酣、抗战吃紧的国民政府。最早投入使用的湖北省城模范监狱有近一半筹建费用实为商人捐献,①除了京师和部分省会城市外,按照西式建造格局建造新式监所的建设几近无功。最后落得被人认为监狱改良的口号"都是冠冕堂皇,结果全都成为不兑换的支票"②。故正如居正所言,"司法本身,欲求健全,必须有人才,有经费,若有人才而无经费,或有经费而无人才,都是不容改进"。③

外役监这项监狱改良措施恰恰是从经费短缺的实际情况出发,将需要耗费财政开支的监犯人员利用起来,移边垦殖,既解决了自身所需,又增加了监狱收入,还促进了边疆建设。若清末以来多有此类切实国情的改革实验,则中国法律近代化的路途是否会更加踏实一些。

(二)就清末以来的监狱改良历程来看,晚清和民国政府都希望尽快地摆脱狱政黑暗的指责,迅速地推动刑罚制度和监狱制度的改良,以西方式的监狱替代传统的刑罚执行制度,进入法制文明国家之列。但在经费难以为继、监犯人满为患的情况下举步维艰。外役监则在移垦成边的传统理念下,化解了这两个最重要的难题。这种监犯移垦的形式,与传统流刑制度非常类似。故而,外役监的实验成功,既可视作外役监以"暗合旧制"的方式得以实验成功,也

---

① 张凤仙、刘世恩、高艳:《中国监狱史》,群众出版社2004年版,第169页。另外,外役监选址过程中,吴定凯赴绥远调查选址向申请司法行政部拨付经费506.6元,司法行政部只同意由绥远法院"法收留用下项暂拨300元"《呈为第一监狱看守长吴定凯奉派赴绥远调查设立新监办法拟具旅费清单请准在法收留用项下作正开支祈核示由》,《司法公报》,南京:司法部公报处发行,1929年第37期。经费拮据,也可见一斑。
② 赵琛:《监狱学》,上海法学编译社1931年,第134页。
③ 《居正在四川高等法院及成都地方法院全体职员大会上的讲话》,《四川高等法院公报》第33期,四川高等法院1938年。

可视作传统流刑在一定程度上的借壳回归,这一新旧交织之貌,在趋新除旧的近代司法中颇值得我们品味。

正是由于外役监暗合旧制,所以从一开始,就有人持反对意见。自 1930 年代开始,"反对外役者,日渐增多",其主要理由是"因其出监工作,终与刑罚秘密之旨不能相合,国家物质上之利益虽见,而人犯精神上损害无穷",反对者从西方刑罚法理角度认为,强制监犯从事垦荒这类体力劳动超越了监狱实施徒刑的边界,"近今各国,对于外役,非绝对不用,惟加以限制",[①]自然不应当是中国司法改良的方向。但曾任职于巴县地方法院看守所的傅振川在其所著《改良监所意见书》中,提出"疏通监狱须酌采流刑"的建议,颇有意思,他认为:

> 中国现代监狱无处不感人满为患,其远因半系由社会环境造成,半系狱中生活过于安适,一般智识低劣之徒乐于犯罪……我国幅图广漠、农业国家,历朝以来用流徒垦边,或畜物为生产之路,非欧美工业国家以监狱作业为其生产之训练者可比……民国成立袭用新刑律草案,出于日人冈田之手,日以岛国实无流遣之必要,不足怪也……各省新监狱及各县旧监狱均有人满之患,致管理发生困难,内容腐败……伏查流遣之分配于实际大有效用。[②]

在他看来,废除流刑有可议之处。清末修律之后的刑罚不采用流刑、监狱所内作业,很重要的原因是我们倚重日本学者移植西方刑罚,但在这个修律的过程中,变法者容易忽视两个问题:1. 日本地域狭小,本就不适合流刑,所以日本刑法学者在刑罚的设计上容易忽略流刑在中国实施的有效价值;2. 中国以农业立国,这与西方国家重工业有区别,所以容易忽视中国监犯所需培训的技能首

---

① 芮佳瑞:《监狱工厂管理法》,商务印书馆 1934 年版,第 94—95 页。
② 傅振川:《改良监所意见书》,1936 年,第 10 页。

先应当是农牧劳作，因为监犯获释后，基于传统观念和实际条件，主要从事的还是农业经营，也正因为如此，监狱制度完善和改良不应当完全否定传统刑罚的有效性。

正如傅振川上文所描述的，自清廷聘任冈田朝太郎在京师法律学堂教习刑律，西方监狱理论在中国才得到广泛传播。在此之前，传统中国与西方的监狱和司法制度在国家权能中的定位和社会治理中的功能等方面有极大的区别，做中西制度的直接移植与置换其实并不容易。而当晚清以来的法律变革大势，将现代西方与传统中国两者贴上新与旧、文明与野蛮、改革与保守的标签之后，否定一切传统中国的政治法律文化，将固有制度一一剪除，不仅符合当时的"政治正确"，也成为迎合世人日益趋新之举，故而在司法改良的整个过程中，也几乎都是以"西方"为模本，体现在监狱改良中，从理论到实践，都是简单移植西方者多，理性继承传统者寡。平武外役监实验所体现的，正是寥寥的后者，这一意义大抵是超越一个简单的监狱实验而应当为我们所记住的。

（刘昕杰，四川大学法学院教授）

清末民初商事习惯调查中涉及的
契约习惯法规则

——以《上海商事惯例》为例

范一丁

一、商事习惯调查与近代"民商合一"论

　　清末开始的商事习惯调查,与民事习惯调查是同步进行的,肇端于清末政府的筹备立宪运动和民商事法律的编订。清末民初的社会,衣冠之治已见解体,①"习惯业已形成了庞大和复杂的规则体系,习惯在调整社会的民商事关系中起了特别重要的作用"。② 传统的经济政策伦理已出现了资本主义化的趋势,由重农抑商政策改变为以工商立国和振兴工商政策。随着以工商立国政策的确立和振兴工商活动的展开,政府和工商及知识界的社团意识日益加强。在清末时期,这种社团意识的最典型表现莫过于劝办商会。虽然这种情形当然只发生在少数的对外商埠,如上海这个在 19 世纪末已成为全国最大的贸易口岸,在清政府推行以工商立国的新政的背景下,诞生了第一个商业

---

　　① 参见刘志琴:《衣冠之治的解体和思想启蒙》,薛君度、刘志琴主编:《近代中国社会生活与观念变迁》,中国社会科学出版社 2001 年版,第 117—134 页。
　　② 参见眭红明:《清末民初民商事习惯调查之研究》,南京师范大学博士学位论文,2004 年。

会议公所,这与中外商约谈判有关。而至1904年,清政府商部开办劝办商会,到1912年全国大小商会总数近1 000家(不含海外华侨商会)。① 由于其时尚未有全国性商会组织,清政府为制定商法,由预备立宪公会邀请上海总商会主持此事,上海总商会于是致函全国各地商会,"广征意见,请各举派代表来沪共商办法",并于1907年11月在上海愚园举行了第一次全国商会商法讨论会,后又于1909年12月,又在上海召开了第二次商法讨论会。上海商务总会和商学公会、预备立宪公会于1909年12月召开第二次商法讨论会的同时,拟就了华商联合会章程,并创办《华商联合报》,后由于辛亥革命爆发,终清之世全国性商会组织都还处于筹办阶段。② 而自光绪三十三年(1907)九月各省设立调查局之时始,清末的民商事习惯调查运动正式进入启动程序。宣统二年(1910)正月,修订法律大臣正式奏请派员分赴各地展开民商事习惯调查。至此,全国范围的习惯调查运动才全面展开。③ 而商事习惯调查,起始也是有针对性的,并被确立为不同于民事习惯调查。④ 因此,从时间上看,商事习惯调查的开始,是上海总商会主持召开第二次商法讨论会一年以后开始的。上海总商会主持商事立法,并负责召集全国各地商会进行商事立法的讨论和负责筹办全国性商会组织——华商联合会,临时起到了全国性商会组织的作用。所以由上海总商会进行的针对

---

① 参见虞和平:《商会与中国早期现代化》,上海人民出版社1993年版,第74—75页。

② 参见吴慧主编:《中国商业通史》第5卷,中国财政经济出版社2008年版,第519—520页。

③ 参见胡旭晟:《20世纪中国之民商事习惯调查及其意义》,国民政府司法行政部编:《民事习惯调查报告录》(上册),胡成晟、夏新华、李交发点校,中国政法大学出版社2000年版。

④ 参见马敏、肖苗主编:《苏州商会档案丛编》第一辑(1905—1911),华中师范大学出版社1991年版,第254页。

商事立法而开展的上海商事惯例调查,是清末的商事习惯调查活动而言,是具有率先垂范的意义的。不仅如此,从《上海商事惯例》的内容来看,由于上海作为对外贸易的重要口岸,其商事习惯的汇集,相对而言是比较全面和典型的。虽然各地商事习惯有很大的不同,但以《上海商事惯例》为例对清末民初商事习惯中与契约法规则相关部分进行了解,是可以得到一个大致的概况的。

　　不过,由于清末的商事立法一直是处在"民商合一"论的影响下,且民初民法典的编纂体例最终是依循此论而确立的。① 所以,"民商合一"论在民国北洋政府时期重现,②这对"商事习惯调查"与"民事习惯调查"的主导方向,是有影响的。并且,从调查活动的实际情况来看,"商事习惯调查"与"民事习惯调查"相比较,所获实际是很少的。③ 在实际的执行中,伊始看似有明确界定的"商事惯例调查",④却在后来逐渐演变为与"民事习惯调查"合流,在许多场合中,通常被合称为"民商事习惯调查"。事实上,以清末之商事习惯调查而论,其根本目的是落空的。⑤ 至于民初开始的民商事习惯调查,从一开始就是以"民商合一"为模式的,虽然从调查的结果来看,商事习惯的收集与清末的情况大致相同,即民事习惯往往混杂了许多商事习惯,单独的可以系统化的商事习惯汇集,是少见的,这与近代商事习惯因近代商品经济的发展时期短暂而尚未得到充分的培育有关。不过,仅就清

　　① 《修订法律人臣沈家本等奏议复〈朱福洗奏慎重私法编别选聘起草客员〉折》,载于《政治官报》,光绪二十四年十月十五日,第 373 号。

　　② 《京师近事》,1909 年 4 月 14 日《申报》。

　　③ 《各省区民商事习惯调查报告文件清册》第 1 期,民国北洋政府《司法公报》第 737 期。

　　④ 关于清末民商事习惯调查"合流"之情状,参见眭红明:《清末民初民商事习惯调查之研究》,南京师范大学博士学位论文,2004 年。

　　⑤ 参见任满军:《晚清商事立法研究》,中国政法大学博士学位论文,2007 年。

末民初已获得的商事习惯调查成果来看,商会的作用功不可没:清末各地商会进行的商事调查集中在 1907—1909 年,从调查的内容来看,如天津商会的调查涉及有华洋交易批货习惯、倒闭商家清理外欠习惯、商人与外客交易习惯、地债权让与习惯、租房习惯、货栈习惯、商家为人担保债务习惯、买货卖货回佣习惯、租约习惯等。① 当然,这其中以上海总商会所进行商事习惯调查内容最为全面和典型。值得注意的是,这些调查的动因有一个非常明显的新现象,即为"答复法院或律师询问"而进行,②却并非是为了商事立法而进行专项调查的所获。也许如《上海商事惯例》,是因商事习惯调查活动而得以整理汇编的,由此可见商会不仅在清末民初商事立法中扮演了重要的角色,而且在民初司法活动中,上海总商会对"商事惯例"所作的解释,其效力往往优于法理和学理。③ 事实上,除公司法、海商法、破产法等已颁布的商法外,④通常的商业贸易纠纷,占据了法院民事诉讼案中的多数,而因此涉及的商业惯例,也大都与属于契约法的范围。由于缺少成文法的规范,借重商业惯例调解贸易遂为实业界所共识,司法界及法官审断商事纠纷亦常以习惯为定谳凭据。由此,遭遇商事纷争,无论工商界、司法界往往就咨询于上海商会团体,以求商业惯例之确证,商会组织因此成为一个具有一定司法权

---

① 天津市档案馆编:《天津商会档案汇编(1912—1928)》(下册),天津人民出版社 1992 年版,第 1980—1998 页。

② 严谔声:《上海商事惯例》之"编辑例言",张家镇等编纂,王志华编校:《中国商事习惯与商事立法理由书》,中国政法大学出版社 2003 年版,第 480 页。

③ 参见黄源盛编:《大理院民事判例全文汇编》点校本,第一册,台北:自版,2002 年,第 7—12 页;黄盛源:《民刑分立之后——民初大理院民事审判法源问题再探》,台湾:《政大法学评论》2007 年第 98 期。

④ 参见张松:《近代商法与商事习惯研究(1904—1928)——以近代商事裁判为中心》,中国政法大学博士学位论文,2008 年;季立刚:《民国商事立法研究(1912—1937)》,华东政法大学博士学位论文,2005 年。

的准司法机关。① 也正因为如此,上海总商会不仅对商事惯例的收集,起到了重要作用,而且其在对商事惯例的解释中涉及的契约法部分的内容,实际上亦为此一时期契约法的组成部分,并因此体现于后来颁布实施的以"民商合一"体例编纂的《民国民法》中。

二、由司法中适用的商事惯例所形成的契约法规则

《上海商事惯例》辑录了沪上自光绪末年至 1936 年间与诉讼纠纷相关的 21 类商业习惯,及 187 个纠纷案例(其中仅有 2 件是发生于光绪末年),所载均为上海商会团体针对各级法院、中外律师、行业公会、企业、社会团体组织等有关商事惯例之调查答复,所涉内容既是业界久行之商事惯例汇集,亦是司法界寻求裁判规范之真实记录。即在成文法规含射不能之情形下,法官、律师以及其他社会团体屡屡借助于商会权威识别商事惯行,从而发现合理裁判根据之实践写照。② 正因为如此,在司法中适用的与契约法有相关部分的商事惯例,经清末民初的最高审判机关拥有司法解释权的大理院,到民国时期的最高法院,赋予案例以法律效力,③由此建立的规则,对这一时期的契约法规则体系的形成,起到的补充作用,这一历史事实,是需要进一步认识的。

---

① 参见张斌:《民国时期司法中的商业惯例与法律发现——基于〈上海商事惯例〉的法社会学分析》,谢晖、陈金钊主编:《民间法》,济南出版社 2011 年版,第 167—174 页。

② 参见张斌:《民国时期司法中的商业惯例与法律发现——基于〈上海商事惯例〉的法社会学分析》,谢晖、陈金钊主编:《民间法》,济南出版社 2011 年版,第 167—174 页。

③ 张家镇等编纂,王志华编校:《中国商事习惯与商事立法理由书》,中国政法大学出版社 2003 年版,第 600 页。

《上海商事惯例》中若干与契约法相关的"商事惯例"主要涉及契约的订立、契约的内容、契约的履行、契约的效力、契约的担保、契约的转让和终止、违约责任等方面,所呈现的基本情况是:

(一)商事惯例受与外国通商的国际贸易惯例影响,契约的主要条款和内容,已在整体上改变了契约的传统模式。如《上海商事惯例》中上海总商会对上海租界会审公廨、江苏上海审判厅和上海特区地方法院咨询定货契约中对标的物数量和重量、期限、履行地点、方式的约定,在交货时与约定不符,按"商事惯例"应以何者为依据的问题时,均肯定了"商事惯例"所认同事先契约中约定的效力,其中如对定货契约中,货物交付时因运输或其他原因发生货物"走漏"情况的归责问题,依"商事惯例"对于"定货走漏责任"的确认,"如载西方 CIF 字样者,系属货到上海迟十天交货,交货之后方与售货人脱离关系",①而有关 CIF 的到岸 10 日内归责于售货人的习惯,显然来自国际贸易习惯成例。因此,仅以关于定货契约的"商事惯例"而言,由于受国际贸易惯例的影响,定货契约的主要条款和内容是具体且充分的,以此不同于传统契约仅注重格式固定的契约形式要件,对契约的主要条款和内容多以简约化的概括性表达,使契约为双方实际履行中的不确定性行为留下可为"灵活掌控"的所谓"回旋余地",这是"商事惯例"不同于"民事惯例"而仍受传统契约法的束缚的特别之处,并因此使之表现为契约法近代化之先导。

(二)契约行为更多地体现了市场经济的属性,得以相对地超脱于与人身关系的关联,而近代商事惯例则更为突出地表现出这样的特点,这与传统契约法所反映的于伦理关系中所包含的始终不能脱离与人身关系的关联,有很大的不同,这种不同在契约的违

---

① 张家镇等编纂,王志华编校:《中国商事习惯与商事立法理由书》,中国政法大学出版社 2003 年版,第 483 页。

约责任的约定和归责条件与方式上,表现得很典型:其一,《上海商事惯例》中"预期利益"和"不可抗力"概念,是"民事惯例"中所没有的,也是传统契约法中所没有的,传统契约法虽然有与此相似的某些做法,但并没有形成抽象的概念。其二,如上海总商会答复上海地方审判厅关于契约履行中所遇"意外之事情"(不可抗力),作为免责之一般通则,①是对契约违约责任的归责条件具体且富有层次性的深入,这种源自罗马法的西方契约法对普遍有效规则的归纳所具有的形式理性,是中国古代契约法所不具有的,而"商事惯例"对西方契约法这一确立规则的方式的接受,是契约法实际已走向近代化的标志之一。其三,"商事惯例"中关于"违约责任"追究,对迟延支付货款不计算利息的通常做法,仍保留了传统契约法的痕迹,主要体现在守持传统契约法仅只在"借款契约"中约定利息,而"凡拖欠货款,向无计算利息者"。只有在"逾期不还,经两造商允,改货款为借款,另有契约规定期息"②时,才计算利息。并且,上海总商会对利上滚利和滚利作本的习惯法规则,亦是认可的,由此显见的保守性,就是其时的成文法,也是禁止的。其四,在实现对"违约责任"的追究方式上,"商事惯例"中对"定金"的认识,反映了与契约法近代化趋势步调相同的进步,这也是"民事惯例"中所没有的,包括无如此之具体的规定:民国二十一年九月上海商会答复骆士雄律师,关于"代收定银责任习惯",定金仅作为一种订货的"凭据",并具有预付款的性质,而并不存在如以"双倍返还"来体现对违约责任承担。③ 并且,民国二十一年一月上海商会答复阮成笃律师,"放弃定银习惯",表明定金是否作为对违约责任承

---

①　张家镇等编纂,王志华编校:《中国商事习惯与商事立法理由书》,中国政法大学出版社 2003 年版,第 482 页。

②　同上书,第 533 页。

③　同上书,第 494 页。

担而"不予返还",并未形成惯例。①但关于"定金"已有的商事惯例,却是民事惯例中所没有的。

(三)关于契约的履行、契约的订立和契约的效力等方面,《上海商事惯例》反映了商业交易中契约法规则在受国际贸易惯例影响的同时,仍然受到传统契约法固有习惯制约的特征,如关于履行费用、瑕疵履行、要约和承诺、契约的有效等新概念所概括的一般性规则,在"商事习惯"中并没有完整的表现:如民国十四年十二月上海总商会答复木业陈似兰关于"履行费用"的承担问题,所给出的结论并不确定;②对于"瑕疵履行",民国十九年四月上海商人团体整理委员会答复上海租界临时法院徐维震"退回霉烟习惯",仅明确了"退货"的惯例,而未及其他;③关于要约,在"布业买卖习惯"中,有要约的存在,但无承诺的对等存在;④而在"商店回单责任习惯"中,却对承诺有具体形式要件的规定,⑤可见关于要约和承诺,作为契约合意形成的基本构成,在"习惯"中正趋于逐渐形成,但尚不完整;对契约效力问题,民国十八年二月上海总商会答复麦却度律师"债权人索取借款习惯",已有明确地对契约有效概念的界定,⑥但在转租契约的效力问题上,民国十二年九月上海总商会答复江苏上海地方审判厅"租地解约习惯",则以"契约是否有

① 张家镇等编纂,王志华编校:《中国商事习惯与商事立法理由书》,中国政法大学出版社 2003 年版,第 497 页。
② 张家镇等编纂,王志华编校:《中国商事习惯与商事立法理由书》,中国政法大学出版社 2003 年版,第 484—485 页。
③ 张家镇等编纂,王志华编校:《中国商事习惯与商事立法理由书》,中国政法大学出版社 2003 年版,第 502—503 页。
④ 张家镇等编纂,王志华编校:《中国商事习惯与商事立法理由书》,中国政法大学出版社 2003 年版,第 518—519 页。
⑤ 张家镇等编纂,王志华编校:《中国商事习惯与商事立法理由书》,中国政法大学出版社 2003 年版,第 525—526 页。
⑥ 张家镇等编纂,王志华编校:《中国商事习惯与商事立法理由书》,中国政法大学出版社 2003 年版,第 575—576 页。

特行规定"作为判断转租契约是否有效的条件，①显然与移植法规则有冲突，并因此体现了与传统契约法的关联。

（四）关于契约的担保，对于抵押与保证人担保的清偿顺序，"习惯"表现了与西法相通的一面，但在共同保证人之责任划分上，"习惯"中对共同保证人之连带责任，并没有进一步的明确；在退（撤销）保（证）的方式问题上，反映的是重"信用"，而非依据于各方合意的约定。

（五）对于契约的转让和终止，"习惯"中债权不得转让，较之于已有之立法，是落后的，但关于清偿的"习惯"规则，明确可以不经债务人同意而"从其寄契存中划抵"，以此却与其时已有立法中的规定相同。

（六）《上海商事惯例》中，有对几种特殊契约的规定：委任契约中对受委托人以委托人名义代理的行为责任，应由委托人承担有明确规定，并且，对于"居间契约"，以及运输契约中的报关责任，托运责任，"习惯"规则都体现了"合理"性，虽然并不完善，但较之于当时已有的立法，则是以其"具体"，弥补了立法上的不足。

三、基 本 结 论

由上述情况可以得出的基本结论是：一方面，以《上海商事惯例》中的"商事惯例"所涉范围，既与民事惯例范围中的相关部分交叉重合，又有其独立的部分。从商法与民法的这种交叉关系来看，在"商事惯例"呈现的契约法规则，与民事惯例中表现的契约法规则，同样是既有相同部分亦有不同部分的（商事惯例与民事惯例重合的部分，主要是商事交易规则与民事交易规则，也就是于民法体

---

① 张家镇等编纂，王志华编校：《中国商事习惯与商事立法理由书》，中国政法大学出版社 2003 年版，第 611 页。

例下称之为债法的契约法规则），在许多情况下是没有太大分别
的。虽然就前者而言，商人作为行为主体与一般民事行为主体，有
所区别，这在近代中国，还是较为明显的。因为商人与一般因日常
生活需要和自给自主的家庭经济业主所作交易行为，还是有所区
别的，前者主要体现为往往会受到同业公会行规的约束，而后者受
到的则是一定范围内市场交易习惯的约束，这只是因为中国近代
社会市场经济的规模有限，使商事交易惯例与民事交易惯例有明
显的差别，只不过这种差别必然表现为一种逐渐缩小的趋势。至
于商事惯例独立的部分，却是明显的，如关于公司、破产、海事、票
据和保险等，是难以归属于民法范畴的，只能独立地成为单行法立
法。关于这方面的"惯例"，于中国近代社会而言，是全新的新事
物，在较短时期内，尚难以形成系统化的规范，这就是为什么自清
末开始的针对商事惯例的独立调查，所获甚少的原因，所以并不能
以对民事惯例的了解，来替代对"商事惯例"中与契约法相关部分
的认识，这也是"商事惯例调查"可以相对独立的意义，以此并不能
通过有关民法典的编纂体例上是否采用"民商合一"形式的类似讨
论来予以概括。

　　另一方面，从对《上海商事惯例》考察的具体情况来看，商事惯
例不仅有一定的适用范围局限（其主要适用于以商人为主体的商
事交易行为），而且其反映的与契约法相关部分的规则（或者说可
归属于契约法的规则），也是不完整且难以系统化的。这并不是说
如《上海商事惯例》对商事惯例的收集有限，从而导致其以契约法
规则形式的存在，多为零散的、碎片化的，而是说即便我们选择考
察的商事惯例，是在更大范围内收集的，那些以商事惯例为表现形
式的契约法规则，仍然是难以使之系统化的。这是因为其属性所
决定的局限。正因为如此，对商事惯例考察的主要方向，应该是以
其相对于民事惯例而言的，那些可归属于契约法规则的特殊性的
认识，而不是在与民事惯例的对比中，去寻找它们之间的相同之

处,从而以体现一般性的通用规则。显然,商事惯例的特殊性,对契约法规则体系的建立,更多的是使其层次性得到丰富,而不是在横向上对其有所扩充。事实上,由于商法中与契约法相关的部分,只是契约法的特殊形式。商法规则体系中的这部分存在,也就不可以通过系统化的表现,使契约法的内容被扩充,而仅只是使其内容所涉及的层次,得以深入罢了。

（范一丁,贵州黔匀律师事务所一级律师）

法国海军与小刀会起义初期的
上海局势^①

江天岳

    1853 年爆发的小刀会起义是近代上海史上的重要事件。在当时华洋初交的时空背景下,英、法、美等列强以保护租界为名纷纷介入争端。其中,法国的角色尤其值得关注。因起义军活动范围与法租界毗邻,加之法国与在沪天主教势力特殊紧密的关系,这一事件恰好给刚刚成立的法兰西第二帝国政府提供了一次向远东扩张的机会。法国军舰奉命调往上海,凭恃武力对冲突双方实施威压,迫使清朝地方官员让渡更多主权,堪称近代法国对中国政局的首次干预。

    长期以来,国内学界关于小刀会起义的研究成果十分丰富,但在中法关系视角下、针对法国在这场变局中扮演的角色与发挥的影响,仍有一些问题需要探讨。譬如,当时英、法、美在上海同有利益,但法国利益不若英国,法租界侨民人数也极为有限,为何法国驻沪领事在小刀会占领上海伊始就痛陈"时局艰危",法国政府又为何迅速从印度洋调派军舰增援? 法舰抵达后,对法国在上海的地位以及起义初期的上海局势有何影响? 对这些问题的考察与解

———————————
    ① 〔本文系"中国博士后科学基金第 57 批面上资助"项目(编号:2015M570956)、"北京师范大学青年教师基金"(编号:SKXJS2014009)的成果〕。

读,在以往的研究成果中尚不明晰。①

　　位于法国万塞讷城堡(le Château de Vincennes)的法国海军部档案馆(Service Historique de la Défense, SHD, France)内,存有大量关于小刀会起义的原始案卷。这些档案涵盖法国驻沪海军的活动情况,与清军、起义军及中外各界人士的通联记录,还包括个人日记、作战计划、作战地图等。其中,法国海军部每年一册的舰队调动年度汇编中,存有 1853—1855 年于中国海域游弋的每一艘法国舰船的航行、停泊、交战的详细记录②;经历过小刀会起义的法国"贾西义号"(le Cassini)舰长卜拉(Robinet de Plas)中校、"科尔贝尔号"(le Colbert)舰长鲍德安(de Baudéan)中校都有通信记录存世③。法国人麦尔雷编辑的《"贾西义号"中国海上长征记(1851—1854)》④完整展现了卜拉中校来沪前后对时局的认识与因应。上述未被充分利用的原始文献,是本研究得以深入开展的基础;将这些资料与法

---

　　①　以往涉及该问题的研究成果主要包括方诗铭的《上海小刀会起义》(上海人民出版社 1965 年版,1972 年修订再版)、郭豫明的《上海小刀会起义史》(中国大百科全书出版社上海分社 1993 年版)等小刀会起义研究专著,华强的论文《上海小刀会与英美法三强的"中立政策"》(《档案与史学》2004 年第 1 期),叶斌的论文《上海租界的国际化与殖民地化:〈1854 年土地章程〉略论》(《史林》2015 年第 3 期),刘平、江林泽的论文《叛乱与现代性——上海小刀会起义与上海现代化的关系》(《安徽史学》2014 年第 4 期)和约瑟夫·法斯的《上海小刀会起义(1853—1855)》(倪静兰译、章克生校,《史林》1987 年第 1 期)等。

　　②　*Archives Nationales de la Marine*, BB⁵-47, BB⁵-48, BB⁵-49. 法国海军部档案馆原始馆藏。

　　③　*Archives Nationales de la Marine*, BB4-684, BB⁴-687, BB⁴-701, BB4-709.法国海军部档案馆原始馆藏。

　　④　R. P. Mercier, *Campagne du "Cassini" dans les mers de Chine, 1851 - 1854: d'après les rapports, lettres et notes du commandant de Plas*, Paris: Retaux-Bray, 1889.

国来华高级神职人员高龙鞶①和史式徽②分别撰写的两部《江南传教史》、翁毅阁的《江南教会现状录》③、英国人斯嘉兹的《在华十二年》④等时人著作相参核,辅以《北华捷报》(*The North-China herald*)对列强与小刀会关系的跟踪报道和分析,有助于我们明确法国舰队在小刀会起义初期扮演的特殊角色,进而分析法国军方配合外交部门和在沪天主教会共同干涉中国内政的动机、手段和实际后果,揭示法兰西第二帝国政府借机在远东扩张势力、攫取特权的历史事实。

一、法国舰队在上海的"防御范围"

1853 年 9 月 7 日,刘丽川率上海小刀会众起义,占领县城,斩杀上海知县袁祖德,活捉苏松太道吴健彰,宣布国号为"大明国",声讨清朝统治。同日,刚就任不久的法国驻上海领事爱棠(Benoît Edan)紧急致信暂驻澳门的法国驻华公使布尔布隆(Alphonse de

---

① Auguste M. Colombel S. J., *Histoire de la mission du Kiang-nan*, s.l.: s.n., 1900?. 该书仅第一卷被译成中文,译本相关信息如下:[法]高龙鞶:《江南传教史》,辅仁大学出版社 2009 年版。另《上海小刀会起义史料汇编》中对该书作了部分节译,本文中参考了《汇编》中的译文。见上海社会科学院历史研究所编:《上海小刀会起义史料汇编》,上海人民出版社 1980 年版。

② J. de la Servière S. J., *Histoire de la mission du Kiang-nan: Jesuites de la province de France (Paris), (1840 –1899)*, Tome I et Tome II, Chang-hai: Zi-ka-wei Pres., 1914. 该书后来被译成中文两册,译本相关信息如下:[法]史式徽:《江南传教史》,第一卷、第二卷,上海译文出版社 1983 年版。该书另有中文简本传世,出版信息如下:[法]史式徽著,金文祺译:《八十年来之江南传教史》,圣教出版社 1929 年版。

③ Nicolas Broullion (S. J., Le P.), *Missions de Chine, mémoire sur l'état actuel de la mission du Kiang-Nan, 1842 –1855*, Paris: Julien, Lanier & Cie., 1855.

④ John Scarth, *Twelve years in China; the people, the rebels, and the mandarins*, Edinburgh: T. Constable and co., 1860.《上海小刀会起义史料汇编》中对《在华十二年》作了部分节译,本文中参考了《汇编》中的译文。

Bourboulon),汇报了其所目睹的这一重大变局:

　　　　整个城市都被起义所笼罩。昨晚三点时,上海知县被斩
　　杀,一同被杀的另有一名低级别官员。道台和其他清廷官员
　　的宅邸都被焚毁。我们不知道道台的下落,有人说他躲进了
　　旗昌洋行(Russel et Cie)……①

　　虽然在起义之始,小刀会对上海的外国人并无明显敌意,刘丽
川甚至还"允许分派卫兵往各教堂及教士住宅保护一切"②,爱棠
也在信中表示,在沪法国人也尚未受到直接威胁和侮辱,但他又
充满忧虑地提出,由于法租界邻近上海县城的特殊地理位置,仍
不可避免地受到战火和动乱的殃及,"鉴于当前局势,我只能向
(英国驻沪领事)阿礼国(Rutherford Alcock)和英国舰长费世班
(Fishburn)求助"。③

　　布尔布隆得知此消息后,立即请求停泊在澳门的法国驻留尼汪
和交趾支那分舰队(la Station de la Réunion et de l'Indo-Chine)的蒸
汽护卫舰"贾西义号"(le Cassini)北上救援。9月20日,"贾西义号"
舰长卜拉(Robinet de Plas)中校致信同在该海域的法舰"康斯坦丁
号"(la Constantine)舰长蒙特拉威尔(De Montravel)称:"尽管此前我
收到了海军部关于在原地等待'康斯坦丁号'的指令④,也尽管您保

----

　　① R. P. Mercier, *Campagne du "Cassini" dans les mers de Chine, 1851-1854: d'après les rapports, lettres et notes du commandant de Plas*, p. 302. 吴健彰事实上被起义军虏获,后在美国领事馆官员的协助下得以逃脱。刘丽川默许了这一行为。

　　② *The North-China herald and supreme court and consular gazette*, Shanghai: North-China Herald, No. 163, September 10.1853, p. 22.《上海小刀会起义史料汇编》中对《北华捷报》作了部分节译,本文中参考了《汇编》中的译文。

　　③ R. P. Mercier, *Campagne du "Cassini" dans les mers de Chine, 1851-1854: d'après les rapports, lettres et notes du commandant de Plas*, p. 302.

　　④ 根据法国海军档案"舰船的装备和活动"子卷中1853年的记录,"康斯坦丁号"于1853年9月2日在新加坡宿泊,9月9日前往澳门,后于9月23日抵澳。见 *Archives Nationales de la Marine*, BB⁵-47.

证不会延迟抵达澳门,但在 9 月 19 日下午我收到公使先生请我前往上海的一封急件后,鉴于异常严峻的局势,我想我可能几天就必须出发。"①

事实上,当时的上海法租界尚处在初创阶段,外国侨民人数很少。1849 年 4 月 6 日,法国驻上海首任领事敏体尼(Louis Charles Nicolas Maximilien Montigny)根据中法《黄埔条约》中"凡法兰西人按照第二款至五口地方居住,无论人数多寡,听其租赁房屋及行栈贮货,或租地自行建屋、建行……地方官会同领事官,酌议定法兰西人宜居住、宜建造之地"②之规定,与时任上海道台麟桂签字换文。麟桂贴出的布告宣示法租界正式成立:"本道台会同法国领事敏体尼勘定上海北门外一处地:南至城河,北至洋泾浜,西至关帝庙诸家桥,东至广东潮州会馆沿河至洋泾浜东角,注明界址。倘若地方不够,日后再议别地……"法租界起初的面积仅有 986 亩,不到英租界的 1/3。法国退役海军军官居伊·布罗索莱(Guy Brossollet)在其《上海的法国人(1849—1949)》一书中写道:"在这块'特许'给'蛮夷'的土地上,既没有花园,也没有稻田,有的只是无人居住的沼泽,至多还有几个游荡的幽灵出没其间","租界初创时期的上海,法国的殖民地上只有屈指可数的十几个人:敏体尼一家,领事的翻译哥士耆(Kleczkowski),几位传教士,已开始经营活动的雷米(Rémi)先生,另一位稍逊一筹的商人阿鲁内(Aroné)先生,最后还有领事的厨师皮埃尔·布雷顿(Pierre Breton)"③。

小刀会起义前不久,敏体尼携家人返回法国。尽管当时的上

---

①　R. P. Mercier, *Campagne du "Cassini" dans les mers de Chine*, 1851 -1854: *d'après les rapports*, *lettres et notes du commandant de Plas*, pp. 301 - 302.

②　王铁崖编:《中外旧约章汇编·第一册(1689—1901)》,生活·读书·新知三联书店 1957 年版,第 62 页。

③　以上两段引文自 Guy Brossollet, *Les Français de Shanghai*, 1849 - 1949[居伊·布罗索莱:《上海的法国人(1849—1949)》], Paris: Belin, 1999, pp. 16, 18.

海法租界"只要掰着十指就可以算清人数"①,爱棠和雷米等人也完全可以在英国军舰的护卫下暂时撤离法租界,却为何要向公使痛陈"异常严峻的局势"以求本国军舰来援呢? 对于这一疑问,至少需要从两个方面来分析。

(一) 这涉及法国在上海的独立性和民族自尊心的问题

自拿破仑战争后,英国与法国的关系并未彻底修复,在海外也存在着诸多竞争。诚然,英法在共同殖民和侵略中国的大方略上是合作的;小刀会起义初期,由于法国没有军舰在沪,法租界的安全也不得不依靠英军一并维护。起义次日,得悉雷米住宅可能遭到抢劫时,"英国的费世班舰长不到 15 分钟就率领一支海军登陆部队,携带两门大炮,前来通往雷米住宅的洋泾浜石桥台阶上驻守"②,次日又在住宅里设立了一个常驻岗哨。9 月 8 日晚,爱棠在费世班的极力劝说下,也暂时离开领馆而去英国营房守夜,但次日又返回领馆。爱棠虽对英国的"慨然赴援"表达了谢忱,但若让他和雷米离开法租界,却是不可能做到的。

探索日后法租界发展的历史轨迹可知,法国多次坚决反对英、美试图合并租界的企图,直至 1943 年被汪伪政府"收回",法租界始终保持着独立状态。"即便对方打着实用主义和高效主义的名义,但未来可能丧失一些特权的危险,还是使高卢雄鸡警觉地竖起了羽毛。它提前向他们说了不……领导这场独立运动的正是当时的法国驻沪领事爱棠先生。"③法国人极其炽烈的民族自尊心,使他们在上海也如同在加拿大魁北克(Québec)那样,表现出了很强的排他性,且愈是地少人稀,愈要变本加厉地捍卫自己的法国人

① Guy Brossollet, *Les Français de Shanghai*, *1849 - 1949*, Paris: Belin, 1999, p. 18.

② Charles B.-Maybon et Jean Fredet, *Histoire de la concession française de Changhai*, Paris: Librairie Plon, 1929, p. 66.

③ Guy Brossollet, *Les Français de Shanghai*, *1849 - 1949*, p. 19.

身份。

（二）这还涉及法租界当局与法国教会，尤其是以徐家汇为中心的在沪耶稣会的特殊关系

正如法国历史学家梅朋所说："法国领事不仅仅要顾及对法租界的保护，还要照顾传教士的机构：徐家汇，浦东黄浦江右岸的张家楼修道院，尤其是董家渡城关地区，那里矗立着大堂，特别容易遭到叛乱军和清军的攻击。"①这些教会土地并不位于租界内，爱棠却"视若己出"，要求南京教区的赵方济主教（Mgr. Maresca）在董家渡大堂及其附属机构都挂上了法国国旗。

自上海开埠以来，法国领事和租界当局始终同教会保持着友好而密切的联系。赵方济主教在搬至董家渡后，便主动把法租界内的旧宅赠予敏体尼作为领事一家的居所；而敏体尼和他的秘书哥士耆也对主教和神父们在上海的慈善活动多有襄赞。究其本源，当然要考虑拿破仑三世对天主教的政策导向。当时正值法兰西第二帝国肇建，拿破仑三世意欲巩固法国作为"天主教长女"的地位，在全球范围内积极塑造天主教保护者的形象。具体到上海，"敏体尼先生很快就了解到，保护各地教会，特别是保护江南一带的教会，会给法国带来多大的好处。多年来，法国在上海的贸易量原不能与英美竞争；但自从保护了这座大城四周的七万多名教友后，使我们的政府代表在中国官员面前赢得了特殊地位"。若将这"七万多名教友"都作为法国的保护对象，爱棠请求调舰增援时所谓"异常严峻的局面"，也就不难理解了。因为在法国领事眼中，"全力保护天主教，是我们执行的一个好政策，在中国官员面前我们的地位会显得越来越重要"②，而"一切我有责任保护的对象，我

---

① Charles B.-Maybon et Jean Fredet, *Histoire de la concession française de Changhai*, p. 67.

② 以上两段引文自 J. de la Servière S. J., *Histoire de la mission du Kiang-nan: Jesuites de la province de France* (Paris), (1840-1899), Tome I, p. 168.

认为都必须集中在一处,团结在法国国旗的周围,在我们唯一的靠山'贾西义号'的保护之下"①。

"贾西义号"与上海的教会势力也并非素昧平生。早在1853年3月,太平军占领金陵前后,"贾西义号"就曾在上海停泊了两个多月,按照法国耶稣会士的说法,"军舰上的大炮对坏蛋们有一定的威慑作用"②。3月20日,适逢圣枝主日,当时上海最大的天主堂——董家渡天主堂举行了隆重的开堂仪式,法国领事和卜拉等"贾西义号"高级军官均前往瞻礼,"贾西义号"还专门鸣放了礼炮。此后军舰和教会之间更是来往频繁,执掌剑柄的卜拉逐渐成为徐家汇的常客和贵客,他有时参观耶稣会士开办的学校,有时也派军医费利爱(Fallier)前往岸上的教会医院救治伤员,还多次邀请徐家汇的神父到"贾西义号"上避难;教会则经常会为军舰上送来的身体疲惫

图 1 卜拉舰长回忆录《1851—1854年"贾西义号"中国远征记》封面

资料来源: R. P. Mercier, *Campagne du "Cassini" dans les mers de Chine, 1851–1854: d'après les rapports, lettres et notes du commandant de Pla*.

① "Lettre de M. de Montigny au R. P. Broullion, le 7 avril 1853," Nicolas Broullion (S. J., Le P.), *Missions de Chine, mémoire sur l'état actuel de la mission du Kiang-Nan, 1842–1855*, Paris: Julien, Lanier & Cie., 1855, p. 269.
② J. de la Servière S. J., *Histoire de la mission du Kiang-nan: Jesuites de la province de France (Paris), (1840–1899)*, Tome I, p. 261.

的水兵提供疗养和宗教生活,曾在徐家汇休养的"贾西义号"上的海军上尉亚力克西·克莱克(Alexis Clerc)和经常往返于董家渡的海军准尉德戈莱雅克(De Ganléjac)日后都加入了耶稣会修道。[1] 故起义军占领上海城后,卜拉即决意"在交战双方之间保持中立,但要求清兵和叛乱分子同样都要尊重有三色旗飘扬的建筑物"[2]。其本人在 10 月 31 日给海军部的信中更清楚地宣示:"我在,我们的处境相当清楚:除于必要时援助英人外,我们只负责法领馆及董家渡等地挂法国国旗的地方不受侵犯"[3],明确将教会势力纳入了军舰的防御范围。

二、法舰"贾西义"号在沪军事活动及其作用

(一)卜拉舰长与上海各方的关系

1853 年 9 月 30 日,原计划从宁波驶往上海的"贾西义号"在吴淞附近搁浅,动弹不得。即便如此,法国驻沪总领事爱棠依然在第一时间登上军舰,向卜拉舰长介绍上海的时局。从卜拉的回忆录中可知:一方面,这位法国海军中校自抵达上海之日起便对起义军存有天然的蔑视和敌意,在给自己母亲的信中称"上海被一伙坏蛋占领"。另一方面,法方对清军怯战无能的形象指疵更甚。爱棠在登舰时直言清军都是"从全国的社会渣滓中征召而来"[4],卜拉

---

[1]　Auguste M. Colombel S. J., *Histoire de la mission du Kiang-nan*, Tome Ⅲ, p. 510.

[2]　J. de la Servière S. J., *Histoire de la mission du Kiang-nan: Jesuites de la province de France (Paris)*, (1840 –1899), Tome I, p. 272.

[3]　R. P. Mercier, *Campagne du "Cassini" dans les mers de Chine*, 1851 –1854: *d'après les rapports*, *lettres et notes du commandant de Plas*, p. 321.

[4]　以上两段引文自 R. P. Mercier, *Campagne du "Cassini" dans les mers de Chine*, 1851 –1854: *d'après les rapports*, *lettres et notes du commandant de Plas*, pp. 303, 306.

则在给蒙特拉威尔上校的信中写道:"由于中国皇帝的原因,使这里的官军日复一日失地不止"①;他进一步认为"如果这些懦弱的士兵不敢认真面对战事,他们无组织无纪律的做派反倒更加令人心生忧惧"②。有鉴于此,他将"贾西义号"在沪停泊的意义定为同时应对起义军和清军两方面的潜在威胁。

10 月 3 日,"贾西义号"艰难驶入上海。对爱棠而言,这仿佛是注射了一针强心剂。进入 10 月后,原本上海法租界的紧张局面较之起义初期已稍有缓解;卜拉率舰来援后,"守卫法租界的英国兵换成了法国兵,'贾西义号'就停泊在法租界前面,警卫力量从法国领事馆一直伸展到董家渡大堂"③,更是改变了受制于英人的被动局面。无独有偶,赵方济主教也于几天之内登舰拜会卜拉,并邀请其参加了 10 月 7 日在董家渡天主堂举行的弥撒。二

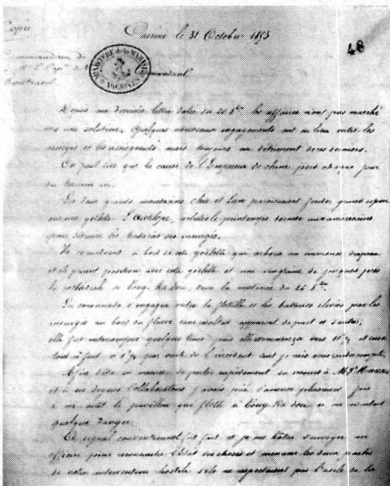

图 2　1853 年 10 月卜拉舰长给"康斯坦丁"号舰长蒙特拉威尔的信件

资料来源:法国海军部档案馆原始馆藏,*Archives Nationales de la Marine*,BB⁴-701, f. 48。

笔者 2015 年 1 月 15 日摄于法国万塞讷。

---

①　"Lettre du capitaine de frégate de Plas au capitaine de vaisseau de Montravel, le 31 octobre 1853," *Archives Nationales de la Marine*(《法国国家海军档案》), BB⁴-701, f. 48.

②　R. P. Mercier, *Campagne du "Cassini" dans les mers de Chine, 1851－1854: d'après les rapports, lettres et notes du commandant de Plas*, p. 306.

③　Charles B.-Maybon et Jean Fredet, *Histoire de la concession française de Changhai*, p. 73.

次返沪后的卜拉与教会私交愈笃,他自言"为能够接待我们令人尊敬的传教士而感到由衷荣幸"①,并在与鲍德安舰长的通信中写道:"爱棠和我都觉得应该支持中国天主教徒,明白告诉叛军,我们绝对关心这些人。如果他们因是天主教徒而受到任何凌辱,就等于对法国不友好"。②

(二)"贾西义号"抵沪后的军事对峙与交涉

清廷决意增兵上海,一面在县城和董家渡之间安营扎寨;一面调集不少小型战船在黄浦江上停泊,与城内起义军水陆双向对峙。卜拉选择把"贾西义号"停泊在了法领馆和董家渡天主堂中间的水域。按照他自己的说法,尽管"这一停泊处离叛军炮兵阵地太近,有受流弹的危险",但是却可以"对任何侵犯中立的行为立即予以制止,并且可以保护外国商船的停泊区,也是一个大利"。③ 爱棠对卜拉的这一决定自然"深感嘉佩",他在给政务司的函件中提及,"在黄浦江上,各国船只也同样遭殃,停泊在最前面的'贾西义号'尤甚……卜拉舰长决意要坚守这个光荣的岗位,且以同样的坚定精神使交战双方都尊重他这个岗位"④。

那么交战双方是否真的在江面上对卜拉和"贾西义号"给予"尊重"了呢? 答案是肯定的。11 月 7 日,法国驻沪领事馆翻译官赐密德(M. Smith)衔爱棠之命,在致刘丽川的信函中做出强硬表态:

……此时城内所有之船一只开放火炮,弹子飞出三丈,竟近本火轮船。为此,本上司领事府速告知尊驾,必须饬令战船

① R. P. Mercier, *Campagne du "Cassini" dans les mers de Chine, 1851 -1854: d'après les rapports, lettres et notes du commandant de Plas*, p. 307.

② R. P. Mercier, *Campagne du "Cassini" dans les mers de Chine, 1851 -1854: d'après les rapports, lettres et notes du commandant de Plas*, pp. 325 - 326.

③ R. P. Mercier, *Campagne du "Cassini" dans les mers de Chine, 1851 -1854: d'après les rapports, lettres et notes du commandant de Plas*, pp. 326 - 327.

④ Charles B.-Maybon et Jean Fredet, *Histoire de la concession française de Changhai*, pp. 73 - 74.

万勿靠近本火轮船,如有再违,本火轮船亦定即开炮矣……兹本上司令本翻译官明告尊驾再三思维,若再大法国火轮船有被凌辱等事,一定不能容忍也。①

刘丽川接函当日即回复:"本帅屡嘱部下各营,攻击清贼之时开放枪炮毋得有犯贵国天主堂、礼拜堂等,幸勿有失和好。"②究其缘由,恐怕并非有感于卜拉所谓的"坚定精神",而是有惧于"贾西义号"的炮弹之灾。清军亦然。在一次因炮弹擦过"贾西义号"引发的交涉中,法舰上的军官完全无视清方的抗议,明火执仗地炫耀武力:"随你们的便,我现在提前警告你们是为了你们好,因为你们的炮弹对我们完全不起作用,而我们的炮弹却能当场把你们击沉。"③

除了据守江面,卜拉还派遣"贾西义号"上的部分海军登岸,重点在董家渡天主堂附近驻防——这里已变成清军与起义军的重要交战区域,不仅周围房屋常被炮火殃及而浓烟滚滚,交战双方甚至都希望占领大堂作为攻守兼备的战略据点。为应对这一局面,卜拉曾于 10 月 7 日派出两艘小艇,命水兵登岸救火,但因"未见其他任何被派遣执行任务的战舰,恐在各国致力维持中立之际给人以支持某一方的印象"④,当日并未加派更多兵力。对于董家渡天主堂的防卫,则由留守大堂的一名军官和三名士兵负责施放信号,但

---

①　《赐密德致刘丽川函》(咸丰三年十月初七日),《上海小刀会首领与法领事府间来往函件辑录》,《档案与历史》1987 年第 3 期。

②　《刘丽川复赐密德函》(咸丰三年十月初七日),《上海小刀会首领与法领事府间来往函件辑录》,《档案与历史》1987 年第 3 期。

③　J. de la Servière S. J., *Histoire de la mission du Kiang-nan: Jesuites de la province de France* (Paris), (1840 – 1899), Tome I, p. 274; R. P. Mercier, *Campagne du "Cassini" dans les mers de Chine, 1851–1854: d'après les rapports, lettres et notes du commandant de Plas*, p. 328.

④　"Lettre du capitaine de frégate de Plas au capitaine de vaisseau de Montravel, le 20 octobre 1853," *Archives Nationales de la Marine*, BB⁴–701, f. 46.

逢战事危急,便将堂顶的三色旗降下一半,"以便迅速地为赵主教和他值得尊敬的共事者提供援助"①。一见半旗,卜拉旋派克莱克上尉与在驻沪耶稣会的梅德尔神父共赴交战双方的军营中斡旋,要求避开法国教产所在区域。梅德尔神父坦言:"不论出于自愿或被迫,直到现在他们是尊重我们的",还得意地吹嘘"董家渡传教会的存续拯救了郊外的整个区域免于劫掠和焚烧"②;卜拉本人也承认,所谓的"斡旋结果",其实都是"'贾西义号'的大炮威胁"下迫使就范的产物。③

在法国军舰的淫威下,清军与起义军双方不约而同地一再让步,也让爱棠和法国在沪天主教势力尝到了甜头。他们在交涉中更加言辞尖刻、颐指气使,这在 1853 年 10—12 月法方与起义军方面发生的几次摩擦中都有显著体现:

10 月 11 日,法方来函指称起义军炮弹夜间落入法国领事馆附近,称"如再向北放炮或伤吾人等,或坏我房屋,本大法国火轮兵船定然十倍相报"④。

10 月 31 日,法方来函称起义军强迫城内一陆姓教友缴纳 5 万两洋银的重捐,爱棠在征询卜拉舰长意见后,在函件中声明"本法国火轮兵船原立意两不相帮……倘果有欺天主教人事端,即是有意取不合也"⑤。

---

① "Lettre du capitaine de frégate de Plas au capitaine de vaisseau de Montravel, le 31 octobre 1853," *Archives Nationales de la Marine*, BB⁴‑701, f. 48.

② Auguste M. Colombel S. J., *Histoire de la mission du Kiang-nan*, Tome Ⅲ, p. 504.

③ 见"Lettre du capitaine de frégate de Plas au capitaine de vaisseau de Montravel, le 31 octobre 1853," *Archives Nationales de la Marine*, BB⁴‑701, ff. 48‑49.

④ 《赐密德致刘丽川函》(咸丰三年九月初九日),《上海小刀会首领与法领事府间来往函件辑录》,《档案与历史》1987 年第 3 期。

⑤ 《赐密德致刘丽川函》(咸丰三年九月二十九日),《上海小刀会首领与法领事府间来往函件辑录》,《档案与历史》1987 年第 3 期。

12月21日,起义军在小东门附近逮捕了两名天主教本地传道师郭振明和李秀岩,认为二人有刺探军情之嫌。爱棠以二人被施刑虐待为由,与卜拉和鲍德安商议后,几次发出措辞严厉的照会,先是声称此举"欺凌大法国,又将大法国恩待民人之情全然辜负",勒令立即放人,否则"必告知法兰西兵船前来硬取";刘丽川答应放人后,爱棠仍觉道歉诚意不够,坚持要求将所谓"虐待传道师的嫌犯"遣送到法国领馆接受杖责五十板的刑罚,"倘至期不如此办理,本国提督官等惟开炮轰击而已"①。

对于法方的咄咄逼人,刘丽川在接连的回函中,或云"如有不法之人擅自开炮,倘经查出,本帅定当究治,以免有伤和气",或云"本帅曾经有嘱各营兵丁秋毫无犯,所念与贵国和好之故耳,岂有自取不睦"②,态度颇显软弱退让。在羁押二传道师问题上,刘丽川更是自言"本部下之兵未晓分明、有冒渎圣主之过,此非有意,恳勿见责。予亦难相对圣主真神暨诸位主教、神父尊颜也",承诺将身为"嫌犯"的炮兵队长交予法方处置时,甚至还有"路中恐有清兵拦阻,望为照应一二为幸","望为责彼冒渎之过,伏冀原谅为幸"③等语,未免令人咋舌。虽然最后法军取消了对那位炮兵队长的杖责,但要求他跪在爱棠和法国海军官兵面前,向法国国旗赔礼道歉。

综上,无论水上或是陆上,亦无论军事事务或是非军事事务,法国的"火轮兵船"在羽檄交驰中如影随形,尽管事实上未开一炮,

---

① 以上两段引文自《爱棠致刘丽川函》(咸丰三年十一月二十四日),《上海小刀会首领与法领事府间来往函件辑录》,《档案与历史》1987年第3期。

② 以上两段引文自《刘丽川复赐密德函》(咸丰三年九月初十日、咸丰三年十月初三日),《上海小刀会首领与法领事府间来往函件辑录》,《档案与历史》1987年第3期。

③ 以上三段引文自《刘丽川复爱棠函》(咸丰三年十一月二十五日、咸丰三年十一月二十六日、咸丰三年十一月二十六日),《上海小刀会首领与法领事府间来往函件辑录》《档案与历史》1987年第3期。

却仿佛早已"不战而屈人之兵",深具讽刺意味。对于法国舰队及其本人在交涉中的强硬立场,卜拉也给出了自己冠冕堂皇的理由:

> 如果我们对中国人表现出畏惧,假如我们真的如同美国驻华公使马沙利先生那般,像对待受基督教文明开化的民族一样对待中国人,那过不了多久,我们的威信就会丧失殆尽。在这里,没有什么中间路线,只有两条路可以选择:要么做主人,要么做奴隶;要么让他们敬畏,要么被他们蔑视。这是我两年来在这个国家得出的经验……①

三、法舰暂时离沪期间的"防御危机"

(一) 法国军舰离开后的上海

马士在《中华帝国对外关系史》中,对小刀会起义期间法国在上海的利益有如下评价:"法国在上海的利益原本很小",但由于董家渡天主堂的存在,"这个天主教势力中心的利益显然受到了威胁,法国从来就没有忽略过对于这个地点的外国人的防卫工作;且正当法国居留区要发展成为一个别的行政单位(法租界)的趋势显明的时候,以弹痕累累的领事馆为理由而进行干涉,也就成为无法遏止的趋势了"②。而在这一系列干涉活动中,军舰俨然发挥了不可或缺的后盾作用。法舰离沪前后爱棠截然不同的境遇和反应,便是最好的证词。

进入 1854 年,交战双方在上海呈现对峙态势,法国海军部也对在远东游弋军舰进行重新部署。1853 年 12 月 29 日,"贾西义号"在上海停泊近 3 个月后奉命经香港返回留尼汪岛;1854 年 2 月 4 日,

---

① R. P. Mercier, *Campagne du "Cassini" dans les mers de Chine, 1851–1854: d'après les rapports, lettres et notes du commandant de Plas*, pp. 327–328.

② Hosea Ballou Morse, *The international relations of the Chinese empire*(马士:《中华帝国对外关系史》),Volume 1, Folkestone:Global Oriental, 2008, p. 461.

"科尔贝尔号"也搭载布尔布隆公使离开上海前往澳门①。爱棠感受到了空前的压力,他忧心忡忡地表示:"我们在中国的唯一的一艘军舰的离开,使我们又回到了'贾西义号'未来之前的处境。"②

爱棠的担心并非杞人忧天。法舰甫离沪,法租界和董家渡很快再次成为战场。赵方济主教吓得把教会的簿册和文件藏到领事馆保存;爱棠乘坐的小船尽管插有法国国旗,前往董家渡时仍然遭到黄浦江右岸清军士兵的实弹射击。此时的爱棠,一方面只能恳请英国领事阿礼国相助,求后者调派了英舰"沙勒曼德号"(*Salamander*)上的几个水兵守卫大堂;另一方面,他每每向清方提出严正交涉,均遭清廷在沪官员以"外来军队不受节制"等理由敷衍搪塞。1854 年 2 月 3 日,一筹莫展的爱棠近乎声泪俱下地向巴黎寻求奥援:

> 随着我们的保卫者"科尔贝尔号"的出发,国旗的保护效力也消失了。在目前情况下,我不得不考虑,是否应该让毫无后盾的法国国旗继续在董家渡大堂、徐家汇和张家楼上空飘扬,让它遭受我们尚无力洗雪的耻辱……

> 当我看到,面临这样的事态,属于中国地区海军站的"康斯坦丁号"被调离了,"贾西义号"奉命回国了,我们最后的保卫者"科尔贝尔号"又认为必须去马尼拉应急,我自然而然地想到,我们海军部的军舰调度和形势的需要缺乏协调……有这样多的法国军舰在我们眼前出现、经过,驻上海的法国领事馆却要再度请求别国的帮助,岂非极为惋惜之事! 部长先生,请您相信,不到无可奈何的地步,我绝不会再进行同样的呼吁!③

---

① 见 *Archives Nationales de la Marine*,BB⁵–47,BB⁵–48.

② Charles B.-Maybon et Jean Fredet, *Histoire de la concession française de Changhai*, p. 83.

③ Charles B.-Maybon et Jean Fredet, *Histoire de la concession française de Changhai*, p. 84.

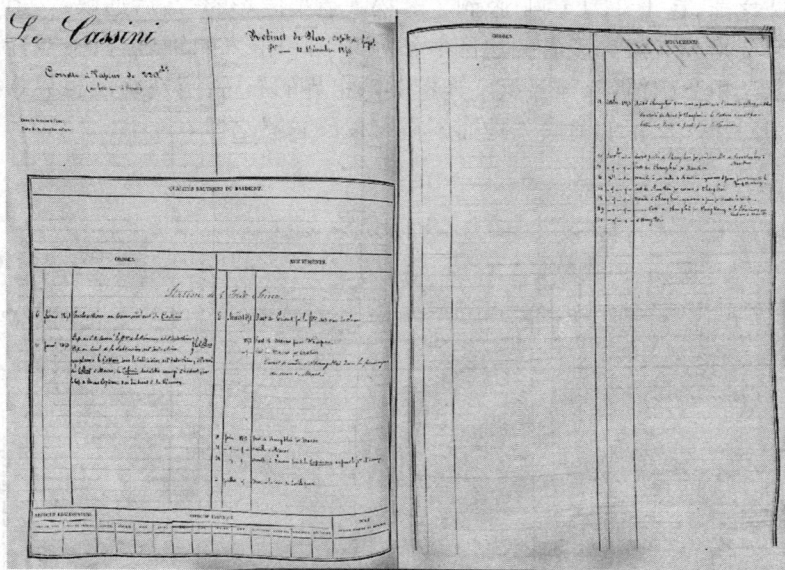

图 3　法舰"贾西义号"航行年度记录（1853）

资料来源：法国海军部档案馆原始馆藏，*Archives Nationales de la Marine*，BB⁵-47。

笔者于 2015 年 1 月 6 日摄于法国万塞讷。

　　民国时上海通志馆的主笔之一蒯世勋于《小刀会与太平天国时期的上海外交》一文中评价道："法领方面，最初因为兵力单薄，不敢得罪刘军，同时又受到沪道的压迫，处境极窘。"①按其所指时段，非为起义之始，而是舰队离开上海后的法国的"军事空白期"。此时的爱棠非但不能如此前那样对交战双方逞耀武扬

────────────

　　①　蒯世勋：《小刀会与太平天国时期的上海外交》，《上海通志馆期刊》，第一卷第一期，沈云龙主编：《近代中国史料丛刊》续辑第三十九辑（383），文海出版社 1974 年版，第 124 页。

威之能,还于 3 月 17 日收到了苏松太道吴健彰的"最后通牒"。道台要求爱棠放弃现有的法国驻沪领事馆和雷米的钟表行,悉数迁至英租界,并拆除洋泾浜上连接英法租界的石桥,意在将法租界作为对抗起义军的前哨阵地而不再有投鼠忌器之惮。

图 4、图 5　法国驻印度支那分舰队支队下辖舰只情况汇总表

（图 4 为 1853 年 11—12 月,图 5 为 1854 年 1 月,可以明显看出舰只减少）

资料来源:法国海军部档案馆原始馆藏,*Archives Nationales de la Marine*,BB⁴–701。

笔者于 2015 年 1 月 6 日摄于法国万塞讷。

对此,《北华捷报》则发表评论认为,爱棠不可能轻易就范,而会全力抗拒,因为"他没有权力来移动十年来在领事馆顶上飘扬着的法国国旗,而置本区内的法国侨民权益于不顾"①。《上海法租界史》的作者梅朋则毫不犹豫地将道台的"挑衅之举"视作对法国的侮辱:"黄浦江上没有法国船了,道台就不再要假惺惺了……"换句话说,就是让清军随心所欲地占用这些按合法手续交给法国人居住的地皮。他特别指出,失去军舰后盾的爱棠,"就这样被人限令乖乖地放弃自己国家根据条约取得的权益,他所感到的惊讶包含着多大的痛苦啊!"②

最终,爱棠依靠当时英、法在克里木战争中的同盟关系,加之其与英领阿礼国的个人交情,借助于英军军力勉强保住了法租界和洋泾浜石桥③;但在不久后英、美军队在上海跑马厅附近与清军发生的"泥城之战"(la Bataille de Muddy Flat)中,由于没有军舰在沪,法国不但未能共同出兵,几乎也没有任何发言权。经历了强大的落差后,爱棠在致公使馆的函中再次请求调回军舰:"中国人已经到了这个地步,现在只靠精神威力是不行了。因此,法国在这风高浪急的海域里所配置的防御实力,如果再这样长期地远离上海的话,就无法尽到我们在这方面担负的共同责任了。这一点,我

---

① *The North-China herald and supreme court and consular gazette*, Shanghai: North-China Herald, No. 192, April 1.1854, p. 138.

② Charles B.-Maybon et Jean Fredet, *Histoire de la concession française de Changhai*, p. 87.

③ 1854年4月1日出版的《北华捷报》有《关于拆毁洋泾桥的报道》,其中写道:"我们也很愉快地听说,英国领事阿礼国先生对于吴道台意图拆毁洋泾桥一事,表明了与法国政府共同一致的态度和友好的情谊;为了维护英法两国的共同利益,他已同意英国兵舰'希腊人号'(*Grecian*)停泊在河浜的对岸,借以保障洋泾浜两岸的往来通行,阻止交通中断,使这条热闹的大路从洋泾浜这边到那边畅通无阻。"见 The North-China herald and supreme court and consular gazette, Shanghai: North-China Herald, No. 192, April 1. 1854, p. 138.

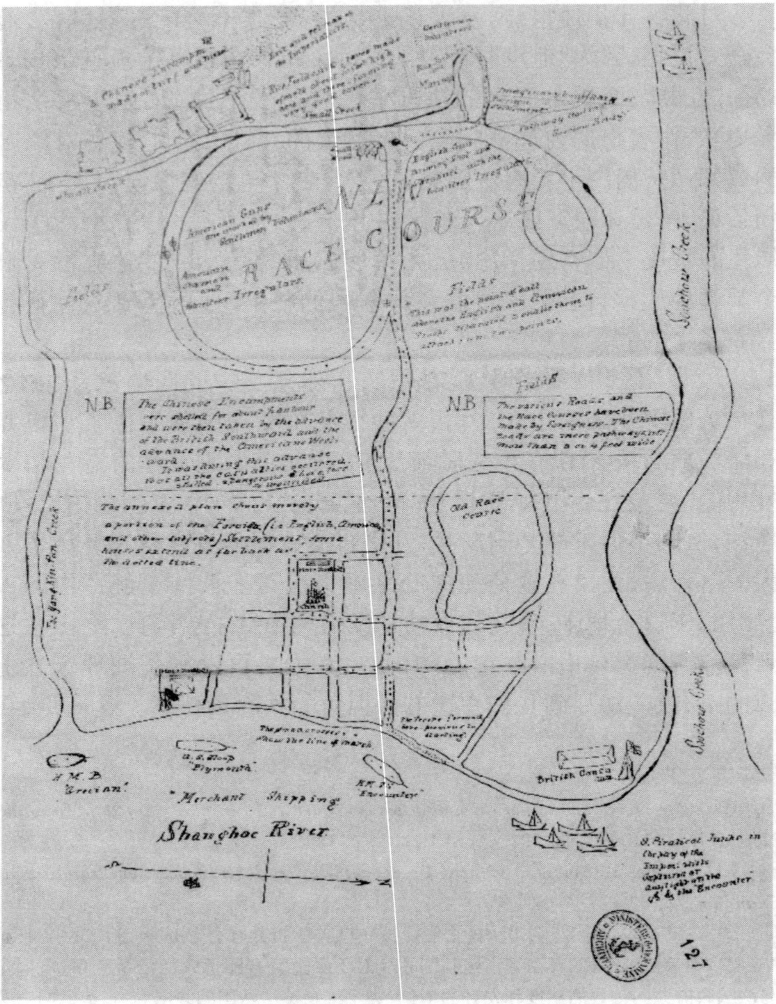

图 6　法国海军方面保存的英美联军"泥城之战"的作战地图

资料来源：法国海军部档案馆原始馆藏，*Archives Nationales de la Marine*，BB⁴-701。

笔者于 2015 年 1 月 15 日摄于法国万塞讷。

若不坦白地告诉阁下您,就是对您的失职,就有负于国家对我的托付。"①这一次,爱棠的呼吁得到了回应。4月17日,"科尔贝尔号"重新从香港回到上海。② 几天后出版的《北华捷报》记载道:"我们的老朋友'科尔贝尔号'已于17日,星期一,和我们重新相聚,它的三色旗在法国领事馆附近飘扬,比(美国军舰)'普利茅斯号'(*Plymouth*)更往上游一点。"③

笔者在法国海军历史研究中心档案馆找到了"科尔贝尔号"舰长鲍德安当年2月10日写给法国海军大臣的亲笔信。信中更加直白地表达,可作为观察法国海军方面在沪战略利益的重要参照:"自从我来到中国后,(我发现)实际上除了领事馆人员以外,整个上海和宁波只有一个法国人——可敬的批发商人雷米。尽管如此,法兰西的声名却是神圣的、必须受到尊重。这种尊重源自我们在这片土地上争取到的位置,也源自我们引以为荣的传教士。正是他们无处不在地积德行善,才使我国的影响在中国与日俱增。"④

(二)"科尔贝尔号"回沪后法国租界当局的新举措

梅朋认为,三国"先是精神上的合作,后来'科尔贝尔号'来到之后,就是实力上的合作了"。⑤ 此言非虚。鲍德安舰长一到上海,爱棠立刻要求他与英国"恩康脱号"(Encounter)舰长奥加拉汉(Ocallaghan)和美国舰长开利(Kelly)一道采取联合军事措施,以

---

① "Edan à la légation, le 12 mars 1854," Charles B.-Maybon et Jean Fredet, *Histoire de la concession française de Changhai*, p. 86.

② 见 *Archives Nationales de la Marine*, BB⁵–47, BB⁵–48.

③ *The North-China herald and supreme court and consular gazette*, Shanghai: North-China Herald, No. 195, April 22. 1854, p. 150.

④ "Lettre du capitaine de frégate de Baudéan au Ministre de la Marine et des Colonies, le 10 février 1854," *Archives Nationales de la Marine*, BB⁴–701, ff. 95–96.

⑤ Charles B.-Maybon et Jean Fredet, *Histoire de la concession française de Changhai*, p. 98.

因应"泥城之战"后的安全局面。三国海军协商后,由英国和美国在洋泾浜北边和西方设置岗哨站威慑清军,法国则在洋泾浜以南设岗,重点防守法租界。"科尔贝尔号"抵沪一周后,英、法、美三国领事又在当地报纸上刊载了一份旨在维持"中立"的共同声明,声称"在本埠进行内战的局面下,凡我侨民,均不得参加任何一方,为其服役"①,否则即被剥夺五口通商下享有的一切侨民权利。

6月9日,英国公使包令(Bowring)与舰队司令赐德龄(Stirling)带领5艘军舰抵沪。列强利用在沪军力渐增的优势,针对海关管理和租界土地权益采取了两项重要行动,迫使吴健彰接受既成事实。

6月29日,吴健彰与英、美、法三国领事订立《上海海关协定》,规定三国各派税务司一人管理海关。其后不久,英、美、法三国领事发出通告,裁撤设在内地两处关卡,重设上海海关公署,成立了由英国代表威妥玛(Thomas Wade)、美国代表卡尔(Carr)和法国代表斯密司(A. Smith)等3人组成的关税管理委员会(Board of Inspectors),公布《上海海关征税规则》。上海的海关控制权从此被列强长期把控。

7月5日,英、美、法三国领事联合公布由三国公使和领事等片面修改的上海《市政和租地新章程》(Land Regulations),这一章程旋在7月11日召开的外国官员与在沪外侨"租地人大会"上获得通过,确认了原先列强非法扩张后的租界边界,进一步扩大了租界特权。② 随之产生的列强治下所谓共同的市政管理机构工部

---

① *The North-China herald and supreme court and consular gazette*, Shanghai: North-China Herald, No. 196, April 29.1854, p. 154.

② 事实上,法国自始至终对1854年的《租地章程》持保留态度,对租界合并管理更是心存疑虑。爱棠始终希望保持法租界的相对独立性,但面对小刀会起义后严峻的安全形势,加之起义初期法国在中国海域海军力量有限、1854年甚至一度无军舰在沪的事实,不得不考虑与军事实力更强的英国合作。1854年7月,布尔布隆和　（转下页）

局(Shanghai Municipal Council),在 7 月 17 日召开的第一次董事会上,便正式请求英、法、美三国舰长继续在租界驻军,负责西部边界的防务。①

《租地章程》公布同日,鲍德安舰长还作为法方代表,与英国"恩康脱"号舰长奥加拉汉、美国"凡达利亚"(Vandalia)号舰长卜扑(Pope)等一道,进入上海县城与起义军展开交涉活动。在英国舰队司令赐德龄的主导下,刘丽川和陈阿林在谈判结束后向其会党发布了禁止持械穿越租界的告示。但最终文本上,洋泾浜以南的法租界并不在所禁范围之内,这引起了爱棠极大的愤怒。他在致政务司的函件中写道:"他们把法国舰长拉去参加这个活动,却自始至终把交涉的真正目的瞒着他"。法国领事进而认为,"由此得到的结果就是使我们蒙受损害和耻辱,法租界所在的洋泾浜南边被完全撇开了;从而,也就把'科尔贝尔'号海军官兵的功劳一笔抹杀了"②。此次交涉使英、法租界当局产生了嫌隙,对日后法国消极对待《租地章程》、不参与工部局运作、保持租界实质独立等行为埋下了伏笔。亦如爱棠所说"我们做了一切工作以求合并,人家做

(接上页)爱棠在请示法国外交大臣德鲁安(Édouard Drouyn de Lhuys)未获回复的情形下,暂时接受了《租地章程》;但在事实上,由于与英方尤其是英国舰队司令赐德龄的分歧,加之法国在海军准将辣厄尔(Adolphe Laguerre)来沪增援后不再受制于英军的安全保护,法租界事实上从一开始就并未真正执行《租地章程》的规定,也并未参与工部局的运作。到 1862 年,法国利用帮助清廷"借师助剿"镇压太平军的机会,创设了自己的租界管理机构公董局,正式形成了与英、美分开的租界市政管理体系。参见 Charles B.-Maybon et Jean Fredet, *Histoire de la concession française de Changhai*, pp. 144 - 161;蒯世勋:《上海英美租界在太平天国时代》,《上海通志馆馆刊》,第一卷第二期,沈云龙主编:《近代中国史料丛刊》续辑第三十九辑(384)。

① 关于列强通过订立上海海关协定和 1854 年《租地章程》攫取租界特权的情况,郭豫明《上海小刀会起义史》书中第七章有详细的记载和分析。参见郭豫明:《上海小刀会起义史》,中国大百科全书出版社上海分社 1993 年版。

② 以上两段引文自"Edan à direction politique, le 7 septembre 1854," Charles B.-Maybon et Jean Fredet, *Histoire de la concession française de Changhai*, pp. 105 - 106.

图7 法国一级小型护卫舰"科尔贝尔号"

资料来源：Flotte de Napoléon III（拿破仑三世时代的舰队）。网站：http://dossiersmarine.free.fr.

了一切工作以求分离"①。

余　论

总而言之,小刀会起义在上海法租界的初创时代留下了惨痛的记忆,却又是驱使法租界长期维持独立的市政体系和军事存在的重要变量,同时也为刚成立的法兰西第二帝国干涉中国内政、扩大其在远东的影响力提供了难得的契机。

若要分析这一时期法国在上海角色和地位的变化,除去考虑

---

① Charles B.-Maybon et Jean Fredet, *Histoire de la concession française de Changhai*, p. 107.

初创时期的法租界面积小、人口少等劣势外,法国在沪的海军实力的消长也是不容忽视的潜在因素。1853 年小刀会起义之初,法舰"贾西义号""科尔贝尔号"均在沪,英法合作几无龃龉,法国在与起义军的谈判中也占尽优势;1854 年上半年,法国一度无舰在沪,纵使"科尔贝尔号"返回,但其形制属于小型护卫舰,难与赐德龄辖下成建制的英国舰队相颉颃,自然只能沦为附庸。直到后来,辣厄尔准将的巡航舰"贞德号"(la Jeanne d'Arc)出现在上海时,才真正宣告了法国在小刀会起义中角色的重大转折。

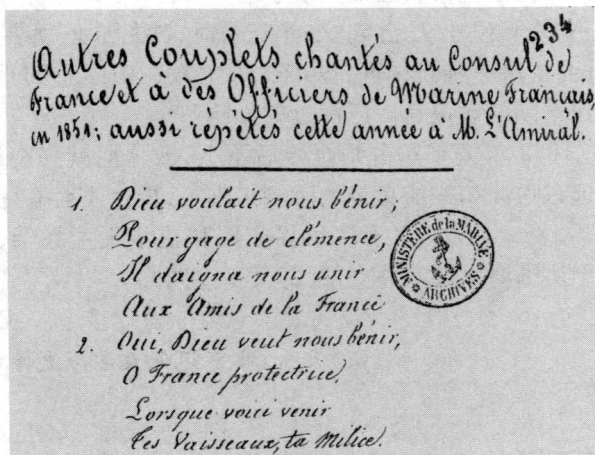

**图 8　徐家汇天主教神学院中国学生献唱给
爱棠和辣厄尔的宗教颂词**

资料来源:法国海军部档案馆原始馆藏,*Archives Nationales de la Marine*,
BB4 - 684。

笔者于 2015 年 1 月 13 日摄于法国万塞讷。

在上海天主教会的视域中,法国海军舰队犹如神圣的保护神。尽管在有些反对法军干预的外国侨民笔下,"法国领事和法驻沪海军司令都是褊狭无知的教徒,并且把自己出卖给教士们了","就是那班耶稣会士决定了法国在上海对付叛党的行动"①;但在《江南传教史》涉及小刀会起义一章的结尾处,我们读到的却是:"但愿上述文字能够使我们对辣厄尔将军光荣的军事事迹有正确的了解,至少它可以表明江南耶稣会士的感激之情。"②这绵延的"感激之情"不仅体现在梅德尔神父与离沪后的卜拉和辣厄尔长期不断的通信中,甚至体现在徐家汇天主教神学院学生的歌声中。法国海军档案中保留的一份1854年献给爱棠和辣厄尔的宗教颂词里,留下了这样的原创作品:"是的,上帝欲降福于我辈,当这些军舰和你的士兵到来时,法兰西真正成为庇护者。"③(见图8)亦如布尔布隆所说,在海军干预小刀会起义的变局时,"法国必须要一击制胜……进而创造一种新局面,以确保天主教在中国有和平安宁的未来,确保本国的政策有广泛深远的影响"④。

早在1853年太平军占领金陵后不久,敏体尼就兴奋地预示:"法国在远东扮演第一流角色的时刻来临了,再也不会有比这更好的机会!"⑤这一"机会"之于法租界当局和在华天主教会,或各有所盼;之于法国海军部和外交部,却又殊途同归。

(江天岳,北京师范大学历史学院讲师)

---

　　①　以上两段引文自 *T'ai-p'ing révolution*, Londres, 1866, J. de la Servière S. J., *Histoire de la mission du Kiang-nan: Jesuites de la province de France* (*Paris*), (*1840 –1899*), Tome I, p. 292.

　　②　Auguste M. Colombel, *Histoire de la mission du Kiang-nan*, Tome Ⅲ, p. 540.

　　③　*Archives Nationales de la Marine*, BB4 - 684, f. 236.

　　④　Laurence A. Schneider, "Humphrey Marshall Commissioner to China 1853 - 1854," *The Register of the Kentucky Historical Society*, Vol. 63, No. 2 (April, 1965), p. 108.

　　⑤　John Frank Cady, *The roots of French imperialism in Eastern Asia*, p. 107.

经济社会

重建与管理：以晚清金陵善后局为中心的考察

魏　星

　　关于晚清同治年间的南京城市重建管理,目前学界有关研究中,徐茂明《江南士绅与江南社会(1368—1911)》论述了太平天国时期江南士绅权力的全面高涨,指出太平天国战后政府广开捐纳,鼓励士绅充任吏职,重建社会秩序。① 靳志鹏《太平天国运动对江南社会的冲击与影响》分析了晚清江南地区的秩序重构与整合。② 张铁宝《曾国藩和他的〈金陵房产告示〉》通过解读曾国藩颁发的《金陵房产告示》,探讨了曾国藩办理善后事宜的思想轨迹。③ 罗晓翔《清末城市管理变迁的本土化叙事——以 19 世纪南京为中心》认为南京城市管理在太平天国运动后经历了重要转变,不仅反映了地方精英的参与热情,也体现出地方行政制度化、官僚化程度不断提高的趋势。④ 王玉朋在《清代南京治安管理体制的演变》中

---

　　①　徐茂明:《江南士绅与江南社会(1368—1911)》,商务印书馆 2004 年版。

　　②　靳志鹏:《太平天国运动对江南社会的冲击与影响》,《衡水学院学报》2009 年第 3 期。

　　③　张铁宝:《曾国藩和他的〈金陵房产告示〉》,《历史档案》2003 年第 2 期。

　　④　罗晓翔:《清末城市管理变迁的本土化叙事——以 19 世纪南京为中心》,《南京大学学报》(哲学·人文科学·社会科学版)2009 年第 4 期。

也论述了同治时期的保甲组织。① 以上研究部分涉及了咸同年间的南京城市与社会。至于金陵善后局的变迁,尚未有专文考察。本文着力于探究金陵善后局在城市管理与重建中发挥的重要职能,以及同治时期善后重建中地方士绅的参与及协调。抛砖引玉,请教于方家。

一、设立金陵善后局

随着太平天国战事在南京基本结束,战后的城市百废待兴,"金陵一座空城,四围荒田,善后无从着手",亟须展开社会秩序重建事宜。② 清廷谕令"所有江宁省城一切善后事宜,即着曾国藩驰往江宁,斟酌机宜,妥筹办理"。③ 抵南京后,曾国藩即设立金陵善后局作为地方处理善后事宜的官办职能机构。

局所之设,起于晚清,而盛于军兴。"溯查设局之始,咸丰年间各省未经收复,地方不能不设局办事,且为设局以破衙门官吏窠臼。"④由于战乱导致的衙署人员废弛,各地设立了临时性的局所办理军政财务等各项事务。善后局在各类局所中管辖范围较大,且战事波及各省多有设置,其职能主要为善后和重建事宜,通常掌有一定的财政权,以"布政使、督粮道、盐巡道暨候补道员掌之,总财赋之出内,上下教令,以毗省之大政,凡事涉扶绥安集者皆隶焉"。⑤

---

① 王玉朋:《清代南京治安管理体制的演变》,《城市史研究》2018 年第 1 期。

② 顾廷龙、戴逸主编:《李鸿章全集》第 29 册,《信函一》,安徽教育出版社 2008 年版,第 406 页。

③ 中国第一历史档案馆编:《清政府镇压太平天国档案史料》第 26 册,社会科学文献出版社 1996 年版,第 153 页。

④ 朱寿朋编:《光绪朝东华录》第 2 册,中华书局 1958 年版,第 1879 页。

⑤ 光绪《续纂江宁府志》卷 6《实政》,第 1 页。

金陵善后局机构繁杂，其名目亦有多种变化，以目前所见晚清文书实物而言，同治年间善后局设立初期多称为"江宁善后总局"，光绪时期则以"金陵善后总局"之名为多。① 金陵善后局主要负责人为地方官员，先后总理者有江宁知府冯柏年、江宁布政使孙衣言等，协理善后局所的委员则包括督抚幕僚、地方士绅等。② 起初下设五局：曰编查保甲，曰清理街道，曰清查田产，曰采访忠义，曰营造工程。故有保甲局、善后大捐局、善后工程局、门厘局、谷米局、桑棉局等诸多隶属机构，以知府、知县及道员为主管，不仅涵盖军需、户籍、治安、善举等传统领域，更包括社会保障与救济、安置流民、抚恤死难者家属、城市基础设施建设等一整套行政机构与社会体系的构建，"如省城内外保甲总分各局及稽查城门，巡查河道，暨城工岁修，文武月课，每届冬防、冬赈，文武乡试，各善堂等项"，在战后城市重建中发挥了重要的社会管理功能。③ 其他事宜，如建修学宫、神庙，修复书院、义塾，重修城垣等，因诸务繁杂，视其轻重缓急次第举行，"务期百废具举，万象昭苏"。④

金陵善后局委员众多，支出繁多，其经费初以善后大捐为大宗。1864 年，设立善后大捐局于扬州，以道员一人掌之。委员分

---

① 目前所见相关文书有《清同治三年(1865)江宁善后总局颁给夏一庆的执照》《清同治三年(1865)江宁善后总局颁给江长发的执照》《清同治四年(1865)江宁善后总局颁给程丁氏的执照》、《清同治四年(1865)江宁善后总局颁给王守发的执照》《清同治四年(1865)江宁善后总局颁给周銮的执照》《清同治十二年(1873)江宁善后总局颁给樊长春的租照》《清光绪十三年(1887)金陵善后总局颁给于捷元的执照》等，见汪智学主编：《南京房地产契证图文集》，南京出版社 2008 年版，第 218、219、296、302、307、268、222 页。

② 据周馥子周学熙记载，其父在同治五年前后亦助桂嵩庆襄办金陵善后工程局事。周学熙：《周学熙自述》，安徽文艺出版社 2013 年版，第 5 页。

③ 刘坤一撰；陈代湘等校点：《刘坤一奏疏》，岳麓书社 2013 年版，第 1117 页。

④ 《批金陵绅士陈栋等禀善后事宜十四条》，《曾国藩全集》修订版第 13 册，岳麓书社 2011 年版，第 292 页。

赴里下河各州县,劝谕绅富捐输以济江宁善后经费。1866年善后大捐局移局江宁,至1874年裁撤,共计先后得捐银50余万两。对于民间踊跃捐输的绅商大贾,则由大捐局分案奏请给奖,因此善后局附设有善后大捐请奖局。[1] 善后大捐局"捐款既罄,仅恃金扬一成善后厘捐、后湖鱼芰租等项"。厘金本为太平天国运动时期清政府筹措军费应运而生,厘金局于1853年在扬州创设,在金陵设有金陵厘捐总局。在太平天国战后江南地区濒临崩溃的财政体系中,酌留厘捐以办理善后得到了清廷的支持。而后湖鱼芰租等税,旧时归上元县领之,1865年善后局以太平门稽查委员兼领后湖事宜。后湖水产以鱼为大宗,每年春季收买鱼秧,由善后局派员监放,渔户取鱼由该局委员秤查斤重,并输纳鱼税。其余湖产亦需渔户纳税给票,乃准入湖采之,税钱皆上缴善后局。后湖每年所收花息钱文约一千千文,除去委员及人工薪水,采买鱼秧费用等,余约七八百千文,均归善后局以充公用。[2] 后又经曾国藩于两淮盐政任上檄湖北督销局,每月于邻盐款内拨银四千两,解局济用。后淮厘无款,改在川税项下拨解。1883年又增加为月解五千二百两。1886年又饬令设在城内之盐店按引呈缴经费,每引认捐银六钱,以充金陵善后局经费。[3] 相比较而言,苏州善后局由江海关每年拨洋药厘金银十四万九千两,经费更为充裕。金陵善后局"专办地方善后诸务。所用银两,均非例定之需,又属外筹之款,与他省之军需、善后相表里者迥乎不同"。[4] 由于局所纷立,耗费较大,迟至1898年金陵善后局尚有经费不敷,请由厘捐

① 光绪《续纂江宁府志》卷6《实政》,第6页。
② 光绪《续纂江宁府志》卷6《实政》,第5页。
③ 江苏省地方志编纂委员会办公室:《江苏省通志稿·方域志都水志建置志》,江苏古籍出版社1993年版,第647页。
④ 左宗棠撰,刘泱泱校点:《左宗棠全集》,《奏稿八》,岳麓书社2014年版,第210页。

局每年拨补银两事。①

二、金陵善后局的重建举措

在曾国藩筹划的金陵善后五局中，以编查保甲"最为目前急务"。清代保甲系传统乡村行政管理制度，1864 年 11 月南京重设保甲局，"以知府总其事，制约以百家为甲，甲有长，立门牌、稽丁口以诘奸宄、除盗贼，咨于绅耆辨房地主客，平其侵冒以安编户，局员夜率亲兵巡警扞掫"。② 其主要职能为巡防缉盗，分段巡查，以确保城区安宁。不同以往，同治年间保甲局之设立，办事人员经费均由善后局发放，"绅董准月给钱十二千，甲长月给三千……书识月给六两"。③ 保甲局从民间组织被纳入地方专职机构，其人员开支由地方政府财政支持，可见政府对于基层社会组织的控制在战后表现出深入的趋势。

金陵善后局亦负责处理战后房产核查以颁给契证等事宜。早在 1864 年，曾国藩即颁布"庐舍田地各还业主晓谕"（又名"金陵房产告示七条"），规定南京城内房产如原业主持有旧契，准赴善后局呈明，由局派员会同县令往查。若与旧契符合，则注明"验讫"字样，盖用局印、县印。如无印契，实系业主，则取具邻佑切结，赴局呈明，派员会同县令确查，给予单照，盖用局印、县印。城内其他房屋，"有现任大员权作衙署及办公委员权作公局者，即有业主，亦暂不准领还。从呈明验契盖印之日起，每月按照民价给予租钱，俟另

---

① 见《奏为金陵善后局经费不敷请由厘捐局拨补银两事》，光绪二十四年六月二十二日；《奏请准金陵善后经费由厘捐局每年拨补事》，光绪二十四年七月十一日，档号 04 - 01 - 35 - 1043 - 027、03 - 6647 - 019，中国第一历史档案馆藏。

② 光绪《续纂江宁府志》卷 6《实政》，第 2 页。

③ 《批金陵善后总局票遵议保甲章程开折请示由》，《曾国藩全集》修订版第 13 册，第 492 页。

行修立衙署、公局后,再行给还业主"。城内业主原造之屋,"赴局
呈明验契后,即听原主管业,或给价和租"。太平天国时期新造之
屋,"业主呈明验契后,地基听其自管,房屋亦须酌捐钱文,作为抚
恤难民之费,总局批契盖印,乃准管业"。①

次年春清廷颁布上谕,重申了善后章程中的规定,"难民田宅,
必需执有契据,方准领取。其无契据者,必待二年后方准承领。准
领之户,又勒缴修屋银两,并有听候踏勘数月之久仍不发还者。迟
延日久,百姓易致流亡",宜饬妥议章程,早与给领。并要求地方认
真办理各项善后事宜,"以苏民困"。② 丁日昌等又对已颁房产章
程中之"不便于民者"进行筹议,经曾国藩审核"略加删改,共留八
条",是为"金陵房产告示八条",其中明确房产事宜由善后局下保
甲各局派委员核查处理。③ 现存同治、光绪年间房产契证中亦多
见金陵保甲总局、西北保甲局等局所颁发契证,包括执照、勘票、租
照、验单等,如 1865 年西北保甲局颁给李陈氏的勘票、1891 年金
陵保甲总局颁给沈馥堂的执照、1892 年金陵保甲总局颁给倪崇的
勘票、1893 年金陵保甲总局颁给陶世荣的租照、1894 年金陵保甲
总局颁给王善宾的业户执照等。④

据房产告示七条与八条之规定,针对因战乱遗失旧存房屋契
据者,原业主如持有旧地契,抑或原契遗失,均可赴善后局呈明,经
核查后给予单照。如同治三年十二月二十八日江宁善后总局颁给
夏一庆的执照中,夏氏位于府东大街处的旧业原本被认定为空地,
由善后总局派员履勘后,给予申领人起屋执照。夏一庆返乡后,呈

① 《金陵房产告示七条》,《曾国藩全集》修订版第 14 册,第 463—464 页。
② 军机处上谕档,同治四年三月初八日第 1 条,盒号 1271,册号 3,中国第一历史
档案馆藏。
③ 《批金陵善后局详遵议朱御史及丁道等条议善后事宜各件由》,《曾国藩全集》
修订版第 13 册,第 311 页。
④ 汪智学主编:《南京房地产契证图文集》,第 220、223、224、270、225 页。

称原地契被乱遗失。保甲局委员再度履勘询问明确，发给夏氏执照，准其先行立案。"俟两年之后方准将所造之屋分别核办，或新屋主酌找地价，或旧地主酌找屋价，届时再议，各听自便。其两年之内，地租仍由善后局经收，以杜冒收租价之弊。"①

为稳定社会秩序，善后局尤其重视客民与本籍民众的房产冲突问题，派委员逐案清厘。由于战争中士绅平民伤亡惨重，金陵城内大量房屋空置，原屋主或举迁逃难至外地不归，或阖家死于战争，战后迟迟无人认领，其地基暂归善后总局统一处置，允许在城厢内外无主空地上按章申请、完租后，准盖新屋。如有客民愿在城厢内外空地建造房屋，则须先赴善后局呈明，派保甲局委员履勘后，方准其盖屋。并特别强调如原业主归来，原地之主与新屋之主应和商变通之法。"凡流民来归，而有占其房地，毁其器物者，不必控于州县，但诣保甲局，即时委员判理"，可见太平天国战后金陵善后局及下设局所在一定程度上承担了地方政府机构的职能。②

至光绪年间，又增设清丈局，会同地方绅耆及保甲分局从新清丈城厢内外空地，分别有主无主，呈验契照及具结保认。1891年因职员沈馥堂购买无主空地，金陵保甲总局特颁给执照，丈量勘明空地四至地理位置及其地价，并明确地价银须移解至江宁府库。善后总局还特别指出，若有绅民出面购买无主地基，则由保甲局查勘明确并无业主承认后，当场丈量，按价折银。买家需将价银解送善后总局存储，俟日后有该地基真业主持据禀认，查明无讹再行拨给地价具领。③ 此外仍明确规定原业主在房基上造屋管业，两年

① 《清同治三年(1865)江宁善后总局颁给夏一庆的执照》，汪智学主编：《南京房地产契证图文集》，第218页。
② 方宗诚：《柏堂师友言行记》卷3，民国十五年京华书局铅印本(亦见《近代中国史料丛刊》正编第1辑)，第71页。
③ 《清光绪二十年(1894)金陵保甲总局颁给王善宾的业户执照》，汪智学主编：《南京房地产契证图文集》，第225页。

以内,不许转手典卖。如嗣后有真业主出来认领,冒领之人仍须从重究办,以示严惩。①

大乱之后,劝农招垦亦为要务。招垦局(后改为劝农局)设立较早,以上元、江宁两县绅士各一人,分治其事,会同江宁知府办理。旨在尽快招佃垦荒,并附有若干优惠政策,如借给牛本、籽种,免除若干年田租等,以恤贫户力耕之用。然而经费难筹,进展缓慢。"江宁七属先经措发牛种银二万一千两,复又加发银五千余两,上元、江宁两县,则增上年发谷万余石。在官已不遗余力,在民尚未垦田十分之一二耳。拟俟明年筹款再办,然亦未必能全行垦种。如若土地尽辟,邑无游民,殆非三五年功夫不可也。"②直至1869 年招垦仍是应者寥寥,垦农的荒地也并不能轻易转为自有,抛荒弃业的局面在很长时间内没有改观。

战争过后城市满目疮痍,尽快检埋大量死难者的骸骨成为当务之急。作为救灾恤难的公共慈善机构,类似掩埋局的相关组织在江南区域均得到恢复与进一步发展。对于金陵善后局而言亦有类似机构从事相关职能,先后在"上元灵谷寺侧者掩埋 7 900 余,石城门外红石嘴 600 余,江宁安德门小水关 2 160。小冢哏香庙、三山门城壕,大小冢掩埋 1 172,秣陵关三冢掩埋 341,禄口镇 370 余,龙潭仓头下蜀桥头高资大冢 1 100 余,小冢 1 900 余。共15 546 具。溧水西门外 231 具,北门外 674 具,乌山街东 577,红蓝铺 561,黄桥 340 余,甘村店 31,曹村 16。"③金陵善后局还管理着多处义冢。如观音门外永济寺义冢,1869 年知府冯柏年提调善后

---

① 《清光绪十三年(1887)金陵善后总局颁给于捷元的执照》,汪智学主编:《南京房地产契证图文集》,第 222 页。

② 《批遇缺先选县丞马瀛禀拟金陵善后事宜六条》,《曾国藩全集》修订版第 13 册,第 309 页。

③ 同治《上江两县志》卷 18《咸丰三年以来兵事月日》,第 38 页。亦见于光绪《续纂江宁府志》卷 14 之 9 上《人物》,第 31 页。

局,派员将暴露尸棺均瘗于此;清凉山义冢,1870 年盐巡道孙衣言管理善后局,以王府园地势低洼,派员一律迁于清凉山买地掩埋,并拨银 2 000 两,发典生息,为各处义冢岁修之费。①

挑浚河井、整理桥道、疏通积淤等也都属于善后局职能管理部分。1865 年冬善后局请疏浚城东南官沟,经两江总督同意后发款兴工,由善后工程局桂嵩庆、刘治卿负责该疏浚工程,而东南段保甲也积极予以协助。② 1882 年左宗棠任两江总督期间开设水龙局,除将河道湮塞之处一律开通外,还疏通各街沿河暗沟,确保雨水排泄畅通。③ 水利经费由道光年间的"劝捐兴挑"变为同治后期的地方政府"发款",且由掌管善后工程局的江宁布政使与道员参与监督,是地方治河模式的显著转变。"城内善后各事如修栅、修路,不但次第举行,而且垂为成宪,三年一小修,五年一大修,皆善后局估计兴办。"④对于市政基础设施的管理与维护,旨在尽快恢复正常的社会生活秩序,亦有效维护了城市公共卫生,体现了善后各局所承担的重要社会管理职能。

在营造工程方面,南京省城街道、贡院建筑、驻防旗营等均需赶紧兴修筹款,"应即在江苏、上海等处劝捐接济"。前期拟劝捐银八十万两,陆续解赴江宁善后局,以济要需。⑤ 同年 11 月设善后工程局,以道员掌之,"委员监督工役,次第修复学宫及群祀祠宇"。⑥ 善后工程局经费初提用善后大捐捐款,不给则于藩库提

①　光绪《续纂江宁府志》卷 14 之 9 上《人物》,第 30 页。
②　《去思略述》,1880 年 1 月 27 日(光绪五年十二月十六日)《申报》。
③　《秣陵琐闻》,1883 年 9 月 12 日(光绪九年八月十二日)《申报》。
④　《劝金陵修水利以防火患》,1889 年 2 月 18 日(光绪十五年正月十九日)《申报》。
⑤　《与潘曾玮》,《曾国藩全集》修订版第 28 册,第 84 页。
⑥　江苏省地方志编纂委员会办公室:《江苏省通志稿·方域志都水志建置志》,第 654 页。

存、安徽报效各款内动用。① "凡营造坛壝、祠庙、官署、台榭,度基址之所宜,审工段修广之数,徼牧令以下官分领其事,督匠作勤惰考其成。"②除衙署公廨外,诸如江宁学宫、书院、考棚、忠祠、重修城垣、明孝陵勘估修缮等建设,均由善后工程局办理,"朝买砖石,暮买栋梁,当事出入神洋洋"。③ 直至1880年善后工程方告段落,同年善后工程局裁撤。

　　善后局下还有清查公费地亩局、谷米局④、门厘局、桑棉局⑤、牛痘局、育婴堂、普育堂、官粥厂、驿站、城门稽查、下关稽查洋务局等诸多局所,名目繁多,不胜枚举。这些局所或隶属善后局,或由善后局支付经费,凡事涉及扶绥安集者均归善后总局管理,金陵善后局的职能范围进一步扩展,在一定程度上亦削弱了地方传统机构的职权。

三、金陵善后局的变迁

　　"局所之设,原于咸同之际为行军一时权宜,非国家法定官制。自是厥后,时局日变,旧有之官不周于用,局所之设愈多。"⑥从战时临时设局到战后常设机构,善后局和其他局所经历了专职化、制度化的演变过程。在全国范围内,较典型者如湖北、广东、新疆、山东、安徽、江西、福建等地均有类似机构行使地方管理职能。江苏

---

　　① 陈酉勋、杜福堃编,王明发点校:《新京备乘》,南京出版社2014年版,第145页。

　　② 同治《上江两县志》卷11《建置》,第10页。

　　③ 陈作霖:《可园诗存》卷11,清宣统元年刻增修本,第4页。

　　④ 谷米局,同治四年二月立,隶善后局。见江苏省地方志编纂委员会办公室:《江苏省通志稿·方域志都水志建置志》,第648页。

　　⑤ 据《首都志》卷十二"食货下"记载,桑棉局于同治十年六月由知府设局,隶善后局。

　　⑥ 孙洪伊:《裁并关于财政之各局所及关于行政之各局所,并设分科隶属于相当之行政长官》,1909年10月19日《大公报》。

省内亦有江苏善后局、徐州善后局。

晚清善后各局分类情形表

军 需	洋 务	地 方	盐 务	厘 卡

• 善后总局
• 善后分局
• 军需总局
• 筹防总局
• 防营支应总局
• 军装制办总局
• 制造药铅总局
• 收发军械火药局
• 支发局
• 收放局
• 转运局
• 采运局
• 军需局
• 军械局
• 军火局
• 军装局
• 军器所
	• 洋务局
	• 机器局
	• 机器制造局
	• 电报局
	• 电线局
	• 轮船支应局
	• 轮船接待局
	• 防军支应局
	• 查办销算局
	• 军械转运局
	• 练饷局
	• 团防局
		• 清查藩局
		• 营田局
		• 招垦局
		• 官荒局
		• 交代局
		• 清源局
		• 发审局
		• 候审局
		• 清讼局
		• 课吏局
		• 保甲局
		• 收养幼孩
		  公局
		• 普济堂
		• 广仁堂
		• 铁绢局
		• 桑绵局
		• 戒烟局
		• 刊刻刷印局
		• 采访所
		• 采访忠义局
			• 各处盐局
			• 运局
			• 督销局
				• 牙厘局
				• 百货厘
				  金局
				• 洋药厘
				  局

注：根据中国第一历史档案馆藏《军机处上谕档》光绪十年九月初五第 4 条制作。

尽管皆为善后局之名，实际职能则不尽一致。湖北善后局早在 1857 年即已设立，并参与军务方面的调度管理，后军需局亦裁撤归并善后局。"所有省城一切抚恤事宜，有如修城、制炮、募兵、招商、缉匪、协拨、驿站、掩埋被害官民、收养流亡子女，事事均关紧要，应次第举办。"①善后局收款向以盐课厘金为大宗，所有供支京饷、协饷、营饷以及杂支各款，均仰给于此，拥有较大的财政权

---

① 《骆文忠公奏议》，沈云龙主编：《近代中国史料丛刊》第 7 辑，文海出版社 1966 年版，第 11 页。

力。① 湖北善后局支发的款项如裁军遣散费、督造军火、织布官局拨款、资助官钱局帮办学务、兴办自强学堂及附设议书局、新式报刊款、各级审判厅拨款等,已远超军事范围,而扩大至行政、民政、文化及清末新兴的法政、媒体等诸多领域。

新疆抚辑善后局由左宗棠收复新疆后设立,主持战后重建工作,且地方一切事务均归其管理,带有地方临时政府的性质。② 山东善后局设立于光绪年间,支发诸多非军事类款目,包括抚署衙门内刑钱幕友的条膳津贴、禁烟股、学务股、调查股、统计清讼股、筹款巡警股、河务股、洋务商埠股、邮费、电报费等机构津贴开支。③ 江苏善后局设于 1864 年李鸿章收复苏州之后,"凡公署、坛祠、学校之建置,以及城厢内外民房之给照,胥恃此局规划而经理之"。④ 善后总局由江苏布政使与按察使督办,"先之以资遣降众,抚恤灾黎,继之以开垦荒田,散给牛种,定兵勇犒赏之项,筹文武办公之资,以及修城池,濬河道,设书院,立善堂,葺祠宇,建衙署,或及时修举,或次第兴办","缔构经营,委屈繁重,历时既久,需费浩繁"。其经费初办时主要为饷捐与苏属租捐,后按月提用苏沪两局厘金以充用款。⑤ 江苏善后总局权责范围不仅包括善后重建事宜,有史料显示还在维持地方经济秩序、保护会馆公所等方面发挥了监督与裁决作用。⑥ 在太平天国战后至清末数十年间,传统衙署如

---

① 《庸盦尚书奏议》,沈云龙主编:《近代中国史料丛刊》第 51 辑,第 9 页。

② 朱寿朋:《光绪朝东华录》(一),中华书局 1958 年版,第 279 页。

③ 刘增合:《由脱序到整合:清末外省财政机构的变动》,《近代史研究》2008 年第 5 期。

④ 民国《吴县志》卷 30,《公署三·局所附》。

⑤ 《张靖达公(树声)奏议》,见沈云龙主编:《近代中国史料丛刊》第 23 辑,第31—33 页。

⑥ 见《江苏善后总局永禁烟业私立公所擅设行头把持垄断碑》,同治三年七月,苏州博物馆藏拓片。《江苏善后局禁止土匪地棍向宣州会馆滋索阻扰碑》,见江苏省博物馆编:《江苏省明清以来碑刻资料选集》,生活·读书·新知三联书店 1959 年版,第 383 页。

布政使司的部分职能已经延伸到这些额外设置的局所身上。

就金陵善后局而言，总财赋之出内，经济权力不可不谓大矣。地方政府给予了善后局稳定且多渠道的经费收入，保障了其隶属各局开展善后工作的各项支出。如官办慈善机构普育堂，事业经费除堂属洲田房产 35 业外，均由金陵善后局发放，月拨银 500 两，每年共计 6 000 两。其办事人员俱江宁府委员办理，薪水亦由堂发放，总办每年 240 两，帮办每年 144 两。① 又如官粥厂，1865 年涂宗瀛于南门外设立。"以每年十一月朔开厂，次年二月截止。搭盖席棚以处贫民。就仓定立棚头钤束其众，每人日赋米八合，岁赈贫民千余人或数千人。"这数千贫民供给粥米由谷米局发给，银款则由善后局发给。② 江宁府新立祠庙，洒扫洁除之役多募僧司，每月饩给，名曰"香镫钱"。其他如武庙月 16 000 文、文昌宫、火神庙、八蜡庙、龙王庙、湖神庙、祥忠勇公、祁文节公、曾文正公、马端敏公三祠月 3 两，向、张二公祠月 4 000 文，颜、鲁公祠月 1 500 文。皆由善后局支放。③ 甚至江宁巡道以下各官津贴、七县驿站夫马皆善后局支放。"自同治三年克复后，江宁府属各邑驿站支销暂设三成均由善后局支报。"④文教事业方面，以惜阴书院为例，旧例其经费有后湖租，有典商生息，有淮盐引捐。同治以来皆取之善后局。⑤ 1871 年江宁府学竣工，邑绅陈开周禀请习乐。曾国藩饬上海调取绅士等 8 人，抱器来省教习，其经费一切由善后局筹给。⑥ 经历了太平天国带来的时局变化，督抚大员和地方势力经济权力的扩张，客观上保障了善后局这类地方专职机构得以行使其各项

---

① 《江宁府重修普育堂志》卷 5，《章程》。
② 光绪《续纂江宁府志》卷 6《实政》，第 6 页。
③ 光绪《续纂江宁府志》卷 6《实政》，第 6 页。
④ 光绪《续纂江宁府志》卷 1《图说》，第 16 页。
⑤ 光绪《续纂江宁府志》卷 5《学校》，第 7 页。
⑥ 同治《上江两县志》卷 8《考》，第 13 页。

社会管理职能。

就金陵善后局及隶属各局章程可见,善后局由江宁府委员办理乃是其常态化的运作方式。如官粥厂,由知府委牧令一人掌之;普育堂,"正办一员、帮办二员、分管老妇、育婴、清节三堂及牛痘局凡四员",皆由江宁知府从候补府县文员中选任,以官办为主,一概不用绅董,有别于传统地方事务多依靠社会力量办理。① 局所委员大多为幕府出身,如金陵善后局主要由庞际云负责,下属委员有洪汝奎、王荫福、杨文会、陆伯吹、黎庶昌、李鸿裔、谭鳌等。通过办理善后局及下属各局,委员们分担了地方行政体系的部分职能,职责更为分明,分工更加明细,也表明在太平天国战后,地方势力更注重深入基层领域控制。"工程局渐推渐广,火药库、兵房、机局、文庙皆宜次第兴修,出款最巨,头绪最杂,侵漏最易,是非最多,即得洁清精密之委员,仍须亲自照料。想尽筹周妥,必能办理裕如。所谓君知其难,则易者至矣。"②在督抚的札饬中,善后局的清丈委员还兼有密查本县监押人犯名数与造册有无出入等职能,实为战后地方官制运行体系中的显著变化。③ 当然,地方士绅也依旧是基层社会管理事务的主体,陈作霖、汪士铎、陈栋、孙文川、朱昌焘等人关于善后事宜的条陈均得到曾国藩的首肯与批复。他们还积极投身各类组织,"官为监督,绅士经理"的社会机构模式在重建时期依然继续发挥作用。

至光绪年间,局所逐渐繁缛,弊端众多,"各局林立,限制毫无"。这些局所的存在不仅扩大了督抚的权力,增加了地方经费开支,更使督抚在处理地方事务时可绕开藩臬,使两司形同虚设。1884年清廷令各省督抚将该省局卡裁并,"酌定负数,核定薪水,

①　《江宁府重修普育堂志》卷5,《章程》。
②　《复李鸿裔》,《曾国藩全集》修订版第28册,第566页。
③　《札委密查江宁府属月报事件》,见赵春晨编:《丁日昌集》上,上海古籍出版社2010年版,第468页。

破除情面,严定章程,实力整顿"。① 光绪十五年上谕又特别指出,
"从前各省办理军务,创立支应、采办、转运等局,本属一时权宜,不
能视为常例。迨军事敉平,又以善后为名,凡事之应隶藩司者,分
设各局,名目众多",致使"专管之藩运两司,转以循例画诺为了
事"。至于"清讼、保甲、捕盗等事,本系臬司专责,亦皆另设一局",
"冗员愈多,浮费愈甚",善后各局逐渐被裁撤。② 1904 年,金陵善
后局与江宁织造局、江北查禁私运局等同时裁撤。

通过对金陵善后局的考察可见,太平天国战后,地方督抚加强
了社会管理与控制的力度,士绅阶层亦积极参与了重建事务。新
兴的督抚势力主导了林立于地方机构中的各类局所,在行政事务
中拥有了更多的话语权,经济势力也有显著增长。与此同时清廷
试图重塑中央集权,此消彼长的过程贯穿了太平天国后的晚清社
会,最终导致地方势力特别是汉族督抚的离心现象,清王朝统治面
临分崩离析的结局。

(魏星,南京市博物总馆副研究员)

---

① 《本年六月御史吴寿龄奏请裁撤各省各局》,光绪十年九月初五日第 4 条,盒号
1378,册号 2,中国第一历史档案馆藏。
② 朱寿朋编:《光绪朝东华录》第 3 册,中华书局 1958 年版,第 2680 页。

全面抗战时期浙江的税收改革
及成效分析

熊 彤

自明清以来,浙江一直经济富庶,文化繁荣。"七七事变"后不久,杭嘉湖沦陷,当地经济遭到严重破坏。为改善经济环境,增加税收,浙江省政府实行了战时改革,并取得了一定成效。目前关于浙江财政研究的成果不少,沈松林 1939 年的《浙江之战时财政》和1946 年的《浙江战时经济史料》为抗战时期浙江财税研究提供史料;2003 年王合群的博士论文《浙江"二五"减租研究(1927—1949)》、2009 年潘国旗的《论战时的浙江省财政》、2011 年汤黎丽的硕士论文《黄绍竑与浙江战时经济研究》、2015 年侯强的《抗战时期宁波盐税征榷考述》等涉及了全面抗战时期浙江税收方面的相关论述。此外,2014 年柯伟明的《抗战时期中央对地方营业税的接收与改革》也提及浙江相关内容。但关于战时浙江税改的专门研究未见著文,故下面对浙江的战时税收改革及成效进行梳理与探讨。

一、税收改革背景

1937 年 7 月 7 日,日军蓄意挑起卢沟桥事变,发动全面侵华战争,中国人民展开了全面对日抗战。8 月 13 日,日军向上海闸北、虹口和江湾发动猛攻,淞沪抗战爆发。11 月 5 日,日军第 10 军从杭州湾登陆进犯,不久嘉兴、湖州沦陷。12 月 24 日,杭州沦陷。至此,浙江东北部地区的杭州及嘉善、嘉兴、海盐、平湖、桐乡、吴兴、长兴、武康、德清、海宁、余杭、崇德、杭县、富阳等 1 市 14 县被日军占领,临安、孝丰、安吉等县也曾一度甚至几度沦陷。

在杭州沦陷之前,机关、学校和工厂等已经开始迁移。11 月中旬,省政府各机关陆续迁至金华。12 月 7 日,接任浙江省政府主席的黄绍竑决定将省政府及各厅处迁往永康。在日军铁蹄肆意蹂躏以及飞机大炮的狂轰滥炸之下,浙江省政府机构几乎处于瘫痪状态,经济也破败不堪。据沈松林所述,"首将浙江精华所在之浙西几全部沦陷,所有产米区,丝绸区都丧失了……再后,金华兰溪及宁绍一带陆续陷入敌手,经济环境,日趋恶劣"。因此,浙江省政府面临着严峻挑战,解决财政压力迫在眉睫。

杭嘉湖地区是浙江经济最为富庶的地区,嘉兴、湖州和杭州相继沦陷后,这些地方的田赋、营业税等税收也先后丧失,省政府的财政收入随之大量减少。黄绍竑后来回忆,杭嘉湖是浙江的财库,此地区的赋税收入,占全省总收入的一半,也就意味着杭州沦陷后,省财政收入减少了半数[1]。仅以田赋一项为例,每年浙江省的田赋正税及附加并计应征为 1 200 余万元,浙西地区各县被日军占据后,应征额随即减少了 600 万元[2]。与此同时,省政府的开支却反而增大,以军费为例,根据 1928 年公布施行的《划分国家支出地方支出标准案》规定,军费属于国家财政支出。但因为抗战是非常时期,需要大量地方部队,地方政府承担的军事相关费用也相应增加,如 1939 年度浙江省的支出预算总额为 4 200 万元,其中最大支出项为军费,合计为 1 400 余万元,占全部支出的 1/3 多;此

---

①　黄绍竑:《五十回忆》,东方出版社 2011 年版,第 437 页。

②　沈松林:《浙江之战时财政》,《浙江潮》第 70 期,1939 年版。

外,10 年前协助费占总支出的 2％—3％,1939 年增至 17％①。庞大的军费开支,使得浙江省财政支出膨胀,入不敷出。因此,政府机构要正常运转,就必须进行财税改革,增加财税收入,解决财政困难。

二、税收改革举措

全面抗战爆发以前,国民政府实行中央、省、县(市)三级财政收支体制。"七七事变"后,随着沦陷区不断扩大,为了集中全国财力,1941 年 11 月 8 日,国民政府颁令《改订财政收支系统实施纲要》,财政收支分为国家财政与县(市)自治财政两大系统,省财政并入国家财政系统,将原本属于地方税收的田赋、契税、营业税收归中央。

在中央财政体制改革之前,浙江省政府已经进行了财税改革。1938 年 2 月,省政府主席黄绍竑颁布了《浙江省战时政治纲领》十条作为施政准则,其中第三条是税收方面的规定:"对战时人民之负担,以有钱出钱,务求公平为原则,严禁一切藉名苛派。设法减轻地租,改善平民生活,减免战区田赋,另筹战时费用,并节减行政经费至最低限度。"②尽管《浙江省战时政治纲领》在 4 月国民政府颁布《抗战建国纲领》后被废除,但它基本确定了浙江抗战的基调和方向,正如黄绍竑所说,"自从这个纲领颁布之后,社会耳目,为之一新,而政府的一切设施,也依据这个纲领,逐步展开"。③ 之后的财税政策也是沿着此方向努力的。1944 年 7 月,省政府"十二项施政原则"公布,其中第十一项强调:"各级政府对于税捐之征收,须

---

① 潘国旗:《民国浙江财政研究》,中国社会科学出版社 2007 年版,第 164、165 页。

② 沈松林:《浙江战时经济史料》,《浙江经济》第 1 卷第 2 期,1946 年。

③ 黄绍竑:《五十回忆》,东方出版社 2011 年版,第 404 页。

注意不苛扰,不中饱。款项之开支,须注意不浪费,能公开。"①

在省主席黄绍竑的主持下,浙江省在全面抗战时期采取了调整税收机构、提高税务工作效率、提高税收比例,以及战区征税等改革措施。

(一)调整税收机构

1. 普遍设置税务机关。1938 年 6 月,省内各区设立税务处,直属财政厅;各县设税务分处,直属各区税务处,再为检验特产品的运销,在适当地点分设办事处或检验所。各区税务处设监督一人,由行政督察专员兼任,处长、副处长各一人,由省政府任命,共同监督全区征税。各县税务分处的分处长由县长兼任,省政府另派稽征主任一人,与分处长一同督征全县税收,办理营业税征收事务(税务处所在地县,分处长仍由县长兼任,征稽主任由税务处的征收科长兼任)。各税务处设总务、稽查、征收三科。

1940 年,浙江税务机关再次调整,各县设立县税务局,统一经征省赋税。1940 年瑞安、天台、丽水等 20 县设置了县税务局;1941 年桐庐、诸暨、嵊县等 10 县也设立了税务局。这些县的一切省县赋税,统由税务局统一经征。当时还有一些县份尚未设立税务局,则设立营业税征收局或征收所,以前所设区税务处和县税务处一律被撤销,如 1941 年永嘉、临海、金华、绍兴、鄞县 5 县设营业税征收局;淳安、寿昌、遂安等 28 县设立营业税征收所②,这些县的田赋、契税以及地方捐税仍由县政府征收。

2. 设立查缉系统。为了严密稽查、整顿税收及协助查缉国税,浙江省政府分区设立查缉办事处,每处设有主任、股长、办事员雇员、稽查员。由若干稽查员分成若干小组,分别办理各区稽查事务,所有查获案件交由各主管征收机构执行。稽查办法开始仅试

---

① 黄绍竑:《五十回忆》,东方出版社 2011 年版,第 431 页。
② 《一年来之浙江财政》,《浙光》第 9 卷第 1 期,1942 年,第 4 页。

用于办理卷烟公卖,后来扩大范围,成立了一切税收的查缉组织,逐渐形成一个独立的查缉系统。为提高稽查人员的工作效能,省政府还将所有稽查员分期抽调训练,使他们对于法令的解释、查缉方法和生活规律有统一标准与规定。在 1938 年 11 月间,全省稽查员全部训练完毕。

3. 克服税收工作积弊。(1)清查过去账目,清除田赋征收上缺失、亏款的积弊。财政厅组织清算团,"到各县盘查册串,追查清蚀,同时对各县交代也组织清算委员会负责督促清算的责任"①,规定一切税收应入缴金库,要求各县地方及杂项收入必须一律缴存金库,否则将县长及经收人员以侵占论罪处罚。(2)动员青年干部从事税收工作,遴选高中以上的知识青年办理税务。抗战初期,一般青年热忱于服务,尤其是新兴的税务事业。不让熟悉征收内幕的"内行"多接触参与其间,任用新人是为减少作弊的概率。在浙江办理卷烟公卖食盐运销时期,曾经从训练机关吸收了不少青年充当干部,征税与查缉也公开征用很多纯洁的青年②。省政府还提出了两个口号:"纳税是人民抗战中重大的贡献!""多一分收入,即多一分力量!"③

(二) 开辟新税源

1939 年 11 月,在浙江全省专员县长会议上,省政府主席黄绍竑提出"制定浙江省三年施政计划"一案,为此制定了十二条纲领,作为确定计划的准则。其中第九条为财政建设的内容,"将省县财政之基础,清理公款公产,以增加地方收入,举办公营公卖事业,以裕库收,发展地方经济,以培养税源"④。次年 1 月正式颁布。

为战时财政开源,抗战前期浙江省主要创办了 3 项新事业:

---

① 沈松林:《浙江战时经济史料》,第 19 页。
② 沈松林:《浙江战时经济史料》,第 19 页。
③ 黄绍竑:《五十回忆》,东方出版社 2011 年版,第 440 页。
④ 黄绍竑:《五十回忆》,东方出版社 2011 年版,第 427 页。

卷烟管理、火柴公卖、食盐运销。省政府从卷烟、火柴两项入手,将进口或土制的卷烟、火柴由政府统制公卖。浙江的卷烟公卖1938年4月经财政部许可而试办的,规定在货价内除去统税后征收50%的公卖费,其中1/3解缴国库。10月,根据《战时管理卷烟进口运输贩卖办法》,公卖处改为管理处,许可进口运销的卷烟依照批发价格,包括统税关税在内,缴纳35%的管理费,本省制造的照收,至1939年2月止,每月收入40万元以上,给予财政上有力的支撑。后来,公卖制度改为专卖制度。火柴公卖是在继卷烟公卖与管理之后实行的,具体做法是:外来与境内的火柴,由政府收购后核定售价,当时出售的存货一样收登记费,1939年度浙江省概算内,公卖收入列数占全部岁入的20.65%。食盐运销,则是抢运销售沿海存盐,并对外销盐每担加价若干以补助省财政,最初设运销处,后与财政部合组收运处,所有盈余与外销加价共有240万余元,造成财政上的一个特殊收获。当然,卷烟管理是"在不妨碍中央税收的原则之下"实行;"至于食盐运销,是与中央合办的"。这三项收入,效果明显,创办1年多来已达1 000余万元了[①],为省财政提供大力帮助。

随着战时阶段的延长,1941年,国民政府下令对盐、糖、烟、酒、火柴等日用必需品实行专卖,以增加国库收入。1942年5月1日,财政部设烟类专卖局,开始实行对卷烟的专卖。5月13日公布《战时烟类专卖暂行条例》,将全国划为10个专卖区,浙江属于苏浙区管辖。同年9月,浙江省政府转发了财政部颁布的《战时卷烟专卖暂行条例》,规定1943年1月1日开始浙江正式实行卷烟专卖。1945年2月,浙江税务管理局接收烟类专卖,改办统税,5月9日,浙江省政府将税务管理局制定的《烟类、火柴改征统税临时办法》和《处理外烟限制办法》转发,要求各地遵照执行,于是政府卷烟管理恢复了抗战之前的做法。

---

① 黄绍竑:《本省财政问题》,《浙江潮》第81/82期合订本,1939年,第570页。

（三）整顿旧税

由于战时财政工作繁杂且责任艰巨,浙江省政府非常注重税收整顿工作,在 1942 年全省行政会议上续订第二个三年计划时,确定的 11 项中心工作里,第二条明确规定为充实自治财政,对地方税捐款产进行整理①。

整顿营业税和屠宰税,提高它们的税率。继 1938 年 4 月后,1939 年 9 月浙江省再次调整战时营业税分类税率。1. 以营业税总收入额为标准课税,共 81 种营业(68 种属于物品贩卖),维持原税法规定最高限度 10‰的有 27 种营业;原征 5‰的 41 种营业中,37 种营业提高为 8‰,水果、南北货、油漆、海味等 4 种营业提高为 10‰;13 种营业由原征 8‰提高为 10‰。2. 以营业资本额为课税标准,共 52 种营业(47 种属于物品制造),原税率已达最高限度 20‰维持不变者 2 种营业(家具业与化妆品业);原征 5‰的 32 种营业中,29 种营业提高为 8‰,3 种营业提高为 10‰;6 种营业由原征 8‰提高为 10‰;原征 10‰的 9 种营业中,8 种营业提高为 15‰,1 种营业(信托业)提高为 20‰;另有原征 15‰的 3 种营业提高为 20‰。3. 地区特有的箔类营业税税率,依营业收入额为标准课征由 25‰增至 35‰。② 另外,屠宰税战后各省普遍提高,浙江当时每头猪征收 1 元,其他省份有的甚至收 3 元以上。1941 年 6 月中央财政收支系统改订,全国三级财政收支改为国家财政与自治财政两大系统,省级财政预算纳入国家财政系统,自治财政以县市为单位,包括市县乡的一切收入与支出。营业税归属发生改变。11 月 8 日,国民政府颁行《财政收支系统实施纲要及财政收支系统分类表训令》,原属地方税收的营业税即归并国家财政收支范

---

① 黄绍竑:《五十回忆》,东方出版社 2011 年版,第 429 页。

② 国家税务总局组织编写:《中华民国工商税收史——地方税卷》,中国财政经济出版社 1999 年版,第 48、49 页。

围,由中央接管征收,而屠宰税也从营业税中划出,全额归市县。

至于田赋整顿,浙江省开始并没有提高税率,只是严追欠赋剔除中饱[1]。经续办户地编查以及清查地粮后,1940 在永嘉开始试办地价税,1941 年 7 月起将契税税率由卖六典三改为卖九典六。随着战争持续不断,货币贬值,物价飞涨,为应对米价上涨,1940 年南京政府将田赋改为征实,即征实物。同年 10 月浙江省政府制定了《浙江省田赋改征实物及米折办法》,次年 3 月施行细则出台,规定全省 1941 年上期田赋缴纳时实行征实[2]。但由于所需的仓储、运输、配给等配套来不及准备,只得将赋额折成米,再按市场米价折算成法币,故仍折缴法币。此外,还整顿地方税捐,将烟酒营业牌照税改征普通营业税[3]。

（四）战区征税

战区征税实乃恢复游击区税收。全面抗战之初,因战区特殊,财政部宣布废除游击区域内的一切税捐,并劝禁游击区民众拒纳任何方面的任何捐税[4]。但实际上沦陷地区仅仅是几个县城或重要据点沦陷了,此外的广大地区并未被日伪占领,既有政府军队在守卫,也有地方政府在那执行政令,这些地方被称为游击区[5]。如杭嘉湖沦陷之初,长兴县长还能在县境内维持工作。为了应付战时状态,1938 年 2 月浙江省政府将县政府改组为行动委员会,委员为当地士绅,由主任委员行使县长职权[6]。由于委员会运用不灵,在沦陷区尤其不适用,不久又恢复了县政府组织,并下令战时

① 黄绍竑:《本省财政问题》,《浙江潮》第 81/82 期合订本,1939 年,第 570 页。
② 《一年来之浙江财政》,《浙光》第 9 卷第 1 期,第 3 页。
③ 沈松林:《浙江战时经济史料》,第 20 页。
④ 中国第二历史档案馆编:《中华民国史档案资料汇编》第五辑第 2 编,财政经济(1),江苏古籍出版社,1995 年,第 46 页。
⑤ 黄绍竑:《五十回忆》,东方出版社 2011 年版,第 512 页。
⑥ 黄绍竑:《五十回忆》,东方出版社 2011 年版,第 514 页。

地方官吏不能擅离辖境,否则按军法治罪。海宁县长田稷丰因大敌当前退驻绍兴,被判处了 10 年徒刑[1],以稳固军心。随着地方政权逐渐重新建立,从政治与财政两方面考虑,1939 年起浙西各县开始征收田赋,即田亩捐。规定"田地每亩每年征收二角,基地每亩每年征收四角,山每亩每年征收四分,荡每亩每年征收八分"[2],每年分两期或四期征收,纳税人直接向战区稽征所稽征员缴纳。除了田赋外,游击区县份还征收契税、营业税等。普通营业税依照营业数额按月纳税;特种营业税则改为特种消费税,货物主要包括土黄酒、烧酒、土烟叶、土烟丝、卷烟、糖、食盐、火柴、煤油、呢绒、绸缎、洋布、锡箔等洋广杂货[3]。游击区所征契税、营业税款,除拨征收费的 15% 外,其余拨补地方[4]。战区征税扩大了税源,增加了政府的财政收入。

三、税改成效评价

据沈松林在《浙江战时经济史料》中说,抗战爆发前,浙江军事垫款数目很大,1937 年收支预算不敷 500 余万元。全面抗战后,较富裕的浙东北 14 县全部沦陷,收入锐减,支出增加。1938 年压缩概算,收支仍旧不敷,预算相差 800 万元。为此,同年发行 1 000 万元六厘公债。年底检查发现收入较战前略有增加,这表明许多战时改革措施支撑了当时的局面,1937 年度全省经费概算为 30 232 498 元,1937 年全年度及 1938 年半个年度[5]省库实支为 26 682 775 元,

---

[1]　黄绍竑:《五十回忆》,东方出版社 2011 年版,第 514 页。

[2]　沈松林:《浙江之战时财政》,《浙江潮》第 70 期,第 377 页。

[3]　沈松林:《浙江战时经济史料》,第 19、20 页。

[4]　《浙江省游击区各机关收支暂行处理办法》,《浙光》第 7 卷第 23/24 期合订本,1941 年,第 61 页。

[5]　1939 年度改用历年制。

收入却有 32 248 758 元,结余 5 565 983 元,尽管结余数内含特种费用支出,但预算收支显示有盈余,从这可看出战时浙江初期的财政革新现象[①]。1938 年 11 月的《申报》报道浙江的财政动态为增辟税源渡过难关,经济事实上已经有复苏气象[②]。税收是财政收入的主要来源,从入不敷出到盈余,反映出税收改革具有一定效果。

黄绍竑 1939 年谈到此事时也说,"经过一度整理,如肃清中饱,加增消费税率等,财政收入,反较原有收入增加达五分之一,因此浙江有历年度从未超过三千万元的预算,今年度已一瞰而突破四千万元。这一财政上的奇迹,足以给各省财政一个示范。同时告诉中国人:中国的财政并不是没办法,而是设法办而已"[③]。他后来还回忆道:自 1938 年至 1941 年的省财政收入,是年年增加的。战前(1937)预算是 2 412 万元,1938 年是 1 806 万元,1939 年是 4 243 万元,1940 年是 6 265 万元,1941 年是 8 061 万元。"所以当时的财政,并不觉得困难,反较战前为充裕。这也是战时地方财政稀有的现象。"[④]

下面以营业税为例,具体看 1937—1945 年浙江省税收的实际情形是怎样的。

表 1　浙江省营业税收入统计表(1937—1945)[⑤]　　　(单位:元)

年　　份	营业税收入
1937	5 635 000
1938(7—12 月)	1 840 282
1939	5 002 522

---

① 沈松林:《浙江战时经济史料》,第 18 页。

② 1938 年 11 月 8 日《申报》。

③ 1939 年 3 月 10 日《申报》。

④ 黄绍竑:《五十回忆》,东方出版社 2011 年版,第 440 页。

⑤ 数据分别引自"各省市营业税收入表"和"营业税分区统计表",国家税务总局组织编写:《中华民国工商税收史——地方税卷》,中国财政经济出版社 1999 年版,第 75、78 页。

（续表）

年　份	营业税收入
1940	7 139 784
1941	11 840 197
1942	29 060 158
1943	68 909 548
1944	101 445 363
1945	515 661 940（闽浙）

　　资料来源及说明：① 1937—1941 年度为中央接管前浙江省的营业税收入，标△符号为税收预算数，引自财政部统计处《营业税税收分析报告》，附表，1945；未标△符号为实收数，引自《直接税月报》，第二卷，1942。② 1942—1945 年度为中央接管后的营业税收入，引自财政部财政年鉴编纂处，《财政年鉴》，第三编；财政部统计室，《营业税税收分析报告》，附表，1945。

表 2　1941—1945 年度浙江省营业税收入分析比较表①

年度＼项别	物价指数（全国）	税收数（浙江）	以物价指数调节后税收实值数	调节后与 1941年度比较增减数
1941	2 056	11 840 197	575 885	
1942	7 029	29 060 158	413 432	—162 453
1943	20 903	68 909 548	329 663	—246 222
1944	60 754	101 445 363	166 977	—408 908
1945	156 678	515 661 940（闽浙）	329 122	—246 763

　　资料来源：① 参见财政部统计处编制：《营业税税收分析报告》，1945。② 以 1937 年 6 月为基础，采综合物价，按几何平均法计算。

　　———————

　　① 该表参照国家税务总局组织编写的《中华民国工商税收史——地方税卷》一书中"全国营业税收入分析比较表"（第 79 页）制作，全国物价指数栏数据源自此表数据，浙江税收数源自该书"各省市营业税收入表"（第 75 页）和"营业税分区统计表"（第 78 页）。

表 3　1941 年 1 月—4 月浙江省的营业税收入 [①]　　　（单位：元）

	1 月份 征起数	2 月份 征起数	3 月份 征起数	4 月份 征起数	4 个月 累计数
普通营业税	201 214.87	941 463.94	618 081.12	713 289.84	2 475 049.77
牙行营业税	41 773.84	302 393.94	140 077.31	100 610.58	548 855.67
屠宰营业税	16 671.40	146 630.70	99 407.63	813 243.10	343 952.83
箔类营业税	637 449.95	925 777.02	924 560.35	1 263 573.22	3 751 360.54
共计	897 110.06	2 317 265.60	1 782 126.41	2 158 716.74	7 155 218.81
带征抗卫 事业费	321 218.86	1 007 285.10	709 282.93	824 018.56	2 861 805.45
带征自治 经费	40 843.42	182 548.74	109 856.65	145 831.52	479 082.33

上面所列 3 个表格，前两个是抗战期间浙江省营业税各年收入情况以及 1941—1945 年营业税比较分析，后一个是细化 1941 年 4 个月全省各种营业税收入。从表 1 数据可看出，营业税收入逐年稳步增长。但是 1940 年下半年以后，物价迅猛上涨，通货膨胀造成货币急剧贬值。表 2 是将历年营业税收入数按物价指数换算出货币实值数与中央接管前 1941 年度的收入进行比较，可以看出，国民政府中央接管后的营业税收入实际上是每年减少而不是增加。表 3 显示 1941 年 4 个月中各种营业税共征起 700 余万元，连带征的抗卫自卫两项费用在内，达 1 000 万余元。这一年营业税收入较之以前增长较多，除了物价高涨外，当然也离不开税收的调整和办理人员的努力。

税收改革后，前期政府财政收入大幅增加，但税收的增长是在牺牲民众的利益上实现的，大大加重了民众的负担。在实行田赋

---

① 《一年来之浙江财政》，《浙光》第 9 卷第 1 期，1942 年。

征实后,1941 年浙江省国统区仅田赋实征一项即达 1 384 214 石,1943 年增至 1 672 873 石,这还不包括各县的额外征收的乡镇公粮、捐献、军警副食差价、县自卫队经费、积谷捐等,"农民晨兴昏息,胼胝所获,往往不足完赋"①,苦不堪言。除田赋外,其他各种名目繁多的捐税也接踵而至。如龙泉县自抗战以来,各种捐税"综计每人每年平均需要负担 2 380.4 元,每户 9 960 元"②,按当时市价折合成米,每人平均负担大米 68 市斤,1936 年每人平均负担 0.81 元,折大米 16.2 市斤,因此,抗战期间比 1936 年增加了 3.2 倍③。

总之,尽管浙江的税收改革取得一定成效,集中了全省财力物力,但是税收改革存在诸多弊端,遭人诟病甚至反对。如田赋,实行田赋征实的本意是在物价上涨的情况下控制粮价、调节民食,但却给予办理人员舞弊之机,反而增加了人民额外的负担。他们利用衡量工具不准确、仓廒建造不完全,缺乏与忽视容器包装,以及运价与运输的不合理等情况进行徇私作弊,这些损耗补偿增加百姓缴纳赋谷数量,给承办人员从中渔利之机。再如专卖制度,尽管专卖对浙江省财政帮助很大,但一切负担转嫁给消费者,初办之时卷烟公卖就遭到很多人反对,外国烟厂和烟贩抵制更厉害④。而战区征税,增加了游击区民众的负担,他们至少有"敌伪的""游杂的"和"政府的"三重负担,那些间于敌我之间的地方民众尤其遭受巨大痛苦,损失也更甚。此外,1942 年整顿后的地方捐税征收效果也不甚理想,仅屠宰税收一项稍好,尤其是其他税捐不免涉于苛扰,山地收益捐一项最受诟病,因为许多地方设关卡,百货皆征稽,

---

① 魏思诚:《民国时期浙江的粮食管理与田赋征实》,载浙江省政协文史资料委员会编:《浙江文史集粹》,浙江人民出版社 1996 年版,第 23 页。
② 《乡镇公粮平议》,1945 年 8 月 29 日《浙江日报》(龙泉版)。
③ 《丽水地区志》,浙江人民出版社,1993 年,第 320—321 页。
④ 黄绍竑:《五十回忆》,东方出版社 2011 年版,第 439 页。

类似通过税,导致许多纠纷①。

抗战胜利后,1946 年 3 月 4 日,国民党六届二中全会通过了《地方行政报告决议案》。该决议案除调整了省的权责、县的权责和有关省、县机构的设置外,对充实地方财力作了原则规定。这样,国民政府恢复了全面抗战前的三级财政体制,即中央、省、市(县)三级财政收支系统。

（熊彤,南京大学历史学院博士研究生；
浙江省博物馆副研究馆员）

---

① 沈松林:《浙江战时经济史料》,第 20 页。

华商纱厂对中美棉麦借款的
宣传困境与应对策略

刘盼红　高红霞

　　1933 年 5 月,在华商纱厂联合会会长荣宗敬参与下,宋子文与美国金融复兴公司订立 5 000 万美元的棉麦借款合同,4 000 万美元用于购买美棉,其他用于购买美麦、美粉,以实物易取现金使用。中国方面以统税收入作担保,3 年还清。但因华商纱厂无力承购,日商纱厂受中日关系影响又不愿承购,最终该借款金额减至 1 000 万美元,并于 1944 年底本息全部偿清。[①] 这方面研究多从事件发生的背景、内容、影响等展开,马陵合从华商纱厂与政府关系的视角讨论这一事件,为本文提供了重要借鉴。[②] 关于华商纱厂在该事件中的宣传工作仍具研究空间。

　　借款消息传出后,反对声音见诸报端,华商纱厂面临经济与舆论的双重压力。由华商纱厂联合会[③]创办的《纺织时报》,受众不

---

　　①　李增寿主编:《民国外债档案史料 10》,第 111—112 页。

　　②　参考郑会欣:《1933 年的中美棉麦借款》,《历史研究》1988 年第 5 期;仇华飞:《试论 1933 年中美棉麦借款的得失》,《近代中国》1997 年第 7 辑;金志焕:《棉麦借款与宋子文的日本登岸》,《社会科学论坛》2005 年第 12 期;王丽:《1933 年中美棉麦借款再探》,《史学月刊》2012 年第 6 期;马陵合:《华资纱厂与棉麦大借款——以借款的变现及其用途为中心》,《中国经济史研究》2014 年第 2 期。

　　③　华商纱厂联合会是 1918 年为集体应对日本提出棉花免税条件,上海棉纺业经营者成立的行业组织。

仅有企业主和高层管理人员,还包括政府官员和受过高等教育的青年纺织技术者①,其观点对政府与社会具有一定影响力。在报道棉麦借款事件中,该报陷入支持棉麦借款与塑造企业形象的两难境地。本文通过梳理该报关于棉麦借款事件的相关报道,同时结合当时其他报刊资料,考察华商纱厂与政府、民众之间复杂的利益关系,以及华商纱厂的宣传困境与应对策略问题。

一、在支持与反对之间:《纺织时报》
中的棉麦借款事件

自 1933 年 5 月《中美棉麦借款合同》签订,至 1934 年 4 月南京国民政府减少美棉借款,中美棉麦借款事件几乎一直出现在《纺织时报》头版。棉麦借款由华商纱厂促成,旨在低价获得美棉,应对国内棉贵纱贱的困难。但通过考察《纺织时报》的报道,可以发现该报始终没有明确表示支持棉麦借款,也鲜有提及低价获棉的愿望,而对借款多采取中立甚至反对的态度。

借款消息传入中国之初,该报以借款真相不明朗为由,持中立态度。6 月 5 日,该报在首版左下角简单报道该消息,题为"政府

---

① 具体而言,该报受众主要包括华商纱厂联合会董事、会员代表,以及中国纺织学会会员。华商纱厂联合会董事皆为华商纺织厂主,会员是以纺织厂和联合团体为单位构成的,代表各厂或联合团体加入该会的人员,必须是总经理或协理。而中国纺织学会会员大为不同,他们中不仅有少量纺织厂主,还有部分政府官员以及大批受过高等教育的青年纺织技术人才。据 1932 年会员名录,275 名会员平均年龄 31 岁,具备国外学习经历的有 50 人,他们分别毕业于东京高等工业学校、法国东方纺织专门学校、柏林高等纺织专门学校等国外纺织名校,在国内接受教育的 208 人,也都毕业于南通纺织专门学校、杭州工业学校、南京高等工业学校等国内纺织工业学校。参考《华商纱厂联合会议事录(第六区机器棉纺织工业同业公会)——民国六、七年》,上海市档案馆:S30-1-35;《拟改〈华商纱厂联合会章程草案〉》,1929 年 4 月 15 日《纺织时报》;《中国纺织学会会员名录》,《纺织周刊》第 2 卷第 3 期(1932 年 1 月 15 日)至第 2 卷第 13 期(1932 年 4 月 8 日)。

向美借棉四千万元",客观介绍借款结果。① 借款消息传出后,报
章所载新闻错杂纷纭,例如某报传言 6 月 6 日南京发布电讯,称:
"实长陈公博六日否认外传实部为讨论根本救济棉纱问题,将召集
沪各纱厂代表及银行界暨关系各机关在京开会,并向沪银行界借
款二千万救济棉纱业。"《纺织时报》记者指出,自己对召集会议一
事"毫无所知",至于购棉数量,照目前市价,4 000 万美元最多购
70 万包,而电讯中传可购 90 万包,实属错误。该报记者进一步指
出,当前消息过于简略,无法估计棉麦借款对中国棉纺织业的影
响,自己相对接近棉麦借款事件,仍"不能明其真相",其他报刊的
报道则更"错杂纷纭,莫识究竟"。② 因此对棉麦借款事件不敢妄
加评论。

该报虽对借款持中立态度,但也积极向南京国民政府表达自
身诉求,多次催促政府指定棉麦变现款项用途。6 月 12 日,该报
报道华商纱厂联合会与上海面粉业同业公会向南京行政院院长汪
精卫的致电内容,建议将款项用于振兴实业,复兴农村,解决当前
供棉不足的弊病。③ 19 日,报道上海全浙公会给政府的函电,全浙
公会担心大量美麦的购入影响中国粮食价格,损害浙农利益,恳请
政府将棉麦分批运入中国,指定棉麦变现款项用途,以兴农村。④

6 月 19 日,实业部拟就美棉支配原则,明确了美棉支配机构
与原则、领用美棉主体、还款办法以及美棉变现款项用途。规定支
配美棉机构为支配美棉委员会,由财政部和实业部指派人员组成;
美棉支配原则为满足各纱厂确切需要,以及保障国棉固有市场不
受影响;领用美棉主体为"有健全组织之纱厂";还款办法由支配美
棉委员会拟定,并呈财政部和实业部转行政院核行,行政院拟定银

---

① 《政府向美借棉四千万元》,1933 年 6 月 5 日《纺织时报》。
② 《中央向美借款购买棉麦》,1933 年 6 月 8 日《纺织时报》。
③ 《本会及面粉业请中央指定棉麦借款用途》,1933 年 6 月 12 日《纺织时报》。
④ 《立法院通过棉麦借款》,1933 年 6 月 19 日《纺织时报》。

行专款存储;美棉变现款项部分用于促成棉纺织业产销合作之组织,部分在政府指导下采取合作方式用作购买原料和推销成品的经费,部分用于实业部扩充及改良纺织业设备。①

但该报认为该原则过于笼统,缺乏具体有效的细节,应明确棉麦变现款项用途。该报报道一篇胡汉民致立法院院长孙科的函电,胡汉民从借款流程合法性、借款用途隐秘性和棉农生计三个方面反对政府向美国借购美棉。首先是借款流程不合法,"凡举国债,必经立法院通过方能成立,何能由一部长擅行签字订约,举此大债,立法院不应放弃职权,不敢过问";其次是借款用途不公开,"秘密借款二万万,用途如何,未闻宣布",并反问政府是否将借款用之于内战;最后,胡汉民担心大量美棉之输入会破坏棉花市场,导致棉农生计不保。② 该报通过报道反对借款的言论,继续向政府施压,要求明确借款用途。

第一批美国棉麦将运到中国的消息传出后,该报认为借款已成既定事实,要求政府低价售棉,并进一步明确棉麦变现款项用途。该报指出,宋子文已经在大纲合同上签字,而美商"向认事实,不重理论",借款不会因为某些社会团体反对而终止。③ 因此,当下的问题并非借不借款的问题,而是如何使用借款问题。该报一方面要求政府低价售棉。马寅初提出,美棉价格较华棉高,希望政府可以八折价格向华商纱厂售卖美棉,并免去进口关税。④ 另一方面要求进一步明确借款用途。丘光庭建议,棉纺织工业关系民生问题,棉麦借款除用于农业生产外,应将部分用于发展基本工业,尤其是棉纺织工业。具体办法是:将部分借款转贷给纺织厂商,以及有纺织经验与办厂能力者,再以英庚款作抵,代向英国订

---

① 《实业部拟美棉支配原则九项》,1933 年 6 月 23 日《纺织时报》。

② 《胡汉民反对向美借巨款》,1933 年 6 月 23 日《纺织时报》。

③ 《向美借款购棉仅签订大纲合同》,1933 年 6 月 28 日《纺织时报》。

④ 《马寅初谈棉麦借款问题》,1933 年 7 月 6 日《纺织时报》。

购纺织机械。①

华商纱厂的要求遭到政府的驳斥。8月7日，汪精卫在报告中谴责华商纱厂低价获棉的要求，"他们（面粉厂）以为政府既借到大批美麦，便希望能够以廉价买得，或暂时赊用。于是对于国内产麦，便拒而不销。同时产棉各地，亦接有相类的报告"。② 在华商纱厂拒绝购买高价美棉的情况下，政府将美棉售与日商。

低价获棉的希望落空，《纺织时报》连篇累牍地谴责政府售棉与日商的行为。首先，指责政府借款购棉是一种欺骗行为，其承诺与实际操作不符，起初一再申述借款购棉是为救济国内华商纱厂，最后却廉价售与日厂。③ 记者将政府这一行为比作战争中官方电报，即宣称自己所在一方所向披靡，"无电不成血战，而实际上则日退千里，完全为对内的一种欺骗宣传而已"。④ 其次，讽刺政府售棉与日商是一种市侩行为，"理财之道，举世迨无过于今之我国财政当局"，政府谋利的本事"实非愚鲁之厂商思虑之所能及"。⑤ 8月10日，《纺织时报》转载《时事新报》一篇社评，社评称政府向美国借款购棉，必然有异于商人操纵垄断的市侩行为，"政府非商铺，财长非买办，海外贷货非商行为"，应该直接将美棉供给厂家或工业团体。而中国政府将美棉售与日商是一种商人攫取利润的行为，非政府救济民生的行为。⑥

纵观《纺织时报》对棉麦借款事件的报道，主要从一个中立者和受害者的角度，叙述政府与美商进行棉麦借款谈判、借款达成以

---

① 丘光庭：《美棉麦借款用途支配谈》，1933年7月6日《纺织时报》。
② 《汪院长又报告棉麦借款问题》，1933年8月24日《纺织时报》。
③ 《借款购棉竟廉售于日厂欤》，1933年8月3日《纺织时报》。
④ 《中央又申述用途　东京亦谓售与日商》，1933年8月10日《纺织时报》。
⑤ 《异哉中央售美棉与日本诱为打破华厂之垄断与要挟》，1933年8月7日《纺织时报》。
⑥ 《美棉支配之原则》，1933年8月10日《纺织时报》。

及政府将美棉售与日商的全过程,并多次向政府提出明确棉麦借款分配原则与棉麦变现款项用途的要求。该报自始至终没有明确表示支持该项借款,并且较少出现要求政府低价售棉的报道。该报如此报道,实则是华商纱厂谨慎考量的结果,反映了华商纱厂在经济大萧条中的复杂处境和宣传困境。

二、华商纱厂的宣传困境:支持 棉麦借款与塑造企业形象

华商纱厂促成棉麦借款的消息传到中国后,引起社会各界的强烈反对,华商纱厂面临巨大舆论危机。一方面要支持棉麦借款,摆脱经济危机;另一方面需顾及民众心理,塑造企业具有社会责任感的良好形象,保证棉纱市场的稳定。《纺织时报》作为华商纱厂的喉舌,其报道在支持棉麦借款与塑造企业形象之间形成巨大的张力。

世界经济危机波及中国后,中国农村经济破产,以纺织工业为代表的中国民族工业面临棉贵纱贱等诸多困难。民国经济专家郑学稼对华商纱厂的困境有生动地描述:"我们再从国际不景气来说,也使正在轻工业阶级中过活的中国民族工业,'陷于大泽'之中。既不能运用关税的壁垒,抵挡她的敌人,又有军事上的屈服,国内外国工厂的林立,五步一关十步一卡之'阿房宫式'的税卡,已经悲唱着'虞兮虞兮奈若何'。再加大阪和兰开夏棉纱的倾销,如无挽回的方策,他们只有'自刎乌江'。"①

华商纱厂迫切希望尽快摆脱经济危机。荣宗敬作为华商纱厂联合会会长及申新纱厂厂主,1933 年引进棉麦借款前曾不断敦促政府举办借款。1932 年 6 月,他要求政府用现货借

---

① 郑学稼:《棉麦大借款》,生活书店 1933 年版,第 7 页。

款引进美棉。① 同年 10 月,再次提出从美国引进借款的要求。②
次年宋子文赴美之前,第三次与宋子文商量寻求一笔用于购买美
国棉麦的借款。③ 宋子文抵美借款过程中,荣宗敬向宋子文进言:
"我国棉纺织厂日趋危殆,最大原因在本国原棉不敷,其价日昂,而
生产品因外货倾销,其价日落。救济之道,请政府出面向美政府借
购美棉 60 万包转售于华商纱厂,即以其款拨作救济农村推广棉
区、改良品质之用。"④他认为,借款若能达成,国家、农民与棉纺织
业无不受其利,农民收入将增加,纱厂原料无匮乏之虞,则营业自
有振兴之望。⑤

　　但这与广大民众对棉麦借款的认知和判断产生冲突,举借
外债触及了中国民众强烈的民族主义情感。中国近代史可以说
是一部外债史,自 1853 年 2 月上海道台吴健彰为剿灭太平军举
借第一批外债,至 1948 年中国向美国举借购船款项的最后一项
外债,据《民国外债档案史料》统计,北洋政府共举借 463 项外
债,南京国民政府共举借 85 项,战前就有 52 项。⑥ 这些外债大
都以国家税权等作为担保,给西方国家操纵中国经济命脉提供了
缝隙,引起国人强烈反对。因此,中国社会自近代以来形成强烈的
抵触外债心理。

<hr>

①　上海社会科学院经济研究所编:《荣家企业史料》(上),上海人民出版社 1980
年版,第 385—386 页。
②　《东洋贸易时报》8 卷 41 号,1932 年 10 月 13 日,参考金志焕:《棉纺之战——
20 世纪 30 年代的中日棉纺织业冲突》,上海辞书出版社 2007 年版,第 86 页。
③　王子建:《美棉借款问题之检讨(六)》,1933 年 7 月 17 日《大公报》(天津版)。
④　宋子文在 1934 年 3 月 26 日全国经济委员会第二次委员会议上就此作说
明,参考《全国经济委员会第二次委员会议关于棉麦借款的报告书》,于建嵘主编:《中
国农民问题研究资料汇编》第 1 卷下册,中国农业出版社 2007 年版,第 979 页。
⑤　荣宗敬:《拟借美棉之羡以补华棉之不足节略》,《农村复兴委员会会报》1933
年 6 月,第 64 页。
⑥　《民国外债档案史料》第 4—11 卷,参考吴景平:《关于近代中国外债史研究对
象的若干思考》,《历史研究》1997 年第 4 期。

而 1933 年棉麦借款又是民国以来政府借款金额仅次于 1912 年善后大借款的一次外债,争议之大可以想象。有人直接将 1933 年棉麦借款称为第二次善后大借款:"最近袁世凯第二,独裁军阀蒋介石,又已秘密向美国签订五千万美金大借款之合同,其总额之巨,恰约等于善后大借款……其作用意义,实与袁氏善后大借款毫无二致。既亦用以消灭异己,镇压革命是也!此项借款,表面为向美购买棉麦,实则南京政府将用此种棉麦,转售于纺织业、面粉业,以换取现金,藉供非生产之政治军事用途。"①纵观南京国民政府执政 6 年间发行公债情况,"无一钱用于生产建设与国防设备,而完全用之于制造内战与纳入个人的私囊之中"。②

除此之外,华商纱厂促成棉麦借款的根本动机乃低价获取美棉,摆脱当前棉贵纱贱的困境。当时华棉每包价格在 46 元左右,美棉每包约 60 余元。棉纱业工业家胡筠籁认为政府若以八折出售美棉,华商纱厂将踊跃购买。③ 荣宗敬却希望政府以每担 40 元,即优惠力度大于七折的价格售与华商纱厂。④ 甚至有华商纱厂经营者提出五折的要求。⑤ 这将使美棉价格低于华棉。华商纱厂期望政府低价销售美棉,而不顾对国内棉业市场可能产生的冲击。

华商纱厂这一要求也与棉业组织及棉农的需求背道而驰。一大批棉麦进入中国市场,势必引起国内棉麦价格下跌,影响农民生计。在宋子文已经签订棉麦借款的情况下,稳定棉麦价格和控制

① 《第二次"善后大借款"》,《正论周刊》1933 年 6 月 17 日。

② 立言:《反对中美棉麦借款:论中美棉麦借款对于中国政治经济利益之损害》,《正论周刊》1933 年 6 月 17 日。

③ 郑学稼:《棉麦大借款》,生活书店 1933 年版,第 32 页。

④ 荣宗敬:《拟借美棉之羡以补华棉之不足节略》,《农村复兴委员会会报》1933 年 6 月,第 64 页。

⑤ 金志焕:《棉纺之战——20 世纪 30 年代的中日棉纺织业冲突》,上海辞书出版社 2007 年版,第 96—97 页。

输入数量成为民众的无奈之求。棉业组织希望政府稳定美棉价格,控制运棉数量,以防棉贱伤农,保护棉农生计。上海中华棉业联合会要求政府有关部门稳定美棉售价,"不至有影响国棉之虞"。同时控制单次运棉数量,延长棉麦运华期限,"例如一年内运入,其数量越过历年输入甚巨,国产销数,势必全被倾夺。今之患供不敷求者,后必将患供过于求。不如展长运华期限。俾国棉犹得生存于市场,不致遽成废物。而米粮价格,亦不致再跌。以稍减农民痛苦"。①

1931 年美麦借款造成谷贱伤农的前车之鉴,加重了棉农及棉业组织对 1933 年棉麦借款的抵触心理。1931 年,国民政府向美国贷款购买美麦,再以比市价每百斤便宜七两的美麦价格,分配给面粉厂,面粉厂成粉则照市价结算给国民政府。茂新、福新等大面粉厂因掌握大量原料和大量成粉而操纵市场。② 以 1931 年美麦借款引起谷贱伤农为事例,抨击 1933 年棉麦借款的舆论不少。中华棉业联合会指出,此次棉麦借款在国内新棉即将登场时签订,"去年谷贱伤农之不幸,必又于棉业见之"。妇女杂志《女声》亦发表类似观点:棉麦借款对我们有害无益,政府救济棉荒显系臆造之词,救济麦荒更是荒唐,"去年谷贱伤农的现象,便是一个铁证;在丰年时借麦的弊处固然是显而易见的,即在荒年时,国内各地交通未构通前,虽有外来大批洋麦,亦无由输入"。③ 关于棉业组织与华商纱厂在美棉价格问题上的分歧,《纺织周刊》有直接的描述:"如利害切身之棉商,亦仅要求参加讨论,维持国产棉价……纱厂亦有不需要贵价美棉之意,可见此项借款与其目的根

---

① 《棉联会全浙讳陈述意见》,1933 年 6 月 19 日《纺织时报》。

② 福新面粉公司秘书部门职员钱寿春访问记录,1959 年 3 月,参考上海社会科学院经济研究所经济史组编:《荣家企业史料》(上),上海人民出版社 1962 年版,第 373—374 页。

③ 伊蔚:《美棉麦借款》,《女声上海(1932)》1933 年第 1 卷第 19 期,第 1 页。

本实相矛盾也。"①华商纱厂与棉业组织、棉农在美棉价格问题上形成对立之势。

民众对华商纱厂的不满，不仅体现在举借外债、破坏民生问题上，还包括官商勾结、操纵美棉等方面。华商纱厂被社会舆论刻画为勾结官员、操纵美棉的奸商形象。第一批美棉将运抵中国前，社会上出现不少华商纱厂操纵棉麦借款的新闻，《救国通讯》杂志称："我国政府对于棉麦借款的主要目的：是在赊入现货，以谋国内经济的周转，其用心不可谓不苦！可是国内有些奸商，反而趁机操纵，以致发生停滞的现象。因停滞而使农村经济破产！"②

故华商纱厂一方面寄希望于政府救济企业，支持举办棉麦借款；另一方面畏于官商勾结的舆论压力，尽力保持自身的独立性和中立立场。早在1931年政府举借中美美麦借款时，《纺织时报》就表示希望举借包括棉花在内的外债。该年9月，南京国民政府以赈灾济民为名，同美国农商部签订约900万美元的美麦借款合同。③ 这些小麦大部分分配与茂新、福新等大面粉厂，使得这些面粉厂在面粉业普遍困难的情况下仍能获利。④ 鉴于此，华商纱厂对棉花借款能够帮助自己渡过经济危机充满乐观情绪。9月3日，该报呼吁举办包括棉花在内的棉麦大借款："二者（棉花和小麦）均为我生产谦乏之国家民生衣食所急需，以我为应联合全国上下，办一棉麦大借款……若是，则利益不胜枚举。"⑤棉麦借款达成

---

① 《五千万美金借款购棉问题》(三)，《纺织周刊》1933年第3卷第26期，第811页。

② 易公：《棉麦借款与我国农村》，《救国通讯》1933年9月12日。

③ 国民党政府财政部财政年鉴编纂处编：《财政年鉴》，商务印书馆1935年版，第1422页。

④ 福新面粉公司秘书部门职员钱寿春访问记录，1959年3月，参考上海社会科学院经济研究所经济史组编：《荣家企业史料》(上)，上海人民出版社1962年版，第373—374页。

⑤ 俞襄澄：《举办棉麦大借款为救灾之最急政策》，1931年9月3日《纺织时报》。

后,该报却始终保持谨慎、悲观的态度,避免招致更大的舆论压力。1933 年 6 月 19 日,实业部拟就美棉支配原则。该报称其为"空洞之谈","未见有具体之办法"。① 6 月底,报界传言政府支配办法已议决妥帖,第一批美棉麦即将运抵中国。该报却不以为然,它认为政府支配办法并不妥帖,"棉价之标准、麦价之统计、运费之折合"等尚未确立,美棉即将运抵中国的宣传"未免过早"。② 7 月 10 日,行政院院长汪精卫代表政府当局首次正式发表棉麦借款报告,该报又指陈该报告"空洞不得要领"。③

支持政府棉麦借款与广大民众的民族主义情感产生抵牾,要求政府低价售棉与棉农、棉业组织利益亦相违背,这两者均可能造成棉纱市场的动荡,加重棉贵纱贱的经济困境。据报道,华商纱厂在棉麦借款事件发生后,方见起色的纱市"因此消息又复大落"。④华商纱厂陷入支持棉麦借款与塑造企业形象的两难之中。

三、三管齐下:宣传借款正当性、转移舆论矛头和为民众发声

为应对支持棉麦借款与塑造企业形象的困境,华商纱厂通过宣传借款正当性、转移舆论矛头和为民众发声的策略,使两者之间达到某种平衡。

(一) 顺应民众心理,为棉麦借款寻求某种正当性

一方面,利用孙中山思想,赋予棉麦借款合理意义。孙中山经济思想中很重要的一项便是利用外资,他就外债与生产的关系专门作过论述:"至中国一言及外债,便畏之如酖毒,不知借外债以营

① 《实业部拟支配美棉办法原则》,1933 年 6 月 23 日《纺织时报》。
② 《向美借款购棉仅签订大纲合同》,1933 年 6 月 28 日《纺织时报》。
③ 《行政院长借棉麦之报告》,1933 年 7 月 17 日《纺织时报》。
④ 《救济纱厂与借购美棉》,1933 年 6 月,《纺织周刊》第 3 卷第 24 期,第 754 版。

不生产事业则有害,借外债以营生产之事则有利。"①华商纱厂将孙中山利用外资思想作为宣传棉麦借款的重要思想武器。时任申新纱厂主管朱仙舫指出:"利用外资开发中国富源,是总理物质建设的政策。"向美国借款购买美棉,对华商纱厂是为有利举措。②马寅初也指出,在中国民穷财尽之时,"非借用外资不可,亦无违于总理遗教"。③ 华商纱厂因此被建构为总理遗教的践行者。

另一方面,将借款置于抗日救亡的主流话语体系中。"九一八事变"爆发后,中国东北全境迅速落入日军之手,激起国人强烈愤懑,抗日救亡成为时代的主题。华商纱厂迎合时代潮流,将棉麦借款赋予抗日救亡的重大意义。马寅初认为,此次借款虽为经济性质,但实际上暗含美国赞助中国抗日之倾向,美国"能在极度恐慌中,贷此巨款,弦外之音,自可想见"。而且此次借款可为抗日所必需的国家基本建设提供经费支撑,"创设及改进基本工业、发展交通、兴修水利、复兴农村经济,皆为目前要政,非钱不可。国内民穷财尽,内债价格仅在四五折之间,发行之难,已可想见。转而求之外国,势非得以",故"我国与此项借款之关系,实为生死存亡关键所系"。④

(二) 将舆论的矛头指向政府,减小舆论压力

1933 年 6 月,《纺织时报》相继披露上海棉花号业公会、上海中华棉业联合会和全浙公会等反对棉麦借款的函电。他们反对的理由主要是棉贱伤农,如上海棉花号业公会认为解决中国棉业问题的关键是改良植棉,"借债度日,终非久计",且大量棉花进入中

---

① 《在南京同盟会会员钱别会的演说》1912 年 4 月 1 日。中国社会科学院近代史所等编:《孙中山全集》第 2 卷,中华书局 2006 年第 2 版,第 322 页。

② 朱仙舫:《善用棉麦借款举办生产事业以利民生》,1933 年 7 月 3 日《纺织时报》。

③ 马寅初:《棉麦借款问题》(一),1933 年 9 月 11 日《纺织时报》。

④ 马寅初:《棉麦借款问题》(一),1933 年 9 月 11 日《纺织时报》。

国市场,必然导致棉价下降,棉贱伤农,希望政府"收回成命"。①
后两个团体向政府指出,大量美国棉麦突然进入中国市场,将使国
内棉价和粮价下跌,进而波及棉农粮农利益。② 对于他们提出的
棉贱伤农的反对理由,该报认为"未能举出真正之利害"。③ 言下
之意,华商纱厂与棉业组织的利益诉求是一致的,都是以政府为对
立面。

　　7月10日,该报转载《国闻周报》上一篇批评政府举办棉麦借
款的文章。该文作者通过一个理发匠的故事,暗喻政府当局举借
外债是在毁灭全民族。1828年,海涅在伦敦遇到一个理发匠。这
名理发匠说:"一切祸害中的最大的便是债……英国全土,已经变
成一个很大的监狱踏车,在这里,不分昼夜,人们都要不断地工作,
为的是供养他们的债主……负债不仅要毁灭个人,且要毁灭全民
族。"随后作者将矛头直指中国政府,认为中国政府对借债"交口称
赞"。《纺织时报》记者大赞此文"直截了当,揭示借款之真相,实为
自此事发生以来较在事实上立论之文"。④ 如此将舆论的矛头指
向政府,同时纠正了一般人对企业唯利是图、官商勾结的刻板
印象。

　　值得注意的是,政府也采取相同的策略将舆论压力转向华商
纱厂。政府为了争取华商纱厂支持和寻求借款正当性,将棉麦借
款动因解释为救济华商纱厂。这从宋子文关于签订借款动机的说
明中也看得很明白。1934年3月26日,宋子文在全国经济委员
会第二次委员会议上说:首先,在宋子文赴美之前,实业部部长陈
公博发来电报称上海棉花库存不足,要求尽快引进美棉;之后,财
政部次长发来敦促引进美棉的电报,荣宗敬关于华商纱厂原棉不

①　《又一棉号公会陈述意见》,1933年6月23日《纺织时报》。
②　《立法院通过棉麦借款》,1933年6月19日《纺织时报》。
③　《实业部拟支配美棉办法原则》,1933年6月23日《纺织时报》。
④　崔敬伯:《五千万美金棉麦借款问题》,1933年7月10日《纺织时报》。

足问题的报告也反映在该电报中。如此,宋子文把华商纱厂的要求解释为棉麦借款的目标,大大淡化了自己的主观性。① 从某种角度说,也转嫁了借款的责任。正如时评所言,"纱厂粉厂为国家罪人,政府转可卸责"。② 由是可见华商纱厂与政府之间复杂的竞存关系。

(三)在维护企业利益的前提下为社会民众发声,塑造企业兼顾民生的好形象

棉农与企业并非总是对立,当棉麦借款用于振兴棉业时,两者都能从中获利。例如当棉麦借款已成既定事实后,棉业刊物《棉业》开始支持购入美棉,称购入美棉"对于纺织业是有利的",对棉业经济亦"没有什么害处"。文章最后提出将变现款项用于振兴棉业的愿望:"我不希望此次贷款能真如中央所议全部用于生产事业,也不希望汪院长所谓集中注意于农业建设完全可靠,只要棉花自给这小小问题能从借款中挪百分之一即二百万元来办到,已经是差强人意了。"③笔者揣测该报支持借款可能与借款已成事实有关,因此只能寄希望于合理使用借款。不可否认的是,在这一方面,华商纱厂与棉农的利益是相通的。

华商纱厂与棉农利益的一致性,为华商纱厂宣传棉麦借款,同时塑造企业兼顾民生形象提供了可能。朱仙舫在《纺织时报》中指出,合理借款购棉及使用变现款项,纱厂和棉农皆能从中获利。他称棉麦借款一方面可为华商纱厂供给原棉,弥补最近华棉之不足;另一方面,美棉用于纺制细纱,华棉用于纺制粗纱,两者分工不同,对中国棉农并无伤害。同时在借款购棉时,规定棉花品种和单次运棉数量,尽量选择国棉产量不足或缺乏的棉花,以及根据国内纱

---

① 参考金志焕:《棉纺之战——20世纪30年代的中日棉纺织业冲突》,上海辞书出版社2007年版,第90页。

② 《救济纱厂与借购美棉》,1933年6月,《纺织周刊》第3卷第24期。

③ 周干:《棉麦借款的得失》,《棉业》1933年8月1日。

厂需求量及本年国棉收获情况,"分批装运实际所缺数量",可减少棉麦借款对国内棉价可能造成的不利影响。并且,将棉麦变现款项用于民生建设事业,复兴农村经济,发展交通事业,还可振兴棉业。[①] 这篇文章没有提及美棉价格问题,只是建议政府在美棉数量、品种方面有所作为,巧妙地避免了华商纱厂希望低价获棉可能招致的舆论压力,同时表明华商纱厂并非置社会利益于不顾。这种宣传,既没有放弃华商纱厂的根本利益,又可起到兼顾民生事业,塑造企业良好形象的作用。

华商纱厂这些应对策略,一定程度上减少了舆论压力。最终,舆论的矛头几乎全部指向政府方面。当然,这并非完全是华商纱厂宣传工作的结果,更主要的是棉麦借款事件本身的发展使然。国民政府的目的不在于救济纱厂,而是获取财政资金与加强经济统制。1933 年 9 月,全国经济委员会改组,新增棉业统制委员会掌管棉麦借款用途的审核、支配等权力。由于棉麦销售受阻,国民政府不得不要求美国减少债额。1934 年 2 月,驻美公使施肇基等与美国商议,将美棉债额由 4 000 万美元减为 1 000 万美元,麦粉维持原来数目,期限予以展缓,即美国棉麦借款实为 2 000 万美元。最终,棉麦变现款项用于统制全国金融的数目约占 40%,直接用于反共军事经费占 36%强,用于国内经济建设微乎其微。[②]华商纱厂的期望最终落空。

四、结　语

华商纱厂在棉麦借款事件中的宣传工作,应被置于国际和国

---

①　朱仙舫:《善用棉麦借款举办生产事业以利民生》,1933 年 7 月 3 日《纺织时报》。

②　陆仰渊、方庆秋主编:《民国社会经济史》,中国经济出版社 1991 年版,第263—265 页。

内历史大背景下加以理解。世界经济危机波及中国后,以纺织工业为代表的中国民族工业面临资金不足、产销失衡、棉贵纱贱等诸多困难。1933 年棉麦借款,是华商纱厂旨在通过政府举借外债、低价获得美棉的求救活动。但中国民众自近代以来形成强烈的抵触外债心理,棉麦借款又是民国以来政府举借款项仅次于 1912 年善后大借款的一次外债,舆论争议自然不小,这对宣传棉麦借款不可谓不是巨大窒碍。世界经济危机还造成中国农村经济破产,以 1931 年美麦借款引起谷贱伤农为前车之鉴,抨击棉麦借款的舆论亦复不少。这是华商纱厂陷入宣传困境的国内外背景。

华商纱厂在棉麦借款事件中的宣传工作,反映经济危机中政府与企业的矛盾关系。实际上,政企之间在棉麦借款问题上从未达成一致意见,他们在宣传借款时互相拆台,正如《纺织周刊》编者所言:"我国政府与商人,始终不能融为一体,不能互倾肺肝。"[1]政府举办棉麦借款别有用心,救济纱厂只是它为借款寻找的一个正当理由,实则希望尽快弥补财政不足。受世界资本主义经济危机影响,中国民族工业深陷泥潭,农村经济亦面临破产,加之中日战争破坏,国家财政收入大为缩减。而国民党加紧"围剿"苏区,又造成军费开支浩繁,国民党收支出现严重失衡。全国经济委员会成立后,各部门项目申请经费到 3 月 25 日已达 10 亿多元。[2]政府迫切期望将棉麦借款变现后,充当全国经济委员会活动资金和各地项目经费。政企之间的利益分歧,使华商纱厂的宣传工作更加复杂。

这个问题还反映出中国民族工业在大萧条时期的复杂处境。企业的发展离不开社会,企业的社会形象直接影响企业经营。当企业应对危机的措施与社会要求发生龃龉时,企业面临经济和道

---

① 编者:《救济纱厂与借购美棉》,《纺织周刊》1933 年第 3 卷第 24 期。
② 《全国经济委员会会议纪要》第 4 辑,1940 年,第 20 页。

义的双重压力。这中间还有政府力量的干预,中国民族工业应对危机,除自身改善企业管理、打开内地市场等自救行为外,离不开政府的救助。政府的决策势必影响企业应对危机的效果。由此可见,中国民族工业在经济危机中面临经济、政治和社会各方面的压力。

（刘盼红,上海师范大学历史系博士生；

高红霞,上海师范大学历史系教授）

长江航运史研究中灰色
文献的"二重证法"

——以太古档案和民生档案的关联研究为例

周　森　许小委

历史上,郑和航海档案的失踪让无数史学家痛心不已。可以想见,郑和出使的海图、航海记录以及日志该有多么宝贵。如果这类文献资料保留下来,历史的面目也许要清晰许多倍。近代中国的商业发端于航运,因而航运史在我国商业史的研究中举足轻重。长江是中国内陆最为重要的河流,一部长江航运史几乎可以透视整个中国的近现代商业发展史。作为原始研究文献的航运档案具有十分丰富、具体而真切的史料价值,蕴含着许多不为人知的历史故事。但是,它们无疑是属于各大轮船公司的集体财产,有的甚至关涉公司机密,因而并不公开。这需要研究者充分征求并尊重公司的意见,进行良好的合作,才能将这些灰色文献的价值发挥到最大。而一旦能够顺畅地发掘公司档案中的重要资讯,那么研究工作将很快走向纵深,涌现出很多重要的成果。

因为难以获取,灰色文献的一个大特点是稀少,而每种文献又在各自的角度描述事实,如果单单只靠某一种文献,容易被误导,偏听则暗,造成历史研究中的"罗生门"。幸运的是长江航运史有5套互为独立的公司档案。王国维在对甲骨文与汉简的研究中提出了著名的二重证据法就尤其适宜指导我们在研究中正确运用灰

色文献,不落入"一孔之见"。陈寅恪在二重证据法的基础上倡导
"取异族之故书与吾国之旧籍互相补正",以及"取外来之观念,以
固有之材料互相参证",更是提醒我们要重视外国公司的档案对于
中国企业史研究的参考价值。本文从太古洋行和民生公司这两家
一内一外的航海公司的档案探讨这类灰色文献在近现代商业史研
究中的具体应用。

1924 年,亦即民生公司成立前的一年,长江航运业的市场格
局如下表所示:

国别	公司名称	性质	船只数及总吨位 (1924)	运力占比 (1924)	财务状况
英国	太古洋行	自营	15 艘 20 744 吨	26.0%	财务独立
英国	怡和洋行	自营	11 艘,18 302 吨	23.0%	财务独立
日本	日清汽船	官办	16 艘,21 486 吨	27.0%	政府高额补贴
中国	轮船招商局	官办	13 艘,19 145 吨	24.0%	政府补贴
中国	民生公司	自营		—	财务独立

　　数据来源:《中国近代航运史资料》第二辑,中国社会科学出版社 2002 年版,第 838
页;朱建邦:《扬子江航业》,1936 年,第 143 页。

从上表可知,统治长江航运的五大公司中,有两家都属于英国
殖民者的老牌资本集团,一家是日本政府大力支持的官办企业,中
国的轮船公司只有国营的招商局。这四家都来历不凡,有着强大
的财阀或政府的支持。民生公司完全是草根出身,直至 1925 年才
由卢作孚靠着募集来的 3 000 元创办。然而,截至 1935 年,短短
的 10 余年中,已经由最初的一艘轮船发展到 44 只船,吨位也增加
至 16 800 余吨,职工 2 836 人,股本 120 万元,资产 730 万余元,经
营了川江航运的 61%。航线延伸到上海,并在南京、汉口、宜昌等
地设立了分公司,在长江航运市场上完全可以和太古、怡和、日清
汽船以及招商局平起平坐。

关于这五大公司的研究,轮船招商局、怡和洋行和日清汽船的研究比较充分[1],太古公司的档案也偶尔出现在一些研究论文中,只有民生公司的档案却还不曾披露多少。但是民生公司档案和上述几大公司(尤其是太古公司档案)的关联研究对于揭示 1930 年代的中国长江商业史是极为关键的,这对研究中国民族私营企业如何从无到有、从弱到强并最终与四大巨头平分秋色的发展历程是很有帮助的,甚至揭示了真正意义上的中国现代企业是如何诞生的。

公司名称	档案所在地
太古洋行	伦敦大学;太古集团香港历史档案
怡和洋行	剑桥大学;哈佛大学
日清汽船	日本外务省档案馆;东京外务省史料馆
轮船招商局	深圳蛇口招商局档案馆;上海国家航海博物馆
民生公司	长江航务管理局档案馆(武汉);重庆市档案馆及民生公司档案室

一、民 生 档 案

卢作孚在青年时期刻苦自学,广泛地接受了各种进步思想,并加入过同盟会,担任过《川报》主笔以及成都民众教育馆馆长,因而他极具现代管理意识,是一个极有条理的管理者,在创办民生公司伊始,就强调工作档案的整理与收集,由此使得民生公司档案得到了相当完整的保管。1945 年 2 月在给重庆大学讲授《工商管理》时,卢作孚特意将"编辑"一事单独提出:"一事业之编辑工作亦为

---

① 林志龙:《日清汽船与中英长江沪汉集资协定之航运竞争:1921—1927》,《兴大历史学报》2007 年第 6 期。

重要问题。若干事业上之经过,除以会计或统计表现其数字外,常需文字记录、文字整理、文字报告。数字问题亦常需文字说明。无论经常的或特殊的事件,应用600文字记录者,开始活动即当开始记录,活动完成,记录即当完成。或者依事之始末,具为报告,或按月、按年具为报告,此为历史上、宣传上、参考上均不可少之资料。"这大概是中国民族企业家关于档案建设的最早的理论了,卢作孚因而可谓现代企业档案建设的鼻祖。

在30多年的发展中,民生公司留下了数万卷的珍贵档案,对于抗战史和民族航运业的研究都是不可多得的宝贵资料。1957年,由于领导关系的变动,这批经历了抗战炮火洗礼的档案被运往汉口,由长江航务局档案馆保存,后经中共武汉市委办公厅批准,164吨没有保存价值的会计传票等被销毁。在1960年代,根据形势的变动,民生公司档案先后被移交宜昌,后又运回汉口的长航公安局作为敌伪档案管理,在1970年又被运往四川万县(653站)档案后库,直至1988年再次运回汉口长江航运局档案馆。目前保留下来的档案多达3万多卷,绝大部分在汉口,一小部分在重庆市档案馆,还有一部分散落在民生公司档案室以及武汉大学和四川大学等地。

保　存　地	单　位	时间段	数量:卷(册)
武汉长航局档案馆 共计33 484卷(册)	民生总公司	1949年前	31 295
	民生总公司	1949—1956年	649
	九江办事处	1951—1956年	长期卷3卷
	汉口分公司	1952—1956年	51
	民生公司资料	—	59
	会计票据	—	1 427
重庆市档案馆 共计1 949卷(册)	民生实业股份有限公司(最具史料价值)	1926—1950年	335
	民生机器厂	1933—1952年	1 614

其中重庆市档案馆保藏的民生公司档案虽数量不多，但是是两个全宗。此外，还有现在的民生公司档案室珍藏的 3 万多件档案。这些档案真实而直观地记录了民生公司从开办到发展的历史，完整而系统，为同期的大型企业所不及，因而是极为难得的一个标本。具体而言，档案的内容可以分为以下几个方面：

（一）记录公司创立、变迁与发展的主要档案，呈现了公司的历史脉络

例如公司组织章程、工作计划与年度总结报告；轮船数量和规格的统计表、各个轮船的管理人员登记表、运输情况表；公司历次增资报告及股东变动等。

（二）人事档案

反映了公司人员招募、考核、变迁、培训等，主要有职工履历册和各船职工名录，人事任免、升降、调遣、给假、考绩、奖惩、培训、救助等文件；各分公司人员调查表、各轮职工调查表、各公司负责人表、待用人员登记表；职工保证书和自传；职工违章、作案等情况调查及处理意见的文件等。关于民生公司的考试招募、培训和升迁变动方面的档案是尤其值得重视的，如此详尽的职工教育记录是同时代的其他公司都望尘莫及的，这是卢作孚进行"现代集团生活训练"的真切见证。存放于重庆市档案馆的关于民生实业股份有限公司在 1926—1950 年的 335 卷文献因而最具学术研究价值。

（三）重大会议记录、规章制度档案

如公司成立会记录、董事会、监事会、股东会、常务会、督导会、业务研讨会、交通座谈会、军差会、统检会、三干会等会议记录；公司旬报周报制度、员工任用暂行办法、禁止轮船挟带私货办法、轮船载客逾额处罚办法、船舶修理联络办法、严格取缔无票乘客办法、维护安全办法等各项管理办法和各项规章制度等。

（四）运输业务情况报告

主要有业务概况报告、工作报告、轮船检修报告；航队工作情况及护航人员调遣情况;各轮调航、停航、复航等情况;搁滩、碰撞、沉航等海事情况调查报告;乘客纠纷、抢劫等意外事故的调查报告;租借码头、船只、囤船等各项业务往来文件;各船只消耗燃料核定数对照表;租费与费用标准比较表;各轮租价表;各轮客舱铺位表等。

此外,还有民生公司对外联络的许多文件,由于卢作孚与政界、经济界联络紧密,因而与许多单位的首脑人物都有来往,单单信件和文电就有 2 000 余封。2003 年,重庆市档案馆就与民生公司研究室合作编辑出版了《卢作孚书信集》,收录了 1 200 余封重要的信件。一经出版,就体现出巨大的史料价值与学术研究价值。

二、太古档案:约翰·萨缪尔·斯怀尔(John Samuel Swire)档案(以下简称 JSS 档案)

1840 年以后,以英国为代表的西方殖民者终于打开了中国的大门,为了倾销商品和收购廉价原料,他们的早期投资多集中在进出口洋行和轮船航运业。英资的太古集团就是从洋行开始发展航运,在《天津条约》签订之后,它与怡和洋行一起逐渐垄断了天津以及中国沿海的运输线。1867 年,由于对中国代理人的不满,公司第二代领导人约翰·萨缪尔·施怀雅(John Samuel Swire)决定亲自发展在华业务①。来到上海后,长江对中国内陆的广阔辐射令这个精明的商人激动不已,他敏锐地意识到长江是一条黄金水道,航运大有可为。1872 年,施怀雅组建了太古轮船公司并收购了公正轮船公司,接管了上海和其他地方的大量临水物业。随后的半个世纪里,在第三代领导人约翰·施怀雅(John Swire, 1861——

---

① 崔美明:《八十二年的盛衰史——评〈太古集团在旧中国〉》,《近代中国》1993 年,第 256—263 页。

1933)及华伦·施怀雅(Warren Swire,1883—1949)的领导下,太古轮船的长江航线穿越了三峡,向西延伸到了重庆,逐步建立起纵贯长江的内河航运业务和以香港为中心的海运事业,成为旧中国航运业的巨擘,并随着英国的殖民扩张而发展成为全球性的货运公司。"二战"后,太古洋行试图以运送救济物资的名义来恢复在中国的航运业务,但遇到中国民族航运企业的强烈抵制。1953年,太古集团结束在中国的全部业务,转而以香港为远东总部开始了新的发展。

太古集团最重要的档案基本都珍藏在伦敦大学的亚非学院(School of Oriental and African Studies,SOAS)。该院创立于1917年,是英国唯一的一所专门研究亚洲与非洲的高等教育机构,它坐落于伦敦市中心区,学院的图书馆在文献资料的收藏方面并不逊色于邻近的大英博物馆和大英图书馆。创办于1960年代的当代中国研究所(Contemporary China Institute)和1992年成立的中国研究中心更是令亚非学院会成为中国学研究的重镇,这其中的一个重要因素就在于学院拥有极为丰富的中国资料收藏。亚非学院图书馆的3楼与4楼至少有17万册的中国图籍、重要档案和藏书,其中的许多资料都是难得一见的手稿或孤本。由于该学院偏重商科发展,是全英十大商学研究机构之一,因而对地理大发现和工业革命之后的英国老牌资本公司的档案建设十分投入,拥有全世界最丰富的商业档案研究资料。太古洋行作为英国最为重要的殖民公司之一,也留下了卷帙浩繁的档案资料。其中,与中国商业活动关系最为密切的是约翰·萨缪尔·施怀雅(John Samuel Swire,1825—1898)档案(以下简称JSS档案)。

2011年,太古集团在香港太古城设立太古集团历史档案馆,这是公司自建的首个专门性的档案馆,占地4 000多平方尺,存放着太古洋行进入中国发展的200多年的历史文件,这批资料对于研究中国近现代史有着十分重要的参考价值。香港的这部分档案藏品包括超过 2 500 多个档案盒的纸本文献以及 49 000 多张照片和 900 多卷胶片,详尽地记录了太古集团在亚洲的业务活动。档案室内最古老的藏品可以追溯到 1895 年的太古轮船提货单,大量的历史照片、航运业务记录、公司的来往信函、广告资料等记录太古的管理活动和业务发展。作为东亚近现代历史的一个重要参与者,太古公司留下的这份档案资料也同样具有极高的史料价值。

　　2015 年 11 月,太古集团香港历史档案服务部正式对外开放,在人力资源部门的许可下,学术研究者以及媒体人士可以申请在此查阅太古档案资料。值得一提的是,太古集团与香港浸会大学有着长期的合作研究,著名商业史研究专家钟宝贤教授经过多年努力,查阅了逾 1 000 份历史档案与图片,在对公司档案史料的细致阅读的基础上,精心编纂了《太古之道——太古在华一百五十年》一书,并在 2016 年出版发行①,时值太古集团成立 200 周年暨进入中国发展的 150 周年,可谓一本献礼之作。该书披露了许多关于太古发展历史的一手资料,再现了太古集团在风云变幻的近现代历史中的发展传奇,并重点描绘了太古与积贫积弱的近代中国息息相关、共同发展的历史进程,也从侧面反映出中国民族商业的某些历史变迁。但是,就以商业史研究的角度来讲,这本书的学术价值有限,出于对太古公司的尊重,该书对其发展历史有粉饰之嫌,对于太古的掠夺性贸易和血腥的华工贩卖都避而不谈。

　　著名经济史学家张仲礼(1920—2015)生前一直致力于旧中国外资企业的研究,先后编写了《英美烟公司在华企业资料汇编》四卷本(1983),翻译了《怡和洋行:1842—1895 年在华活动概述》

---

① 钟宝贤:《太古之道:太古在华一百五十年》,三联书店(香港)有限公司 2016 年版。

(1986),并与陈曾年、姚欣荣等合著了《太古集团在旧中国》①。这些资料较为全面地介绍了太古集团的创立与发展,肯定了它在客观上促进中国航运业发展的积极的一面,同时也剖析了它依靠殖民特权对我国的经济侵略,以及齐价合约、苦力贸易等。更为难得的是,张仲礼在长期的海外研究生涯中搜集到了许多珍贵的史料,这为他的著作增色不少,甚至开创了独特的商业史研究风格。

最近的一部深入运用太古档案的重量级学术著作是美国威廉姆斯文理学院的罗安妮(Anne Reinhardt)教授的 *Navigating Semi-Colonialism: Shipping, Sovereignty, and Nation-Building in China*, 1860 – 1937②,该书是在她的博士论文的基础上历经数年的反复修改而成,直至 2018 年 4 月才得以出版。这本著作的最大亮点是能够从中立的第三者的视角来客观审视太古洋行在民国期间与中国民族航运公司(主要是民生公司)的商业竞争,因而十分值得一读。

三、民生档案和太古档案的关联研究

《新唐书》中李世民曾问魏徵:"人主何为而明,何为而暗?"对曰:"兼听则明,偏信则暗。"多个视角会让我们更加客观公正,免于被单一的立场所蒙蔽。但是,实际上,在研究中做到这一点却难度极大。

对企业档案研究的一大难点和痛点在于:档案资料的所有者是企业,而企业为了自身形象设计往往选择性地开放资料,放大亮点而隐藏污点;但是,研究者基于学术道德而力求客观、公正和全

---

① 张仲礼、陈曾年、姚欣荣:《太古集团在旧中国》,上海人民出版社 1991 年版。

② Anne Reinhardt, Navigating Semi-Colonialism: Shipping, Sovereignty, and Nation-Building in China, 1860 – 1937. Harvard University Asia Center, 2018 – 4.

面。因此,档案资料的所有者与应用者的利益就会发生冲突。如何进行开放与共享,并同时尊重灰色文献所有人的权益,是一个重要的课题。为了协调这一矛盾,研究者也出于对灰色文献所有者的感激,往往会避重就轻,粉饰企业,如上文提到的《太古之道》,令这些具有重大价值的史料沦为公司的宣传资料。但是深刻和客观的探索永远离不开原始的一手资料,需要回到更为全面的档案之中。因此,多个来源的互相关联的不同资料的互相参证就极为重要。例如我们在研究太古洋行时,在太古档案之外,还要在各类年鉴和其他竞争公司的档案中寻求与太古相关的重要描述,往往有更大的发现,如年鉴中记载的海员罢工[①],厦门发生的太古洋行事件[②],以及郑观应的《长江日记》对太古的侧面批评等[③]。这些内容在太古档案中一定有所记载,但是秘而不彰。同样,在研究民生公司时,也许要参照其主要的竞争对手——太古洋行和招商局的档案,如陈寅恪所言"取异族之故书与吾国之旧籍互相补正"以及"取外来之观念,以固有之材料互相参证"。在太古档案中,可以发现民生公司自己都未必完全清楚,但是却影响重大的历史事件——卢作孚对茶房危机的成功应对,这次事件对西方公司的冲击之大,几乎颠覆了他们对中国人"一盘散沙"的刻板印象,从此对中国民营公司刮目相看。下文将详细叙述在太古档案和民生公司档案中发现的这一茶房事件。

(一)太古档案揭示出的管理问题

1930年代,小小的茶房问题逐渐酝酿成令各大轮船公司都深

---

① 中国二十世纪通鉴编辑委员会编:《中国二十世纪通鉴:1921—1940》,线装书局2002年版,第1310页。

② 崔美明:《八十二年的盛衰史——评〈太古集团在旧中国〉》,《近代中国》1993年版,第256—263页。

③ 刘石吉:《试论郑观应在中国近代改革思想中的地位》,《岭南文史》2002年第3期。

感忧虑的重大管理顽疾①。这是因为这些公司为了节约人力成本,同时也为了便捷地获得当地的社会运营资源,全部采用了"买办制",各地的买办代替轮船公司招揽生意并招募茶房来为乘客提供服务,这些都不需要轮船公司付钱。买办的生财之道在于以工作机会向茶房索要小费的分成,因而茶房拼命地向乘客索要小费而不惜欺诈和勒索。1932年秋,日本轰炸上海市闸北区,上海居民乘船逃往长江上游,茶房们的恶劣行径令乘客们投诉不断,指责茶房从难民那里勒索小费,把一些人的全部积蓄都敲诈走了②。此外,茶房们的走私案件也屡见不鲜,为轮船运营带来重大影响。但是茶房在名义上是买办的雇员,因而不受公司管理。

太古洋行是长江上的第一家试图强行驱逐茶房的公司,船长向买办施压以迫使他们驱逐茶房,但买办基于自身的经济利益并不配合。太古洋行逐渐将买办制改为经理制,但在实质上,经理制还是买办制的继续和发展,只不过换个头衔而已,因而所有的问题还在持续。太古公司只好试图以健康原因解雇茶房③,并事先取得了中国政府的支持④。但是茶房根本无视外国经理人的命令,还联合海员工会以航运业的罢工来威胁轮船公司。1933年1月,公司最后决定冒险从"吴淞号"上强行驱逐茶房,让武装卫兵在深夜将熟睡中的茶坊拖走。这一冒险的举动带来的正面效果是服务质量提升,乘客大幅增加,但随即也招致了海员工会的罢工。这次罢工的声势浩大,甚至波及广州,广州海员分会成立了"吴淞号惨

---

① 参见怡和洋行档案:Jardine Matheson Archives,剑桥大学图书馆.英国伦敦,卷Ⅰ,6/13/1933,7/13/1933.

② 太古洋行档案:John S. Swire Archives,伦敦大学亚非图书馆,英国伦敦,卷Ⅰ,7/1/1933。

③ 同上注,卷Ⅲ,8/8/1933。

④ 同上注,卷Ⅲ,7/13/1933。

案复仇委员会",并在 1933 年 6 月罢工,给太古洋行带来强大的压力。工人的罢工一直持续到 1933 年秋天,民众指责国民政府支持外国公司而无视中国工人的利益,国民政府迫于压力而放弃了对轮船公司的支持。1933 年 11 月,在广州罢工 5 个多月后,太古洋行公司支付了大笔赔款,并恢复了原来"吴淞号"上的茶房的工作,才令罢工结束。公司只好决定放弃解决茶房问题的所有努力,直到一家中国公司带头改革①。

1933 年底,同样饱受茶房问题困扰的招商局在新任总经理刘鸿生的领导下开始尝试改革。刘鸿生的基本思路是以"船长负责制"来代替买办制度,并直接招募茶房,支付他们工资来禁止小费的索要。但他很快发现买办们的地位世代相传,在各地根深蒂固,根本赶不走。同时,太古洋行公司档案的一份资料显示:在刘鸿生试图解雇渎职的茶房时,海员工会同样威胁要罢工②,这甚至动摇了政府对刘鸿生进行改革的支持。太古洋行公司的另一份报告指出:"在刘鸿生看来,茶房问题的解决是第一要务,否则管理无从谈起。但是政府却完全漠视茶房问题的严重性,将之搁置一边。"③刘鸿生最终决心以辞职胁迫政府重视这一问题,但是无济于事。几个月后,他果真因此辞职,但是茶房问题依然如故。

太古轮船公司有着实力雄厚的财团支持,招商局则是中国政府官办企业,两者都在茶房问题上折戟沉沙,令这一问题看似无解。但是,弱小的民生公司却十分漂亮地解决了这一问题,这令太古洋行十分叹服。太古轮船公司的船长回忆道:"我们非常失落地看到民生公司轮船的甲板上的船员数量不多,归整有序,都穿着整

---

①　太古洋行档案:John S. Swire Archives,伦敦大学亚非图书馆,英国伦敦,卷Ⅲ,4/ 13/ 1934。

②　同上注,卷Ⅲ 9/ 1/ 1933,8/ 24/ 1934。

③　同上注,卷Ⅲ ,9/ 1/ 1933。

齐的制服;而那些悬挂着外国国旗的轮船上挤满了各种各样的茶房,他们大多是不拿工资而从乘客身上勒索财物的人。"①当时,轮船公司之间的竞争十分激烈,他们正密切地关注着彼此的运营情况。太古这位船长的"失落"中暗示着一种惊讶:一家中国小公司的管理水平竟然能够远远超过外国大公司。

正是太古档案中的这些材料让我们意识到 100 年前的长江航运业中的重大问题,但是这在民生公司档案中却基本上没有体现,或者说,由于民生公司过于顺利地解决了这一问题,他们甚至不曾意识到问题的存在,也不了解自己的管理是如此富有成效,并且给外国同行以极大的震撼。那么,他们又是如何做到的呢? 这还要回到民生公司的管理档案中去寻求答案。

(二) 民生公司档案中的答案

在查阅大量的民生公司档案之后,我们发现,茶房问题之所以被民生公司化于无形,真正的原因在于卢作孚的现代集团生活训练②,正是这种卓越的职工训练让民生公司在与强大的外资公司和官办企业的激烈竞争中站稳脚跟的。

卢作孚对民生公司的定位就远远超出了诸如太古洋行这样以盈利为目的的商业公司的自我期许,而是以民族和国家建设的高度来关照公司的发展。在民生公司有了一定发展之后,曾经加入过同盟会的卢作孚道出了心中的蓝图:"我们希望中国能够建设起来,先曾以北碚(嘉陵江上的一个小码头)这个小小的地方作一度经营的实验,悬出了一个理想,叫做'将来的三峡'。最初进行起来颇困难,但毕竟能建设成功一个这样的局面。从

① Graham Terrible, Yangtze Reminiscences: Some Notes and Recollections of Service with the China Navigation Company, Ltd., 1925 - 1939 (London: John Swire and Sons, 1975 - 1990), 16.

② 太古洋行档案: John S. Swire Archives,伦敦大学亚非学院图书馆,美国伦敦,卷Ⅲ10/16/1936。

这小小地方的经营,可以证明:中华民国是可以建设得起来的,是能够建设得起来的;使别的国家也认识中国,必决有希望,有前途。"①可见卢作孚绝不是那种利欲熏心的商人,而是国家的建设自勉,他很早就认识到"中国的根本问题是人的训练"②,这关系到中国社会的现代化之成败。为此,他在民生公司组织了现代集团生活的训练,以改造中国人旧有的生活方式和社会关系。在他看来,家庭和亲戚邻里"这两重依赖关系"是中国社会问题的核心,第一重关系使中国人"只知有家庭,不知有社会",为了家庭可以牺牲家庭以外的一切乃至危害社会。第二重关系尤其"错综复杂",让工作中关系横行乃至无有公平可言。对此,卢作孚认为中国的现代化必须首先建立起超越家庭和亲戚邻里朋友关系的"工商时代的集团生活组织","分析起来,不能不有现代的相互依赖关系,不能不有现代的比赛标准,不能不有现代的道德条件"③。因此,民生公司在一切工作安排上杜绝人际关系的牵扯,"以事业为中心"。

　　在人员招聘上,民生公司首开考试招聘的先河,这在中国民营企业发展史上还是第一例。从民生档案中的卢作孚信札来看,公司最迟在 1928 年初就开始以考试招募员工,同时也接受学校的公正推荐④,几乎完全抛弃了熟人介绍的招聘方式,甚至对最初级的茶房和水手、维修工也公开招考。报名资格是:18—25 岁,小学或中学毕业,不抽大烟,没有传染病,考试内容有写作、算术、英语、身体检查、心理测试和面试。通过考试的大多是受过教育的年轻人,这些"知识青年"的可塑性强,训练起来也更

---

　　①　卢作孚:《国际交往与中国建设》,1944 年 10 月 12 日《嘉陵江报》。

　　②　卢作孚:《中国的建设问题与人的训练》,上海生活书店 1935 年版。

　　③　卢作孚著,凌耀伦、熊甫编:《卢作孚文集》,北京大学出版社 1999 年版,第 325 页。

　　④　重庆市档案馆藏:全宗号民生,卷号 21。

为高效。由于报名人多,民生公司这种招聘考试竞争十分激烈。在 1932—1935 年,公司每年在重庆举办三四次考试,录取率很少超过 20%①。到 1936 年,公司的 3 850 名员工中有 93% 是通过这类考试录用的②。

一旦入选,工人必须完成 2 个月的培训,然后再分配职位。从历年来留下的培训档案看,训练科目可以大致分为以下 3 个模块:1. 业务培训,帮助每个岗位上的人熟悉自己负责的业务。为此,公司编写了《水手基本信息(水手须知)》和《茶房基本信息(茶房须知)》等介绍工作要领和公司要求的手册。2. 军事训练,包括防空演习和武器使用等。3. 对新员工进行"民生精神"的培训,从情感上激励员工对公司尽职尽责,从民族大义上激励他们对社会多做贡献,为国家的强盛而奋斗,并在公司带领下积极参与爱国救亡活动③。公司编写的培训教材明确指出,培训的目的是为了激发员工奉献社会的热情④。

民生公司留下了大量的员工培训档案,这是其他几大轮船公司都尚付阙如的。公司特意出版了一份内部刊物《新世界》,作为传达公司管理理念和员工培训的重要阵地,刊登了许多关于职员教育的文章⑤。这些细致入微的职业培训思想至今仍然具有重要

---

① 见《民生实业公司十一周年纪念刊·民生实业公司大事记》,1937 年,第 195—200 页。
② 凌耀伦:《民生公司史》,人民交通出版社 1990 年版,第 116 页。
③ 重庆市档案馆藏:全宗号民生,卷号 24。
④ 见《民生实业公司十一周年纪念刊·民生实业公司大事记》,1937 年,第 101—102 页。
⑤ 卢作孚:《团体生活的整理》,《新世界》1933 年第 35 期。
罗昌扬:《船员教育是这样办起来的》,《新世界》1936 年第 98 期。
罗澍清:《再来瓜豆一盘》,《新世界》1936 年第 108 期。
彭代勋:《船员教育十月来小小的收获》,《新世界》1937 年第 10 卷第 3、4 期合刊。
罗昌扬:《一年来的船员教育》,《新世界》1937 年第 10 卷第 5、6 期合刊。

的借鉴价值,被无数研究者反复讨论①。但是相比而言,太古洋行的档案中就没有发现多少员工培训的文献资料。因而,从这两家公司留存下的档案的组成结构上就可以看出企业对待员工的态度,由此甚至可以预测它们各自的发展命运。

在实际的工作中,民生公司职员的工资待遇较为公平,奖惩也有着明确的规定。热情主动、礼貌周到的服务员将会被升职或加薪②;而玩忽职守或侮辱乘客的职员将会被开除③。公司采取了现代科层体制,实行总经理负责制④,高层领导由卢作孚亲自任免⑤,但同时又注重业务讨论中的民主,每次开会的气氛十分热烈,大家都畅所欲言,积极地献言献策⑥。各方面的努力最终让民生公司拥有了令人羡慕的纪律和秩序,并最终取得了所有人的信任⑦,在长江上的影响力越来越大,公司规模也随之扩大,逐渐发展成为旧中国最大的民族资本企业之一。

四、结　　语

由于茶房的地位过于低贱而让他们带来的管理难题显得微不足道,民生公司档案中没有太多的体现,对民生公司的诸多研究也

---

① 金铮、邓红:《论卢作孚对民生公司的有效管理》,《近代史研究》1990 年第 3 期。

杨可:《民生公司的现代集团生活建设——一个社会学的视角》,《开放时代》2013 年第 4 期。

李向红:《卢作孚职业教育思想研究》,西南大学,2010 年。

郑文华:《卢作孚民生公司职工教育研究》,西南大学,2009 年。

② 重庆市档案馆藏:全宗号民生,卷号 24,12。

③ 重庆市档案馆藏:全宗号民生,卷号 30。

④ 重庆市档案馆藏:全宗号民生,卷号 37。

⑤ 重庆市档案馆藏:全宗号民生,卷号 90。

⑥ 重庆市档案馆藏:全宗号民生,卷号 62。

⑦ 刘运良:《长江行业与中国》,《航业月刊》第 1 卷第 3 期。

从未发现或重视过这一重大的管理成果,唯有在对太古公司的档案的细致阅读中才能发现这个精彩的商战故事。反过来,对民生公司档案的研究也有助于我们分析太古洋行在茶房问题上失败的原因。作为一家资本雄厚的外国企业,并且诞生在现代企业管理制度的发源地,太古的失败显得不可思议,只有在与民生公司留下的大量的员工培训档案的对比中,我们才能发现这其中隐秘的深层原因:他们并不舍得在中国员工身上长期地投入,因而不愿意做根本的改革和深入的员工动员。尽管太古洋行对某些雇佣条款进行了调整①,但这些小恩小惠并未收到效果,公司一直没能从茶房和买办的困扰中解脱出来,直至1943年解散②。

综上所述,我们这项研究忠实地贯彻了二重证法在灰色文献研究中的应用原则,并且以崭新的视角发现了一些极有价值的新问题,挖掘出了单单依靠某一家公司档案容易被忽视的历史事件,得出了更有价值的研究结论。

(周森,西南大学教育学部博士研究生;

许小委,惠州学院马克思主义学院副院长)

---

① 太古洋行档案:John S. Swire Archives,伦敦大学亚非学院图书馆,英国伦敦,卷Ⅲ,4/27/1937。

② 同上注,卷Ⅲ,8/26/1938。

翁文灏与全面抗战时期的中苏贸易

杜　强

翁文灏(1889—1971),浙江宁波人,1912 年获比利时鲁汶大学地质学博士学位,是近代中国地质学、地理学奠基人之一。翁文灏是南京国民政府时期"学者从政"的代表人物之一,他谙熟工矿业,行政能力和外交能力出色,并怀着一颗爱国心从政为国效力,因此深得国民政府的信任和倚重,蒋介石曾说:"刘建群、钱昌照、俞大维、翁文灏、王陆一、罗贡华诸人,皆贤才也。而翁为最有阅历,尤绝有能力,可喜也。"[①]由于翁文灏能力出众,全面抗战爆发后不久,他被国民政府任命为经济部部长兼资源委员会主任,对内负责国内工矿业的管理与开发和内迁工厂的生产与管控,对外负责经办中国与美苏英法等大国的矿品贸易。翁文灏是战时"国民政府许多重要决策的参与者和执行人"。[②] 其中全面抗战时期的中苏贸易是他参与决策和负责执行的重大事件之一。

对苏农矿品交货合同拟定之前,由于两国在意识形态上存在巨大分歧,两国贸易并不顺畅,中国为获得援助只能委曲求全。日军的步步紧逼严重威胁了苏联的安全与利益,中苏两国在战略上存在着相互依存的关系,遂搁置意识形态上的分歧,在订立中苏

---

① 《蒋中正档案:事略稿本》第 15 册,台北 2006 年版,第 554—555 页。

② 李学通:《翁文灏年谱》,山东教育出版社 2005 年版,编写说明第 1 页。

《互不侵犯条约》之后,两国合作日渐增多,两国贸易迅速发展,总体上互利互惠的贸易一直持续到"二战"胜利结束。

截至目前,学界关于翁文灏研究主要集中于他的学者从政生涯、工业建国思想、矿产开采与管理等领域。① 即使涉及中苏贸易的研究也主要集中于 1949 年之后,只有少数学者关注 1949 年之前的中苏贸易②,而涉及翁文灏与全面抗战期的中苏贸易的研究,则鲜有学者问津。笔者拟以台北的相关档案资料为基础,扼要勾勒翁文灏与全面抗战时期的中苏贸易的关系,希望对抗日战争研究有所裨益。

一、对苏农矿交货合同拟定之前的中苏贸易

中苏签订互不侵犯条约后,苏联正式开始为中国提供贷款,中方以农矿产品抵偿,两国的战时贸易正式开启。1938 年 3 月,苏联为中国提供 5 000 万美元的贷款,中方以农矿产品折价偿还本息。据孔祥熙于 1938 年 6 月 27 日给蒋介石电报,可获悉中国已拨款 3 次,"第一批计价款 2 434 111 元(原文为汉字下同);第二批计 4 589 006.03 元;第三批计 4 026 000 元,共计 11 049 117.03 元"。中国用这三笔款子在国内购买"钨砂、锑、锡、锌等矿产品",然后分批运到香港"装船运至 Port Said 交由 Albion 转运苏联"。③ 另外,

① 相关研究有李学通:《翁文灏与玉门油矿开发中的政治权力》,《民国档案》2018 年第 3 期;陈谦平:《翁文灏与战时玉门油矿的开发》,《历史教学》(下半月)2016 年第 11 期;张浩:《翁文灏出任行政院长与国民党派系权力之争》,《首都师范大学学报》(社会科学版)2007 年第 1 期;李学通:《七七事变前国民政府的经济备战——以翁文灏为核心考察》,《抗日战争研究》2003 年第 1 期等。

② 相关研究有徐万民的《八年抗战时期的中苏贸易》,《近代史研究》1988 年第 6 期;李学通:《抗战时期中苏易货矿品探微》,《民国档案》2016 年第 4 期等。

③ 《孔祥熙呈对苏贸易情形》(1938 年 6 月 27 日),《中德及中苏易货(一)》(1937 年 8 月 12 日—1938 年 10 月 12 日),国民政府档案,档案号:200000000A/1150/5024.01-01/273/001115000A001。

根据贷款条约规定,这笔贷款"年利 3 厘。自一九三八年十月三十一起,五年内偿还。每年偿付 1 000 万元……上项借款由我国购运茶、丝、羊毛等农产品,钨、锑、锡等矿产品抵付,其运费亦由借款偿还额内拨付之。所运物品种类、数量,于每年初按照苏联相当机关之指示"。① 总体而言,苏联贷款的利息要低于同时期美国等国的贷款利息,比如"桐油借款"的利息为 4.5%。② 而且中国利用苏联贷款购回了大批军火,增强了中国军队的火力,大大削减了日军在战争最初几个月的火力优势。

　　但这时苏联也在两国贸易中多方责难中国。1938 年 2 月 27日,中国收到的《对苏交货合同实践状况的备忘录》中写满了苏联驻华大使卢干滋对中国的指责:茶,至本年(1939)二月二十四止,已交之货仅合合同规定"一百分之四十六半",次数实嫌不足;尤其注意者,绿茶砖系最重要部分,合同规定 11 070 吨,至今丝毫未交。其他各货,合同所定甘肃之羊毛 43 000 担,仅交 23 340 担;刚毛 75 吨,仅交 55 吨;羊皮 40 万张,仅交 336 100 张;牛皮 30 000张,仅交 26 000 余张。除了指责中国交货不足外,卢干滋认为中国"常做有系统的价目抬高。例如羊毛价目 200 元,香港仅市价135 元,诸如此类,不一而足"。③ 他还声称"贸委会去年十二月六日函,愿供给桐油 2 000 吨,十二日忽称仅能 1 000 吨,旋又称仅能供给 500 吨。俄方租船开到,忽又减少至 100 吨,经察存油足够,提出交涉,始允交货 300 吨",并认为贸易委员会不重视中苏贸易。

---

① 《翁文灏呈请中苏借款以农矿产品抵偿比例及办法》(1939 年 1 月 16 日),《战时外债清结》(1939 年 1 月 18 日—1948 年 11 月 1 日)国民政府档案,档案号:200000000A/ 0883/ 6364.01 - 01/ 219/ 001088300A001。

② 王建朗、曾景中:《中国近代通史》第九卷,凤凰传媒出版集团、江苏人民出版社 2009 年版,第 223 页。

③ 《陈布雷转呈苏联大使卢干滋对交货合同实践状况备忘录》(1939 年 3 月 2日),《矿业管理》(1939 年 3 月 2 日—1946 年 4 月 5 日)国民政府档案,档案号:200000000A/ 1131/ 1032.01 - 08/ 250/ 001113100A008。

同时,卢干滋对矿品交货也不满,说资源委员会"锡之交货状况,殊难满意",要求中国"(矿品)应偿之数似应酌加"。①

苏联的指责引起了中国高层的高度重视,积极派员核查苏方备忘录所诉内容的虚实。1939年3月6日,蒋介石要求行政院院长孔祥熙和经济部部长翁文灏核查此事,他要求"经贸、资源委员会切实核办,即与俄方商洽办理"。② 通过调查,中国发现苏联的指责多有不实之处,尤其是茶贸易。由于茶叶是两国贸易的大宗之一,因此中国作了详细调查。3月8日,贸易委员会副主任邹秉文向孔祥熙呈报了茶叶贸易的调查结果,"去年所定价值国币1 433余万元茶叶贸易合约,截至目前,已交红绿茶价已达国币1 201余万元。除砖茶2 995 000元外,红绿茶计超出价值,已在67万元以上"。③ 茶砖没能如约交货的原因是"汉市、羊楼峒两地相继失陷,致制造新砖茶计划无从进行",但是为了弥补汉市、羊楼峒两地交俄砖茶的损失,贸易委员会已经"设法向其他各省调查,俾便改制",何况"去年旧约制定青砖茶,老青茶洒面、洒底(制砖茶的原料)合计51 000余市担,价值144余万元,也已交与俄方矣"。④可见,中国只有砖茶未按期交货,原因是两国原先议定茶产地沦陷

---

① 《陈布雷转呈苏联大使卢干滋对苏交货合同实践状况备忘录》(1939年3月2日),《矿业管理》(1939年3月2日—1946年4月5日),国民政府档案,档案号:200000000A/1131/1032.01-08/250/001113100A008。

② 《蒋中正为卢大使对苏交货合同实践状况备忘录致孔祥熙翁文灏代电》(1939年3月6日),《矿业管理》(1939年3月2日至1946年4月5日),国民政府档案,档案号:200000000A/1131/1032.01-08/250/001113100A008。

③ 《邹秉文呈报办理二十七年度茶叶对俄易货情形》(1939年3月8日),《矿业管理》(1939年3月2日—1946年4月5日)国民政府档案,档案号:200000000A/1131/1032.01-08/250/001113100A008。

④ 《邹秉文呈报办理二十七年度茶叶对俄易货情形附件——本会办理二十七年度茶叶对俄易货情形节略》(1939年3月8日),《矿业管理》(1939年3月2日—1946年4月5日),国民政府档案,档案号:200000000A/1131/1032.01-08/250/001113100A008。

导致中国无法按计划制造砖茶,并非如卢干滋说的"不重视中苏贸易"那般。况且,中苏事先约定如遇到"人力不可抗"的因素时,中国可以适当更改交苏茶叶的数量,但真遇事时苏联却"视此条形同虚设"①。

中国还发现苏联不仅对产茶地斤斤计较,有时还忽视中国实际的产茶能力。1938 年,苏联向中国订了一批珍眉茶,起初其并未对茶产地提出要求,但交货时突然宣布只收安徽屯溪的珍眉茶。中国提出以"大批平水珍眉交于俄方,而俄方指定必须屯溪珍眉",苏联坚持不允,中国不得不将屯于香港的 86 000 箱屯溪珍眉中的 68 000 箱交给苏联。事实上,此前中国向苏联申明过"无论何种茶叶,为顾全欧美市场起见,我方需留到港半数与其他出口商",当时苏联表示"均能谅解此意",但具体执行时即不认账。如此一来,中国将本该销往欧美的 25 000 箱珍眉交给苏联的行径引发了欧美商人的责难,更严重的是中国因此失去了赚外汇的机会,如果这批珍眉"藉保原有市场,并以直接换取外汇",②这对亟需外汇购买战略物资的中国打击不小。苏联有时还不顾产茶地沦陷导致茶叶减产的事实,一味催中国交茶。本来"香港之茶全部几为英美市场所需要,且可直接换得外汇者。俄方要求远超我国所能供给之数",中国被迫把"茶末、湖红两项,我方已以到港之货全部交俄,而俄方仍不顾粤汉铁路断之事实,一味催交",结果"英美等国误认为我国

① 《邹秉文呈报办理二十七年度茶叶对俄易货情形附件二——本会办理二十八年度茶叶对俄易货新约谈判经过节略》(1939 年 3 月 8 日),《矿业管理》(1939 年 3 月 2 日—1946 年 4 月 5 日)国民政府档案,档案号:200000000A/1131/1032.01 - 08/250/001113100A008。

② 《邹秉文呈报办理二十七年度茶叶对俄易货情形附件一——本会办理二十七年度茶叶对俄易货情形节略》(1939 年 3 月 8 日),《矿业管理》(1939 年 3 月 2 日—1946 年 4 月 5 日),国民政府档案,档案号:200000000A/1131/ 1032.01 - 08/250/001113100A008。

厚苏联而薄英美之反感。"①

除此之外,苏联还不顾中国各地茶叶出产时间不一的情况,坚持按照自己规定的时间交茶。据邹秉文的调查,安徽屯溪珍眉、温州红茶、平水绿茶、湘红等各类茶叶的出产时间不一,中国据实计算出合理的交茶时间:"五月底温红可以到港;六月间闽红可以到港;平水、屯溪两路绿茶七月间可以到港;其他各路茶叶则因产区在内地,到港时期不能确定"。战事会阻断运茶道路,"(1937)去年一部湘红,因战事关系,最初运至桂林,现又转运金华,至今尚未到港"。可苏联坚持要求"自七月起,每月装船七万箱"。② 至于茶价,中国也一直处于吃亏状态,按照"过去三年平均市价酌加运费、保险等费,我方吃亏不少。本年运输成本增高,故茶价至少亦应照去年市价增加百分之二十,方不至过于亏蚀",而且苏联坚决不同意中国提出茶分"五等二十五级"、每级差价在 5—20 元之间的提议,坚持茶只分五级,每级差价 70 元,③这使在欧美、北非市场属于抢手货的中国茶到苏联手里却成了廉价品。茶贸易代表了当时中苏贸易的一般情况,足见中国吃亏不小。

面对苏联的各种责难,中国只能选择委曲求全。1938 年 9 月,苏联驻华大使向蒋介石申诉:中国利用美元法币的换算关系

---

① 《邹秉文呈报办理二十七年度茶叶对俄易货情形附件二——本会办理二十八年度茶叶对俄易货新约谈判经过节略》(1939 年 3 月 8 日),《矿业管理》(1939 年 3 月 2 日—1946 年 4 月 5 日),国民政府档案,档案号:200000000A/1131/1032.01 - 08/250/001113100A008。

② 《邹秉文呈报办理二十七年度茶叶对俄易货情形附件二——本会办理二十八年度茶叶对俄易货新约谈判经过节略》(1939 年 3 月 8 日),《矿业管理》(1939 年 3 月 2 日—1946 年 4 月 5 日)国民政府档案,档案号:200000000A/1131/1032.01 - 08/250/001113100A008。

③ 《邹秉文呈报办理二十七年度茶叶对俄易货情形附件二——本会办理二十八年度茶叶对俄易货新约谈判经过节略》(1939 年 3 月 8 日),《矿业管理》(1939 年 3 月 2 日至 1946 年 4 月 5 日)国民政府档案,档案号:200000000A/1131/1032.01 - 08/250/001113100A008。

抬高物价损害苏联利益。蒋介石随即电询孔祥熙,"据俄使称,关于华茶易货事,我方不能照契约履行(据说是美元与法币关系),未知究竟如何?"他特别提醒孔祥熙:"为外交关系,只可政府吃亏,免其藉口,务请从速解决为荷。"①显然,蒋介石是宁愿中国在贸易中吃亏,也不愿损害中苏邦交。6 天之后的 9 月 15 日,孔祥熙向蒋介石汇报:"所有已约定之货,俄方所出价格远低于我方购价,政府亏损颇巨,只求履行原约,并不计较,且于货运万分艰难之中,仍能源源运港,履行俄约,实已尽最大之努力⋯⋯至俄所成美金与法币关系一节,绝非事实,并祈鉴察。"②显然,为了能维护中苏邦交,中国只能委曲求全了。

中国之所以选择委曲求全,主要是考虑到自身的艰难处境,究查其原因主要有两点:

(一) 全面抗战爆发之初,只有苏联为中国提供了实质性帮助,中国利用苏联提供的低息贷款低价购回武器,据顾维钧回忆:"(孙科)从苏联获得了 1.6 亿卢布的新贷款,由于苏联给中国订货价格特别便宜,这笔贷款如果按国际价格算,实际上相当于 4 亿卢布。按此价格,装备 1 个中国师仅用中国货币 150 万元即可。"③相反,国民政府历来依倚重的美英未向中国伸出援手,所以中国宁愿在贸易中吃亏,也要珍视与苏联的关系。

当然,苏联也不是完全不能通融,有时在中国据理力争之下其会向中国道歉。如 1939 年 2 月 23 日,"俄方为争执等级来函责

<hr>

① 《蒋中正为对苏茶贸易货事致孔祥熙代电》(1938 年 9 月 9 日),《中德及中苏易货(一)》(1937 年 8 月 12 日—1938 年 10 月 12 日),国民政府档案,档案号:200000000A/1150/5024.01-01/273/001115000A001。

② 《孔祥熙电呈对苏华茶贸易货事》(1938 年 9 月 15 日)《中德及中苏易货(一)》(1937 年 8 月 12 日—1938 年 10 月 12 日),国民政府档案,档案号:200000000A/1150/5024.01-01/273/001115000A001。

③ 顾维钧:《顾维钧回忆录》第 3 册,中华书局 1985 年版,第 136 页。

难,措辞粗鲁,颇失理统,并将该函副本寄重庆,我方复函则仍心平气和,而于事理不稍示屈。俄方自觉失态,特与二十四日来函道歉"。①

(二)客观上讲,除了意识形态上的巨大分歧造成两国不能完全相互信任是苏联在贸易中为难中国的主要原因外,还有一个重要因素则是此时的贸易合同存在漏洞,使苏联可以按照自己的意志向中国索要农矿产品或压价,如合同未明确规定农矿产品的交货比例,苏联可以随意压低自己不是非常需要的农矿产品的价格。因此,要避免中国在贸易中损失过大,除加强两国政治、外交合作外,制定一个合理、细致地对苏交货合同显得尤为迫切了。值此国家需要之际,翁文灏担起了战时中苏贸易之大宗——矿产品贸易合同的拟定、矿产品易货还款和交货的重任。

二、拟定历年对苏矿产品交货合同

在拟定对苏矿产品交货合同之前,翁文灏向蒋介石提出了农矿各半的交货比例的建议。中国获得第一笔贷款后,中国需每年还苏联本金 1 000 万美元,苏联希望中国每年以价值 1 000 万美元的矿产品抵偿贷款,即"钨、锑各 5 000 吨,锡 4 000 吨,锌 2 000吨",其希望中国尽量用矿产品抵还贷款。对此,翁文灏表示不同意。1939 年 1 月 16 日,他向蒋介石提出:"矿产品应占还借款半数或三分之二。"首先,他深知中国运输能力有限,"粤南事变发生以后,各项矿产均需绕道,经由广州湾或海防出口,途远费增",而

① 《邹秉文呈报办理二十七年度茶叶对俄易货情形附件———本会办理二十七年度茶叶对俄易货情形节略》(1939 年 3 月 8 日),《矿业管理》(1939 年 3 月 2 日—1946年 4 月 5 日),国民政府档案,档案号:200000000A/1131/1032.01－08/250/001113100A008。

且"运输不能畅通,生产势将停滞,供给亦难继续",①何况中央政府并不能掌握所有矿产资源,比如中央需要与"云南王"龙云商量后才能获得滇锡。另外,翁文灏认为应当留存大量矿产品销往美英换外汇,或等国际形势有变后可作为从美英贷款的抵偿物。历史证明,翁文灏是正确的。蒋介石非常认可他的提议,"希将该案详情径行另报,商陈决定可也"。② 历史地讲,蒋介石将拟合同的重任付与翁文灏,根本原因是翁文灏为当时国民政府内少有的同时兼备外交能力和矿业专业知识的人才,能解决当时其他人所不能解决的问题,正如马建标说的:"翁文灏及其带领的'学者从政'的团队,解决了以蒋介石为首的四大家族不能解决的问题。"(指对外矿品易货贸易)③

随后,翁文灏拟写了第一年对苏矿产品交货合同草案,此案成了日后对苏矿产品交货合同的蓝本。1939 年 3 月 13 日,翁文灏向蒋介石呈交了合同草案。具体而言,本着农矿品并重的原则,翁文灏与孔祥熙商定"运苏偿还借款货物,矿产土产各占半数"。关于第一交货年需要运苏矿品的种类、纯度和验交货地点,翁文灏拟于 1939 年 2 月—10 月 30 日④,中国交苏纯度在 65% 以上的钨砂 2 000 吨,纯度为 98%—99% 的纯锑、70% 的生锑、96% 的锑养共 3 000 吨,纯度为 98%—99% 的锡 2 000 吨,其中纯度为 98% 的锡

---

① 《翁文灏呈请中苏借款以农矿产品抵偿比例及办法》(1939 年 1 月 16 日),《战时外债清结》(1939 年 1 月 18 日—1948 年 11 月 1 日),国民政府档案,档案号: 200000000A/0883/6364.01 - 01/219/001088300A001。

② 《蒋中正为中苏借款农矿产品抵偿方法致翁文灏代电》(1939 年 1 月 20 日),《战时外债清结》(1939 年 1 月 18 日—1948 年 11 月 1 日),国民政府档案,档案号: 200000000A/0883/6364.01 - 01/219/001088300A001。

③ 此语系复旦大学的马建标在上海师范大学等主办的《从"抗战"到'二战'——纪念第二次世界大战爆发八十周年学术研讨会》上的讲话。

④ 说明:第一年应交苏的部分矿产品已于 1938 年 11 月—1939 年 1 月交给苏联,剩余的部分于 1939 年 2 月—10 月 30 日分期交给苏联。

需经过双方商议无疑义后方能交货。为了避免再出现因战事等不可抗拒因素而造成中国不能按期足量交货，苏联责难中国的情况，翁文灏在合同中写道："因特殊情形无法如数交足时，得经双方同意酌量变更之。"关于交货地点，翁文灏认为应在"苏联口岸或者其他双方同意之口岸"，且苏联应在矿产品到达交货口岸后的两周内将"数量及品质详情向甲方(中国)提出证明"。关于矿产品价格和运费，翁文灏拟"按照提单签发日之伦敦市价计算之"，实际价格应"系将伦敦市价除去运费、保险费及其他有关运输之正当费用。该项费用应该按现行国际通用利率为准"，以上费用均以美元计算。翁文灏参照伦敦市价(国际价)和以美元计算所有费用既能使苏联接受，又使其不能再随意压价。而运费"由甲方垫付，但归乙方(苏联)负担"①，既保障了矿品能及时启运，又维护了中国的利益。

蒋介石和孔祥熙均认可翁文灏拟的合同。5天后，蒋介石电复翁文灏："孔院长核准施行可也。"②4月10日，孔祥熙电呈蒋介石："已饬贸易委员会、资源委员会分别供给农矿产品各半数抵付。"③至此，中国高层对合同内容基本达成一致。尽管苏联一直希望中国多以矿产品抵偿贷款，但中国高层多次向苏联陈述中国的困境，同时苏联也确实需要中国特产桐油及茶叶、羊毛、猪鬃等农产品，何况其1938年在原则上同意了中国以农矿产品抵债。经斡旋，苏联同意了中国拟的合同草案。1939年7月1日，孔祥熙"请苏

---

① 《翁文灏电呈资源委员会经办第一年对苏矿产品交货合同草案》(1939年3月13日)，《矿业管理》(1939年3月2日—1946年4月5日)，国民政府档案，档案号：200000000A/1131/1032.01-08/250/001113100A008。

② 《蒋中正为对苏交货合同草案致翁文灏代电》(1939年3月18日)，《矿业管理(八)》(1939年3月2日—1946年4月5日)，国民政府档案，档案号：200000000A/1131/1032.01-08/250/001113100A008。

③ 《孔祥熙电呈办理对苏交货合同及农矿产品交货情形》(1939年4月10日)，《矿业管理》(1939年3月2日—1946年4月5日)，国民政府档案，档案号：200000000A/1131/1032.01-08/250/001113100A008。

联代办等晚餐,蒋(介石)参加并致词,欢迎合作及庆商约成功。"①

　　总体而言,翁文灏拟的合同草案非常出色。首先,合同草案规定农矿各半的交货对中国很有利;其次,草案对矿产品纯度、检验方法均有具体规定。由于翁文灏是当时中国少有的既谙熟矿业又通晓国际贸易的难得人才,因此他拟的合同草案,蒋介石等中国高层领导人都会采纳,所以此草案成了日后对苏矿产品交货合同的蓝本,后续几年的合同虽有改动,但均是朝着更细致更有利于中国的方向修改。而且,矿产品交货合同草案对贸易委员会拟定农产品交货合同也很有参照价值,首先,其明确规定农矿各半,苏方无法再因想多要矿品而拒农产品。其次,贸易委员会参照矿产品交货按国际价格为农产品定价,虽然苏联仅同意桐油、生丝、猪鬃及山羊皮参照国际价格,但较此前的农产品交货已是一大进步。

　　但此合同草案亦存在明显的缺陷。(一)翁文灏提出"因特殊情形无法如数交足时,得经双方同意酌量变更之",事实上苏联很难通融。(二)草案虽对矿产品纯度有规定可未讲明矿产品实际纯度低于合同时该如何计价,这留给了苏联大幅压价的机会。(三)草案未注明每批矿产品的交货量,结果苏联要求中国每月按平均数交货,当交通条件允许时尚可,不然则很困难。(四)草案没有要求苏联不能把矿产品卖给第三方,因为苏联有可能把从中国低价购买的矿产品高价卖给美英,进而影响中国矿产品在英美市场的销售。

　　翁文灏在拟第二年(1939 年 10 月 31 日—1940 年 10 月 30日)的合同时针对之前合同存在的不足进行了修改。翁文灏首先要求苏联"应允绝不将我方供给之矿产品在市场销售",避免中国销美英的矿产品因此受损。另外,翁文灏发现因不可抗拒因素而造成中国不能按期足额交货时,依然会被苏联所责难,于是在第二

---

① 李学通、刘萍、翁心钧整理:《翁文灏日记》(上册),1939 年 7 月 1 日,中华书局2014 年版,第 360 页。

年的合同中他把前一年合同中定的"如遇运输关系,不能如数按时交货时,得经双方同意酌量变更之"修改为"如因运输及其他关系,不能如数按时交货时,甲方得自行酌量变更之",这一改使中国掌握了主动权。① 蒋介石和孔祥熙很快批准了新合同,苏联也在中国据理力争之下同意修改合同。

翁文灏在第三年的合同中制定了矿产品折价办法,修改了运费支付办法和交货价格参考标准。翁文灏发现,若中国所交矿产品的实际纯度低于合同规定时,苏联会借机大幅压价。针对此问题,他在第三年的合同中制定了折价办法:关于钨,当钨养纯度在"65%以下至60%,每度扣三便士,60%以下至55%,每度扣六便士";当钨矿中"锡质成分超过1.5%但不超过1.6%时,乙方应照常接受超过1.6%,每超过0.1%,甲方让乙方二便士";当砷质成分超过"0.2%至0.25%扣三便士,0.25%至0.3%扣六便士,0.3%至0.7%扣九便士,超过0.7%,每超出0.5或其一部分,加扣三便士";同时,为了维护中国的信誉和照顾苏联的情绪,他还表示:"如果钨成分低于55%或砷质成分高于0.2%,乙方得拒绝收受或另定折扣办法"。关于锑,他提出纯度为98%的锑参照纯度为99%的锑价,但"每长吨扣三十五先令计算,锑养照99%价八五折计算,生锑照纽约市价减去进口税计算"。至于锡,他认为纯度为99%的锡应"照 The Journal of Commerce New York 或 American Metal Market 所载之纽约市价,每长吨减20英镑计算,纯度为98%的减25英镑,"而纯度为99%和98%的国产锡,"除照上项办法扣减外,因成色关系,每长吨需加扣五镑"。另外,翁文灏还重新制定了运费支付办法,"运往猩猩峡交货之一切运输费用,由甲方负担。但由猩

---

① 《翁文灏电呈资源委员会经办第二年对苏矿产品交货合同草案》(1939年7月12日),《矿业管理》(1939年3月2日—1946年4月5日),国民政府档案,档案号:200000000A/1131/1032.01-08/250/001113100A008。

猩峡之运输由乙方自理,并由乙方自任运费"。① 除了修改上述两项外,翁文灏认为欧战爆发造成了伦敦金融市场不稳定,所以矿产品的交货价格应由参照伦敦价改为参照纽约价,即使以英镑计价的矿品也"应按照提单签发日 The Journal of Commerce 所载之纽约收盘汇率,折成美金"。由于翁文灏制定折价规则,修改运费支付办法和交货价格参考标准等均是参照当时国际市场行情,既可维护中国利益,又能考虑对方利益,因此苏联也不好拒绝只得接受新合同。

第四年的合同在第三年的基础上稍有改动。苏联对中国交的钨砂含有砒成分表示不满。对此,翁文灏采取以钨砂含砒成分的多寡决定钨价的办法解决了此问题,即每吨钨砂含砒质成分"超过 0.2％ 至 0.25％ 扣三便士,0.25％ 至 0.3％ 扣六便士,0.3％ 至 0.7％ 扣九便士"。此年,翁文灏再次修改了交货矿产品价格的参照标准,锡由英镑计价改为以美元计价,即纯度在"99.80％ 或 99.80％ 以上者照每磅美金 0.52 元计算,99.75％ 至 99.79％ 照每磅美金 0.516 25 元计算,99％ 及 99.74％ 照每磅美金 0.511 25 元计算,99％ 以下者照美金 0.51 元",②进一步避免了因伦敦金融市场不稳而给两国带来不必要的损失。

第五年的合同提高了矿产品交货价格,修改了化验程序和运费价格。太平洋战争爆发后,美国对中国的钨、锑需求大增,如 1942 年美国希望中国"本年内运美钨、锑各二万吨"。美国表示愿意以现金支付矿产品总价的 75％,只要求总价 25％ 用于偿美债。对于中国而言,这无疑是一个提高矿价的好机会。鉴于此,翁文灏要求"美方加价",此时亟需中国矿品的美国对此表示赞同。由于

---

① 《翁文灏电呈资委会经办第三年对苏矿产品交货合同》(1940 年 11 月 25 日),《矿业管理》(1939 年 3 月 2 日—1946 年 4 月 5 日),国民政府档案,档案号:200000000A/1131/1032.01 - 08/250/001113100A008。

② 《翁文灏电呈资委会经办第四年对苏矿产品交货合同》,《矿业管理》(1939 年 3 月 2 日—1946 年 4 月 5 日),国民政府档案,档案号:200000000A/1131/1032.01 - 08/250/001113100A008。

中苏矿品贸易参照以纽约收盘价为准的国际市场价,按国际贸易惯例,如果交美矿产品加价,那么运苏矿产品同样要提价。所以,翁文灏认为第五年运苏的矿产品应"比照美国政府较优价格,商定交上年加以提高",苏联只得同意每磅锡在第四年的基础上提价 1 美分,如纯度为 99.80% 以上的锡由每磅 0.52 美元提至 0.53 美元。前四年,合同都规定矿产品纯度要在货物到港口后的两周内由苏联化验完毕并书面通知中国,但苏联总不能及时践约,造成部分中方人员滞留在港口,因此翁文灏决定改"由甲方出具化验单。如乙方于交货两个月内不提出书面异议,即以该项化验单为最后标准",以此提高办事效率。第五年合同还对运费做了修改,之前是中苏各自承担本国路段的运费,但战事阻断由东南亚出海口运苏海运路线,这让出产于中国西南的部分矿产品不得不运到道艰途远的新疆猩猩峡、哈密交货,而且运费也因此陡增。对此,翁文灏要求从重庆、昆明运往猩猩峡的锡、汞除要在第四年矿产品交货价的基础上,每吨每千米加收美元 1 角的运费。如从昆明运往猩猩峡的锡"均另加昆明至猩猩峡(4 071 公里)间之运费,照每吨公里美金一角计算"[1],这笔钱由中国垫付,但要记到苏联账上。第五年合同的签订,中苏战时交货合同基本定型。历史地讲,翁文灏当初让中国存储大量矿产品以备国际局势变动时可销往欧美直接换外汇是非常明智的选择,如 1942 年,中国可为美国提供 1.5 万吨钨砂[2],这为中国挣了大量外汇,可以直接购买战略物资。翁文灏根据国际局势变化,朝着对中国有利的方向修改合同,体现了他卓

① 《翁文灏呈资委会经办第五年对苏矿产品交货合同草案》(1942 年 11 月 30 日),《矿业管理(八)》(1939 年 3 月 2 日—1946 年 4 月 5 日),国民政府档案,档案号:200000000A/1131/1032.01－08/250/001113100A008。

② 《翁文灏电呈美国欲增加运美钨砂至二万吨情形》(1942 年 1 月 10 日),《矿业管理(二)》(1940 年 6 月 17 日—1942 年 8 月 2 日)国民政府档案,档案号:200000000A/1131/1032.01－02/244/001113100A002。

越的外交才能和应变能力。

第六、第七两年的合同大体与第五年的合同一致,只是随战局变化变更交货地点。第八年的合同签订于抗战胜利后,与战时相比最大的变化是交货地点不再局限于猩猩峡、昆明等地,而是上海、香港、广州、海防及其他双方同意的口岸均可。[1] 由上可知,翁文灏每次修改交货合同都是朝着对中国有利的方向发展但又不损害苏联的基本利益;他参照国际惯例,有礼有节地拟定合同,深得中国政府信赖和倚重,而且从翁文灏拟的合同每次都被对方接受的情况可以看出苏联对他的信任。合同拟定之后,无论是办理对苏还款业务,还是经办对苏交货任务都有章可依了。

三、经办对苏矿品易货还款业务

全面抗战时期中国从苏联共获贷了 3 笔贷款。第一笔借款获贷于 1938 年 3 月,金额为 5 000 万美元,年息 3 厘。但中国实际上从 1937 年 11 月即开始动用第一笔贷款了,两国商定中国以农矿产品偿还本息,1937 年只付息不还本,从 1938 年 10 月 31 日—1943 年 10 月 30 日的 5 年内,中国每年向苏联偿还价值 1 000 万美元的农矿产品(不含利息,下同)。第二笔借款中国获贷于 1938 年 6 月,实际动用于 1938 年 7 月 1 日,金额与利息与第一笔相同。1938 年与 1939 年两年只付息不还本,从 1940 年 7 月 1 日—1945 年 6 月 30 日的 5 年内,中国每年需向苏联支付价值 1 000 万美元的农矿产品。[2]

---

① 《翁文灏呈送资委会经办第八年对苏矿产品交货第二合同》(1946 年 3 月 27 日),《矿业管理(八)》(1939 年 3 月 2 日—1946 年 4 月 5 日),国民政府档案,档案号:200000000A／1131／1032.01－08／250／001113100A008。

② 《凌冰签报苏方交货结算概况及农产品交涉经过》(1942 年 1 月 20 日),《中德及中苏易货(二)》(1938 年 10 月 2 日—1945 年 9 月 22 日),国民政府档案,档案号:200000000A／1150／5024.01－02／274／001115000A002。

　　翁文灏深知能否按期还款关系到中国的债信。为此,自1938年始,翁文灏即积极经办矿品偿还苏债业务。由于全面抗战爆发后中国主要交通线和港口大多陷于敌手,苏联需求的矿产品大多产于交通闭塞的西南地区,所以把矿产品安全交给苏联绝非易事。如1940年6月—1942年12月,翁文灏为按约把滇锡、滇锑交给苏联,在中国无法一次凑齐矿产品和无法集中交货的情况下,他只能命令资源委员会把其中的3批从云南运到香港交给苏联,7批从云南由国际公路运到缅甸仰光后交苏,1批直接从昆明空运到苏联。从每次成交量可知对苏交货的难度,在这两年半内的11次交货中,最多一次是1941年4月19日的仰光滇锑交货,为1 360.334 0吨,最少的一次是1940年6月19日的香港滇锡交货,仅有0.004 2吨。可见,翁文灏为偿还苏债是极尽其所能。尽管交苏矿产品筹集与运输均很困难,但翁文灏总能克服千难万险按期交货,前5年中国交苏矿产品的实际交货值均超过应交之数,维护了中国的债信。

　　下面为1938—1943年翁文灏经办的中国对苏前两笔矿产品易货还款业务的统计情况:

1938—1943年中国对苏前两笔矿产品易货还款情况统计表(单位:美元)

还款年份	应交矿品价值(含利息)	实交矿产品价值	结　余	备　注
1938—1939	6 942 400.30	7 536 703.93	594 303.93	经中苏两国商定每年的结余款将移作下一年还款的一部分
1939—1940	8 016 666.00	8 531 393.67	514 727.67	
1940—1941	11 865 000.00	12 068 997.52	203 997.52	
1941—1942	115 627 976	11 691 729.31	128 753.31	
1942—1943	12 003 313.68	12 068 703.44	65 389.76	

　　资料来源:《翁文灏电呈对苏易货第一第二还款年度还款情形》(1943年5月6日)、《翁文灏电呈对苏易货第四年还款情形》(1944年8月8日)、《翁文灏电呈对苏易货第五年还款年度还款情形》(1944年12月18日),陈谦平编:《翁文灏与抗战档案史料汇编》下册,社会科学文献出版社2017年版,第494—495、500—501、501页。

据上表和周象贤的报告可知:"民国三十三年以前,资源委员会历年所交矿产品数值均足应偿债额,且有溢出者。"不过,由于苏联的延宕导致中国不能按期还完第二笔欠款。1944年,中国欠了苏联价值约500万美元的矿产品和1705万美元的农产品,主要是因为苏联本该于1941年7月递交的"认偿债务书"延宕至1944年1月才交给中国,造成中国"债款积累"。① 经外交部斡旋,双方达成谅解,中国补交了矿产品。最终,翁文灏基本如约完成前两笔矿品易货还款业务。

相比于前两笔贷款,第三笔借款的贷与还都遇到了不小的阻力。第三笔借款获贷于1939年6月,贷款额度1.5亿美元,利息仍为3厘,中国实际动用于1939年10月1日。1940年和1942年中国只还已动用部分借款的利息,从1942年7月1日至1952年6月30日的10年内,中国每年需交给苏联价值1500万美元的农矿产品。但苏德战争爆发后,苏联自身亦需要大量军事物资和外汇,所以第三笔贷款中国实际只争取到了7317余万美元。②

中苏就这笔借款的还款也发生了争议。两国最初商定,中国从1942年7月开始偿还第三笔贷款的本金,但是战争加剧了两国的经济困难。苏联希望"本年内(1944),将一九四二至今两年应偿之本息,一次补付",而且苏联"因作战关系,需钨至为急切,甚盼资委会方面能提前偿还矿产品部分之债"。中国的情况也不容乐观,1942—1944年,灾荒、通货膨胀、国土沦陷加剧了国统区的经济与交通困难,尤其是豫湘桂战役后国统区的危机愈加严重。所以翁文灏希望将此次借款的偿还本金的起始年推迟至1944年7月,他

① 《周象贤报告中苏易货偿债办理情形》(1945年2月19日),《矿业管理(八)》(1939年3月2日—1946年4月5日),国民政府档案,档案号:200000000A/1131/1032.01-08/250/001113100A008。

② 王建朗、曾景中:《中国近代通史》,凤凰传媒出版集团、江苏人民出版社2009年版,第179—181页。

承诺中国会在第二还款年内(1945年)偿还之前积欠的本金500万美元。1942年6月,翁文灏在对外贸易委员会与苏联反复磋商此事时,向苏联表示:"本年十月底前增交钨砂一千吨,作为偿还第三次借款一部分之本息。"①这虽与苏联要求的3 000吨钨砂相去甚远,但其考虑到中国的债信一向良好,同时也为反法西斯大局计而"函复同意"。② 抗战胜利后不久的1945年9月,翁文灏电呈蒋介石:"对苏债款未经还清以前,自以依约交货偿债为第一要义。"他主张"多余之农产品,除对美、对欧等国出口外,对苏贸易实应一并看重。"他还认为"苏方既愿以易货方式恢复贸易,则互通有无乃国之常情"③,希望中苏两国在战后继续保持友好合作。

四、办理对苏矿产品的交货业务

中国成功把矿品交给苏联是完成中苏矿产品贸易的关键步骤。全面抗战时期,国民政府要求经济部部长兼资源委员会主任翁文灏负责办理对苏矿产品交货业务。

对苏矿产品交货主要面临两大困难。

(一) 中国政府采购矿产品困难

由于矿产品产地分散、出产时间不同而导致政府购买困难。全面抗战时期中国交运美英苏等国的钨、锡、锑、汞、铋等矿产品需

---

① 《翁文灏呈报与苏方洽商中苏第三次借款偿付本息办法》(1944年6月28日),陈谦平编:《翁文灏与抗战档案史料汇编》(下册),社会科学文献出版社2017年版,第499—500页。

② 《翁文灏呈报与苏联洽商中苏第三次借款偿付本息办法》(1944年6月28日),《矿业管理(八)》(1939年3月2日—1946年4月5日),国民政府档案,档案号:200000000A/1131/1032.01-08/250/001113100A008。

③ 《翁文灏呈与苏联商务代表洽谈中苏易货及贸易之意见》(1945年9月6日),《中德及中苏易货(二)》(1938年10月2日—1945年9月22日),国民政府档案,档案号:200000000A/1150/5024.01-02/274/001115000A002。

要分别到江西、湖南、广西、广东、云南、湖南等省购买。如 1940 年国民政府需要在数省才能凑齐交运各国的总量为 13 560 吨的钨砂,其中江西 8 800 吨、湖南 1 760 吨、广西 770 吨、广东 1 870 吨、云南 360 吨①,而且各省产能不一,矿产品出产时间不同,政府很难在短期内集中购齐。另外,一些省份的地方势力为了牟利,有意抬高矿产品价格而造成同一种矿产品在不同省份的定价不相同,这限制了中央政府的购买力。如 1940 年,江西、广东、湖南、广西每吨钨砂价在法币 2 600—3 800 元,而云南的钨砂却高达每吨法币 10 080 元;湖南产纯锡每吨仅法币 780 元,广西产纯锡却要价每吨法币 8 400 元,②但为凑足交货量,中央政府不得不高价从地方购买部分矿品。

(二)中国运输能力有限

政府购得矿产品后,必须将其运到昆明、桂林、重庆等地后,才能通过空运、陆运运往香港、仰光、海防、猩猩峡、霍尔果斯等地交给苏联。当时中国既无法建构完备的水陆空交通网,又无生产飞机、汽车等交通工具的能力,交通工具损失后还无法及时补充。何况当时中国的主要交通线、机场、港口大部分被日军占领,英国还关闭过滇缅公路,所以中国把交苏矿产品从出产地大西南运到缅甸的仰光、大西北的猩猩峡、哈密等地的困难程度可想而知。

既然中国无法集中购买、运输交苏矿产品,翁文灏只能选择"蚂蚁搬家"式的分批购买、交货的策略。从 1938 年开始,中国采取每年分多次到矿产区购货,然后分批运到中苏两国洽定的交货地点。

下面为昆明交苏第 41—50 批矿产品交货清单:

---

① 李学通、刘萍、翁心钧整理:《翁文灏日记》(下册),1941 年 1 月 26 日,中华书局 2014 年版,第 618 页。

② 李学通、刘萍、翁心钧整理:《翁文灏日记》(下册),1941 年 1 月 26 日,中华书局 2014 年版,第 619 页。

昆明交苏第 41—50 批矿产品交货情况表

批 次	矿产品种类	数量(吨)	交货日期(年／月／日)
41	滇锡	252.794 1	1943.4.27—4.30
42	滇锡	454.397 8	1943.5.1—5.22
43	滇锡	204.962 5	1943.6.26—6.30
44	黔汞	2.413 2	1943.7.7
45	滇锡	378.014 0	1943.7.1—7.27
46	黔汞	20.615 5	1943.7.31
47	黔汞	1.379 0	1943.8.19
48	黔汞	17.995 4	1943.9.16
49	赣钨	602.005 1	1943.11.5—11.24
50	粤钨	150.521 3	1943.11.15—11.22

资料来源:《翁文灏电呈资委会经办运苏易货矿产品昆明方面第四十一至六十一批及西北方面交货暨收支情形》(1944 年 12 月 7 日),陈谦平编:《翁文灏与抗战档案史料汇编》(下册),社会科学文献出版社 2017 年版,第 533 页。

　　据上表可知,昆明每批的交货量在 1 吨余至 400 余吨不等。西北猩猩峡、哈密等地每批的交货量与昆明每批的交货量大致相同。如西北交苏第 19 至 33 批矿产品中,量最大的是 1943 年 8 月 2 日—29 日第 21 批的赣钨交货,为 420.018 3 吨;量最小的是第 32 批的湘钨交货,为 5.886 1 吨。[①] 事实上,全面抗战时期中国对苏矿产品单次最大交货量也只有 1 000 余吨,单次最小交货量仅有 0.004 2 吨。即使是分批小量运输也绝非易事,尤其是太平洋战争爆发后交通运输成为"第一个严重问题,厥为矿产品输出通路问题,港仰相继失陷,本会矿产品,已无出海之途径。西北陆运路线,

────────

　　① 《翁文灏电呈资委会经办运苏易货矿品昆明方面第四十一至六十一批及西北方面交货暨收支情形》(1944 年 12 月 7 日),陈谦平编:《翁文灏与抗战档案史料汇编》(下册),社会科学文献出版社 2017 年版,第 533 页。

虽照常维持,唯仅供对苏运输,且该路线路途遥远,运量有限",而且"抗战以来,矿产品输出路线数度更易,运输通路愈难,费用愈巨……滇越路线断绝后,不久锡钨改在昆明空运交货,锑产地远在湘省,其国际市价较钨锡低廉四五倍,如以此作价,其所得货款,尚不足以桂昆运费。西北路线运费更巨"。① 对苏矿产品交货的确困难重重,从大西南到大西北,即使汽车不出故障运输人员不伤亡,算上交货时间,往返一趟即需数月之久,艰难程度可见一斑。姑且不论把矿产品从大西南运往大西北等交货地有多艰难,单从矿产地将矿产品运到昆明、重庆等运输集散地亦须克服千难万险。大西南的地形是运矿的最大障碍,这里崇山峻岭、江河纵横、公路通车里程短,在交通阻遏和汽车运力不足的情况下,翁文灏与资源委员会只能动用人力、畜力一点一滴源源不断地运矿产品,途中还饱尝日军空袭之苦。但在如此艰难的条件下翁文灏基本能如约交货,甚至提前交货。如 1943—1944 年,翁文灏领导资源委员会做到了"本年年度内应交苏钨砂为 4 500 吨,经督饬赶运赶交,已于本年(1943)十二月八日先期交足,克维债信。"②据载,1938—1945年,在翁文灏的主持下,资源委员会共向苏联提交了钨砂 30 415.886吨、锑 9 733.8 吨、锡 1 042.830 4 吨、汞 559.933 吨、铋 23.445 9 吨。③

除了每年的常规交货外,翁文灏还尝试在交战区临时交货,以此将苏联卷入中日战争,进而借助于苏联的力量遏制日军。由于太平战争初期英美军队节节败退导致中国储存于香港的钨

---

① 孟宪章主编:《中苏贸易史资料》,中国对外经济贸易出版社 1991 版,第 481、482 页。

② 《翁文灏呈报一九四三年至一九四四年度对苏应交钨已如数交足》(1944 年 11月 6 日),《矿业管理》(七)(1941 年 10 月 8 日—1942 年 4 月 19 日),国民政府档案,档案号:200000000A/1131/1032.01－07/249/001113100A007。

③ 孟宪章主编:《中苏贸易史资料》,中国对外经济贸易出版社 1991 版,第 489页。数据是笔者根据《1937—1947 年中国对苏输出矿产品数量统计表》计算得来。

砂 300 吨、锡 130 吨、锑 20 吨和铋 5 吨可能落入日军之手。为此,翁文灏"为防该项矿品万一落入敌手起见,经与苏联驻渝商务代表迭次磋商,请其代为托管,设法运出",希望矿产品免受损失的同时借助于苏联之力遏制日军,更希望通过此事加剧苏日矛盾从而实现中国政府一直祈盼看到的苏联直接参加对日作战的结果。为达目的,蒋介石在重庆与苏联商务代表多次洽谈此事配合翁文灏。在中国高层的努力争取之下,苏联"谓目前尚有苏轮在香港修理,拟暂存该轮,将来伺机运出"。[①] 然而,苏联出于自身安全计,不愿为了中国直接开罪气焰正盛的日本,最终以"未接驻渝代表之命令为词,拒绝接收"。[②] 尽管翁文灏迭次承诺"所有因不可抗拒力而生损失,苏方不负责任"[③],可苏联始终不为所动。虽然翁文灏的临时交货计划失败了,但他在英美无法制止日本侵略的情况下,企图在交战区拉苏联助力中国抗战的做法还是值得肯定的。

五、中苏贸易中翁文灏的局限

通过本文前几部分可知,翁文灏在全面抗战时期的中苏贸易中,经他手拟的合同和经办的还款、交货业务深受中苏两国政府信任,功绩卓著,正如陈谦平说的"兢兢业业服务于战时经济与国防

---

① 《翁文灏电呈与苏联商务代表洽商由苏方接管存港矿产品事宜》(1941 年 12 月 13 日),《矿业管理》(七)(1941 年 10 月 8 日—1942 年 4 月 19 日),国民政府档案,档案号:200000000A/1131/1032.01-07/249/001113100A007。

② 《翁文灏等呈报存港矿品全部陷敌情形》(1942 年 4 月 28 日),陈谦平编:《翁文灏与抗战档案史料汇编》(下册),社会科学文献出版社 2017 年版,第 515—516 页。

③ 《翁文灏电呈与苏联商务代表洽商由苏方接管存港矿产品事宜》(1941 年 12 月 13 日),《矿业管理》(七)(1941 年 10 月 8 日—1942 年 4 月 19 日),国民政府档案,档案号:200000000A/1131/1032.01-07/249/001113100A007。

建设事业而功勋卓越"①。但是在特定的历史条件下，任何人都会存在一定的局限性，翁文灏也不例外，主要体现在以下两个方面。

（一）受制于意识形态，办理战时对外贸易时，翁文灏有亲美疏苏的倾向。尽管中苏两国在意识形态上存在巨大分歧，但共同抗日使原本不睦的两国走向合作。受制于意识形态，即使中国有能力满足苏联的矿产品需求的情况下，其仍对中苏贸易持保留态度。1939 年，苏联希望中国每年供给"钨锑各五千吨，锡四千吨，锌二千吨，盼我方尽量供给"。② 1938 年中国主要矿产品的年产量大致为：钨 12 000 吨、生纯锑计约 15 000 吨、锡约 10 000 吨③，1941 年，钨约 14 800 吨、纯锑约 7 200 吨、锡约 15 000 吨④，而且全面抗战时期主要矿产品的年产量总体呈上涨趋势，可见中国有能力满足苏联的需求。但翁文灏每年允诺苏的矿产品数量总低于苏联的需求，这固然与运输条件有关，另一大原因是他打算留存矿产品以备美国的需求，如 1942 年中国允了美国钨砂 1.5 万吨。⑤ 当时中国销矿至美国确实可直接换取外汇且美国开出的条件也较苏联优厚，但是意识形态上的巨大分歧使中国始终视美英为真正盟友，对苏联持不完全信任的态度。尤其是太平洋战争爆发使美国走上大力援华之路后，中国会尽量满足美国除了正常还债之外的

① 陈谦平：《铁骨铮言公忠报国——翁文灏与抗战》（代序），《翁文灏与抗战档案史料汇编》，社会科学文献出版社 2017 年版，第 31 页。

② 《蒋中正为中苏借款农矿产品抵偿方法致翁文灏代电》(1939 年 1 月 20 日)，《战时外债清结》(1939 年 1 月 18 日—1948 年 11 月 1 日)，国民政府档案，档案号：200000000A/0883/6364.01-01/219/001088300A001。

③ 李学通、刘萍、翁心钧整理：《翁文灏日记》(上册)，1938 年 9 月 23 日，中华书局 2014 年版，第 280—281 页。

④ 李学通、刘萍、翁心钧整理：《翁文灏日记》(下册)，1941 年 1 月 26 日，中华书局 2014 年版，第 618 页。

⑤ 《翁文灏电呈美国欲增加运美钨砂至二万吨情形》(1942 年 1 月 10 日)，《矿业管理》(二)(1940 年 6 月 17 日—1942 年 8 月 2 日)国民政府档案，档案号：200000000A/1131/1032.01-02/244/001113100A002。

交矿要求,而对苏联仅是部分满足,前文提及的,1942 时对苏美临时交货便是明证,苏联需加运钨砂 3 000 吨,翁文灏只允诺了 1 000 吨,美国需要加运钨砂 2 万吨,结果翁文灏允祚了 1.5 万吨。苏联对此自然心知肚明也表示过不满,早在 1940 年 2 月 29 日,苏联驻华大使"对孔(祥熙)诘问,英国 Lip Senice 妨碍中苏贸易,中文报纸字里行间对苏不满口气,接近英法"。[①] 他在贸易中执行亲美英的政策无疑加重了苏联对中国的疑虑,这是战后两国关系迅速恶化的原因之一。当然,翁文灏也只能在中国特定的政治环境做决策。

(二)翁文灏拟的合同在一定程度上影响了农产品交货。尽管苏联同意中国以农矿产品抵债,但其一直希望得到更多的矿产品。虽然经中国反复争取,苏联接受了农矿产品各半的交货比例,而且贸易委员会经办的农产品交货也援引了矿产品交货办法,农产品交货相较之前顺利许多,苏联也不再过分苛责农产品的产地并同意按国际价格收购桐油、生丝、猪鬃和山羊皮,但其仍会压低其他农产品的价格。如 1942 年,交苏羊毛成本价是每担 50 美元,苏联却坚持按每担 32.4 美元收购,仅此一项就使中国蒙受了 105.6 万美元的损失。苏联有时竟强词夺理地说:纽约市价不可靠,提议本年所有交苏农产品,均规定一全年固定价格。[②] 中国当然不会同意苏联的提议,可作为经济部部长的翁文灏事先对此考虑得似乎稍显不足。

六、结　语

翁文灏在全面抗战时期的中苏贸易中为国作出了卓越贡献。

---

① 李学通、刘萍、翁心钧整理:《翁文灏日记》(下册),1941 年 1 月 26 日,中华书局 2014 年版,第 449 页。

② 《凌冰签报苏交货结算概况及农产品交货经过》(1942 年 1 月 20 日),《中德及中苏易货》(二)(1938 年 10 月 2 日—1945 年 9 月 22 日),国民政府档案,档案号:200000000A/1150/5024.01－02/274/001115000A002。

翁文灏提出了对苏交货农矿产品各半的建议,目的是既能完成对苏矿产品交货任务,又能保存部分矿产品销往美英等国换回中国亟须的外汇,一举两得的策略很快获得了中国高层的认可。在中苏两国均同意农矿各半的交货比例后,翁文灏拟了第一年对苏矿产品交货合同,该合同对交货矿产品种类、交货地点、价格、数量、运费及化验均有详细规定,成了日后对苏矿产品交货合同的蓝本。不过,翁文灏发现第一的合同有诸多不妥之处,如苏联在矿产品纯度稍有不足时即借机压价。对此,翁文灏根据矿产品的实际纯度制定了详细合理、双方都能接受地折价方案。由于翁文灏不仅谙熟矿产品业务,而且通晓外交规则和国际市场行情,所以每次修改合同均能做到有理有利有节,他因此深受国民政府的信赖和苏联的信任。

作为对苏矿产品易货还款业务的负责人和主要经办人,翁文灏努力履约还款,维护了中国的债信。对苏矿产品交货是完成中苏矿产品贸易的关键步骤,翁文灏克服购矿、运输等困难,采用“蚂蚁搬家”式的运货方式,一年分多批成功将矿产品交付苏联。尽管受制于中国的政治环境和中苏意识形态的分歧,翁文灏在中苏贸易中有其局限性,但瑕不掩瑜,他为抗战胜利作出的卓越贡献是值得肯定的。

（杜强,上海师范大学人文学院博士研究生）

战后南京银行业的复员及其后续
发展述论(1945—1949)

程 毅

抗战胜利后,在国民政府陆续派员接收各收复区时,复员工作亦顺势铺开,金融业在其间堪属要端。检视先前研究,笔者以为,金融复员虽已受到初步关注,但在考察地域上仍过多聚焦于上海,①其他地区的论述却常被上海金融史所遮蔽或通约,故"走出上海"实为发掘民国金融多元性的必由之路。有鉴于此,笔者将以南京银行业为例展开论述,冀以揭示以往著述未曾论及的结构性要素,深化对相关问题的认知。

一

1963 年,曾任国民政府财政部外籍顾问的杨格(Arthur N.

---

① 据笔者管见,代表性著述大致有:吴景平:《战后初期上海银行业与国民政府关系述评》,载中国社会科学院近代史研究所民国史研究室等编:《一九四〇年代的中国》(上卷),社会科学文献出版社 2009 年版,第 468—481 页;刘华:《战后中国银行上海分行复员与接收述评》,《民国档案》2004 年第 1 期;陈礼茂:《抗战时期中国通商银行的内迁和战后的复员》,《上海商学院学报》2011 年第 1 期;宋佩玉:《战后在华美资银行的复业与顿挫(1945—1956)》,《安徽师范大学学报》(人文社会科学版)2016 年第 11 期;《近代上海外商银行研究(1847—1949)》,上海远东出版社 2016 年版,第 235—263 页。

Young)在回顾国府财金建设时,认为抗战胜利前国府对金融后续发展在方案规划和人才建设上均缺乏考量,过分指望外援来帮助其摆脱困局,而强烈的民族主义情绪,又严重影响了外国专家介入中国战后经济建设计划的拟定。[①] 然而,通过对相关文献的梳理,笔者发现杨格的说法或与史实相距悬远。

事实上,珍珠港事变后,国民政府部分要员就已着手考虑战后经济问题;[②]1943 年初,蒋介石将战后复员问题列为“本年中心工作”之一。[③] 与此同时,蒋介石一面派员赴美考察,以求在战后经济复员中获得美国协助;[④]一面就复员筹划问题加强了对各部门的督导。

(一) 抗战胜利前

1942 年 11 月,财政部门最早向中央设计局编送战后发展规划。涉及银行部分,该方案提出,应加强并扩展央行职能,使其“主持金融枢纽责任”,中、交、农三行“各本其所负任务,分途迈进”,“其他金融机构应由财政部会同中央银行以政治力量及金融力量加强管制,俾能裨助国策合于正轨”,[⑤]实为银行业后续规划与发展奠定了基调。

次年 7 月,中央设计局依据 1942 年既定原则,并汲取 1937 年中央储备银行法草案之精神,拟定了《战后银行制度改革计划纲要》,对各类银行机构、准备银行区、银行制度简单化等项建设进行了擘画;[⑥]12

---

① Arthur N. Young, *China and the Helping Hand*, *1937 - 1945*, Cambridge: Harvard University Press, 1963, pp. 367 - 397.

② 何廉著,朱佑慈等译:《何廉回忆录》,中国文史出版社 1988 年版,第 239 页。

③ 《蒋介石日记》(手稿本),1943 年 1 月 1 日,“本年中心工作”,美国斯坦福大学胡佛研究院档案馆藏,藏所下略。

④ 姚崧龄编著:《张公权年谱长编初稿》(上册),社会科学文献出版社 2014 年版,第 319 页。

⑤ 《战后五年国防及经济建设财政部门草案(1942 年 11 月)》,中国第二历史档案馆藏(以下简作“二档”),中央设计局档案,171(2)/134。

⑥ 《战后复员计划纲要及有关文件(1943 年 2 月—1945 年 8 月)》,二档,中央设计局档案,171(2)/83。

月,财政部向行政院呈送《战后财政复员之研究》的报告,对央行制度建设和金融管制方面进行了完善。[①] 这两份文件的出台,标志着国府对银行业后续发展的考虑渐臻成熟。

从上述方案来看,国民政府对战后银行业的规划存在鲜明的国家行局取向,在推进国家行局专业化建设的同时,通过财政部和央行协力管制其他金融机构;参与拟定的外籍顾问对此却不以为然。譬如,杨格在抗战胜利前夕向国民政府建议,央行在战后应按1937年中央储备银行法草案实行重组,减持政府在央行的股权,引入民营资本,以促进贸易和私人资本的发展,[②]此种提议显然与国民政府金融建设理念背道而驰,故未引起显著反响。

除前述机构外,四联总处作为国民政府战时金融统制的中枢,亦厕身其间。但四联总处似乎更重视金融人才队伍建设,而非计划方案的制订。首先是继续推进银行人员训练所之建设,在弥补各行处专业人才短缺的同时,有意识地增加金融复员业务的训练,以为战后金融发展增加人才储备;其次是1944年成立战后金融复员计划实施委员会,由孔祥熙指派人选,"该会在战事停止前后,分别审议各行局复员计划实施案件,并由四行二局各设复员委员会,以资配合进行"。[③]

(二) 抗战胜利后

1945年抗战胜利亦意味着国内整体格局向战前状态的转轨,在地理形势上表现为政治经济中心的东返。行政院在组织人员详商后,9月6日颁布《收复区财政金融紧急措施纲要通令》。涉及国家行局复员事宜,规定:

---

① 《财政部统计处检呈战后财政复员之研究报告》(1944年1月),二档,财政部档案,3(6)/10039。

② Arthur N. Young, *China's Wartime Finance and Inflation, 1937－1945*, Cambridge：Harvard University Press, 1965, p. 382.

③ 重庆市档案馆等编:《四联总处史料》(上),档案出版社1993年版,第100—101页。

一、国家行局立即派定人员与特派员随军前往设立分行局，除特派员驻在地外，其余暂以一地一行局为原则；

二、收复地区如系由后方推进者，已移驻后方各地之行局，应随军前往恢复各地营业；

三、各行局所需房屋，除原有行屋外，得请政府指定接收敌伪房屋应用；

四、复业行局经、副、襄理等干部人员，应以后方派往为原则，其人员指派，由各行局负责办理；

五、推设行局所需交通工具及通信工具，应由军事及交通机关尽量供应。①

行政院及时下达这一通令，为国家行局的复员铺设了坦途。然而，国民政府对商营行庄的复员政策却经历了几番调整。

9月28日，财政部颁布《收复区商业银行复员办法》，规定战前经财部核准注册的商业银行"因抗战发生停止营业或移撤后方者，得呈经财政部核准在原设地方复业"，但严格限制其增设经营网点，要求"除原准分支行处外，在复业后一年以内，不得增设分支行处"；对战时未能内迁仍在伪区营业的银行，先依照《收复区商营金融机关清理办法》进行清理，再经财政部酌夺后，决定其是否复业；对"银行或银号、钱庄改组之银行开业在四年以上者"，经财政部核准后，可在收复区推设分支行处，但不得超过三处；"在收复区复业之分支行处已逾三处者，不得增设"，"银号、钱庄、改组之银行开业时间之计算，以改称银行开业之日为准"；对银号、钱庄"暂限制在收复区推设分支行处"。②

从内容而言，上述复员办法至少存在三项缺陷：1. 忽略战前成立但未经财政部核准注册的商业银行群体，此间确有部分银行

---

① 中国第二历史档案馆等编：《中华民国金融法规档案资料选编》，档案出版社1989年版，第1473页。

② 《中华民国金融法规档案资料选编》，第1485—1486页。

因特殊情势而未能完成注册事宜,并非都从事不法商业行径。2.枉顾各银行在资力和所处经济地理条件的差异,武断限制行庄增设。3.严重忽视银号、钱庄的权益。

此项法令甫一颁布,即在民间社会引发强烈抗议;值此情势,财政部在次年1月29日又颁布了《收复区商业银行复员办法补充办法令》。方案规定,战时继续营业者,除照收复区商业金融机构办法清理外,必须在3个月内备具:"(一)前实业部或省市政府或工部局所发营业许可证或登记证;(二)战前已加入当地银钱业同业公会或商会之证明文件;(三)在抗战期间继续营业而并无附逆情事及当地银钱业公会或商会之保结;(四)抗战前一年至三年及抗战以后一年营业决算书表;(五)战前纳税凭证;(六)战前与国家银行往来之正式证据;(七)当地市县政府证明与地方金融关系密切";方可准允复业,逾期不予受理。对战时停业者,需呈交前者的(一)(二)(五)(六)款文件,以及"抗战前一年至三年之营业决算书"和"确因战事停业之证明文件"。① 此一法令的出台,实为未注册的商业行庄创造了复业和实现自身合法化的契机。

但1946年补充法令未能满足大型银行推设分支行处的需求,部分银行主因之纠集势力抵触政策执行,政府亦顾虑到这股力量对收复区经济的复苏影响甚巨,故亦不得不对其作出部分妥协。4月24日,《收复区商业银行复员办法》的修正条款便应运而生。

综观其文,聊聊五款,基本照抄1945年的《复员办法》,但删去了"银号、钱庄暂限制在收复区推设分支行处"和限制商营银行推设行处数量的条款。与此同时,财政部还颁布了《商业银行设立分支行处及迁地营业办法》,规定"商业银行须注册已满四年,实收资本在二千万元以上、业务正常者,方得设立分支行处,每超过五百万元,得增设一处","本办法公布前,已呈准设立分支行处,得不受上项规

---

① 《中华民国金融法规档案资料选编》,第1515页。

定之限制,但其所设分支行处已超过上项规定者,不得再行增设"。①
此规定虽与国府战时方案中的金融制度简单化原则有契合之处,但
仍有"注册已满四年"的限定,惠及对象实际仅有战前注册的和大后
方的大型商业银行,使新兴行庄失去向收复区铺设网点的机会。

正是在这种政策理念的导引下,其后银行业复员亦无可避免
地呈现了多重面相。

二

鉴于文献集中度等因素考量,笔者拟以交通银行南京分行为
例,来考察国家行局从筹划复员到其后业务实施之经纬。

(一) 复员方案筹划

在财政部等机构筹划后续发展方案时,交行亦在四联总处的
督导下进行战后复员等事宜的规划。

1. 抗战胜利前

1943 年,交行拟定了《战后业务复员实施计划大纲》,揭开准
备工作的序幕。迄至抗战胜利,其准备工作从机构、人事和头寸等
三处推进,大致如下:②

(1) 机构问题:由总处视军事进展情形,随时统筹办理收复区
必须设立机构者,通常由邻近管辖行负责办理,部分重要都市地点
由总处指派专员前往主持。

(2) 人事问题:先由各管辖行呈报现有机构状况,由总处统筹
安排,如不敷支配,甄用新员,集中训练或分派各邻近沦陷区行进
行训练;此外,交行还通过招聘等方式积极扩充人才储备。③

---

① 《中华民国金融法规档案资料选编》,第 701 页。
② 《交通银行行务会议记录》(1944 年 3 月),上海市档案馆藏(以下简作"沪
档"),交通银行上海分行档案,Q55/2/367。
③ 《交通银行史》编委会编:《交通银行史》(第三卷),商务印书馆 2015 年版,第
238—239 页。

(3) 头寸问题：由各管辖行随时与总处商讨办理。

2. 抗战胜利后

抗战爆发迫使交行各地分支行处先后内迁,但大后方腹地有限,故不少行处被裁撤归并。胜利不期而至,交行为了原内迁行处能顺利复员,在尚未东返前,迅速结合战后形势和自身职能,自8月15日起,先后拟订了《本行复员计划纲要》《收复区行处员工甄别录用办法》等文件;从这些方案看,交行对人事问题有了更明确的方针,规定应对大后方行处进行压缩裁并,"除酌量最低必须数额之人员外,应陆续调往复业行处","收复区员生经甄别录用后,职务支配除当地行处确有需要,必须留用者外,以与后方行处服务之员生互调为原则","复业行处所需中上级人员,以尽先就后方行处员生中遴选升充为原则"。① 从南京交行复员后的人事构成看,中上级人员基本属该行原有员生(即从大后方归来者)。

相对于战时规划,此时方案侧重的是对业务方面的完善。交行首先明确应据政府法令,遴派相关人员清理其以往资产负债,在完成复业后应立即疏通汇兑,吸收存款,并对收复区工业复员予以资金支助。收复区工业复员不只是对内迁工业重返原址的复员建设,还涉及被接收的敌伪工业之恢复与改造,以重构国民政府战后工业体系。南京作为国府的首都,工业建设相对上海滞后,但维持其工业正常运转仍需交行的大力协助。是故,交行要求尚未东返的行处切实提高现金准备,以备四联总处拨付复业行处所需资金;交行还呈请政府的国库拨款,与央行商洽接济在收复区完成复业银行的券料办法,并与中、农二行取得联络,交行甚至在方案中提请政府将存留美国未用的券料迅即运回,以应收复区复员事业的急需。②

---

① 《收复区行处员生甄审录用办法》(1945年9月5日),"南京市档案馆"藏(以下简作"宁档"),交通银行南京分行档案,1022/01/115。

② 《本行复员计划纲要》(1945年8月15日),宁档,交通银行南京分行档案,1022/01/135。

（二）复员实况及其后续发展

南京交行（以下简作"宁行"）在战时经历过多次内迁，在进入汉口后发生分流。一支由港赴沪，后有部分行员被俘；另一支迁往云南，1939 年被滇行归并，实际等同停业。抗战胜利后，在与滇行就人事和业务等问题交涉后，宁行复员队伍才逐渐组建起来，未久即在新任经理汤巨率领下空运赴宁。抵宁不久后，该行在 10 月初由一级支行升为分行。在完成对日资汉口银行南京支店、上海银行南京支店和伪资交通银行农业经济办事处的接收后，11 月 1 日宁行正式复业。① 其后宁行除办理对敌伪行的善后清理外，还适时利用政策惠赐，扩大经营网点和业务规模。

1. 经营地域的扩大。自交行成立以来，"一直以广设分支机构作为营业发达的标志"。② 至抗战爆发前夕，宁行辖下外埠支行已有 7 处。复员伊始，宁行并未急于恢复战前外埠行处，仅辖市内各行处；到 1947 年后，宁行逐渐向苏、皖等地推设行处，外埠经营网点跃升至 10 处，"原交行上海行辖属的部分机构亦陆续划归京行"。③ 迄至 1948 年"金圆券改革"前夕，国府局势急转直下，辖内范围日趋缩小，宁行才呈现消亡迹象。

2. 日常业务的发展。战前宁行因其本身资力相对薄弱，屈为支行，迄至抗战胜利才荣升分行。随着行级的上升，其日常业务量亦有了显著增加。存款、放款和汇款等数额作为考察银行日常绩效的重要指标，笔者兹以三者为例，对其战后业务发展进行简析。

（1）存款：宁行完成复员后，在市内增设行处，广泛吸收存款；大致如下：

---

① 南京金融志编纂委员会等编：《民国时期南京官办银行》，1992 年，第 110—112 页。

② 《交通银行史》编委会编：《交通银行史》（第一卷），商务印书馆 2015 年版，第 253 页。

③ 《民国时期南京官办银行》，第 116 页。

表 1 南京交通银行 1937 年、1945—1948 年年末存款余额表

年度	存款总额(千元)	黄金每10两市价(元)	折合黄金两	定期存款		甲种活期存款		乙种活期存款	
				金额(千元)	比率	金额(千元)	比率	金额(千元)	比率
1937	2 688	1 141	23 558.3	1 554	57.81%	470	17.49%	470	17.49%
1945	791 970	731 374	10 828.5	150	0.02%	589 050	74.38%	17 280	2.18%
1946	25 525 000	3 160 600	80 760.0	8 000	0.03%	25 423 000	99.60%	41 000	0.16%
1947	171 303 000	85 000 000	20 153.3	3 000	0.017‰	170 157 000	99.33%	200 000	0.12%
1948	31 540	38 400	8 213.5	—		—		—	

说明:

1. 甲种活期存款,此处实为军政机关团体的存款;乙种活期存款,此处实为私营工商业及个人存款。参见《民国时期南京官办银行》,第126页。

2. 除1948年底存款币别为金圆券,余均为法币。

3. 笔者此处黄金市价参考的是上海地区的物价标准,故与南京略有偏差。

资料来源:《民国时期南京官办银行》,第129页;中国科学院上海经济研究所等编:《上海解放前后物价资料汇编(1921—1957)》,上海人民出版社1958年版,第34—56页;贺水金:《1927—1952年中国金融与财政问题研究》,上海社会科学院出版社2009年版,第287页。

从上表来看，首先，仅就账面上的存款总额而言，宁行自复业以来，存款总额似乎呈现着高幅攀升的状态；但若将其折合成固值的黄金，1945 年末存款额尚未恢复到战前水平，或因抗战胜利伊始，南京作为首都，有大量外来人口涌入和企事业亟待复员，需款孔急，各单位留存资金无多，故存款总额不高。随着政局相对缓和，各单位复员工作陆续完竣，宁行存款额在 1946 年急剧增加，年底存款总额约为 1945 年的 8 倍，达到复业以来的巅峰。但由于内战规模逐渐扩大，1947 年金融市场的发展亦随着国统区的缩小而陷入困境，通货膨胀日益恶化，凡此均引发民众对未来预期的急剧下滑。尽管宁行在次年外埠营业网点数升至历史新高，但这并未能掩盖宁行整体衰落的态势，存款总额在 1947 年大幅减少，仅为 1946 年的 1/4；到 1948 年底，宁行实际存款额仅及 1946 年的 10%，甚至低于 1945 年底存款额，这种下滑趋势一直持续至 1949 年停业。其次，在存款类别中，定期存款在宁行复员后所占比率却降至近乎为零，定期、活期存款比率严重失衡；而活期存款几乎被军政机关存款所垄断。从战前情况看，甲种活期存款占存款总额比率基本维持在 50%—65%，[1]战后这种情形越发突出。与交行在国内其他各大城市相比，宁行的这一比例在其间遥遥领先，但工矿存款占存款总额比率却属末流。[2] 这或与南京这座城市的政治性密切相关，即作为国民政府的首都，中央更倾向于将其建设成为相对纯粹的政治中心，而非经济中心，工商业亦因而不甚发达。当然，存款是银行最主要的资金来源，尽管工商业存款所占比率甚少，但大量军政机关存款的涌入，亦为宁行有效地向工商等业放款创造了可能。

---

① 《民国时期南京官办银行》，第 129 页。

② 交通银行总行等编：《交通银行史料》（第一卷）（上册），中国金融出版社 1995 年版，第 332 页。

(2) 放款：自 1942 年国民政府重新厘定四行职能业务,加强专业化建设以来,交行一直孜孜于推动实业发展。宁行在完成复员后,即与其他国家行局及相关机构组建复工贷款委员会,并依据自身职能范围,对工矿事业和公用交通事业的贷款全力以赴,放款类别以活期为主体。"1946 年底,工矿事业贷款占贷款总额的55％,公交事业贷款占 18％";1948 年初,宁行对工矿事业贷款占其贷放总额的 90％。① 从战后交行在国内各分支行处看,宁行及其辖下行处的放款额在交行全国总放款中的比重仅次于沪行,遥遥领先其他诸行。② 平心而论,宁行在战后对南京实业发展居功至伟,与国民政府推行的四行专业化建设理念是相适应的;但随着通胀情势日益恶化,宁行专业化建设虽有相当程度,也"不能不利用政府力量以奠基础",否则在"同业竞争甚烈"时将"无以竞取"。③

(3) 汇款：宁行在复员初,力促汇款线路的疏通,以协助大后方东返的物资和人事的调运,并办理"后方存款移存","视各存户情况酌予减、免汇费"。若将汇款额折合成黄金计值,1945 年下半年约值黄金 320.2 两,1946 年飙升至 56 951.2 两,1947 年跌落至5 647.1 两,仅约为 1946 年的 10％;1948 年继续跌至 992.2 两。④

据文献反映,宁行的"存、放、汇等主要业务在交通银行总行所属 17 个行处中,仅次于沪行,在南京市银行业中亦仅次于中央银行南京分行";自复员以来,尽管宁行一直保持盈利状态,但从1947 年以后实际盈利微乎其微,其辖下部分行处自 1948 年下期以后便陷入了严重亏损的困境。⑤ 综合对照南京其他三行情况

---

① 《民国时期南京官办银行》,第 132、134 页。

② 《交通银行史料》(第一卷)(上册),第 538—540 页。

③ 《交通银行史料》(第一卷)(上册),第 536 页。

④ 《民国时期南京官办银行》,第 136 页。

⑤ 《民国时期南京官办银行》,第 147 页。

看,四行在国家政策倾斜下,其业务规模和专业化建设均有相当发展;然而,作为国民政府利益的直接相关者,当国民政府"大厦将倾"之际,国家行局亦随之陷入困境乃至彻底崩溃。

三

当国家行局在南京金融市场上"攻城略地"之际,外省驻京银行和南京市民银行作为地方金融体系的重要构成,亦相继开始了复员工作。

(一)外省驻宁银行

由于政策的地域倾斜,战后外省地方银行在南京设立分支机构的限制相对较少。[1] 据文献记载,战后省外银行在南京开业者,属复员者5家,增设者15家。[2] 自1943年以来,省银行在省外分支机构仅被允许办理省际间的汇兑业务,外省驻宁银行的经营空间因而极为逼仄。1947年"黄金风潮"爆发,政府对国家行局以外的金融机构采取更严厉地管控与限制。2月17日《经济紧急措施方案》颁行,对省银行又增加了限制,要求"多余款项,应一律存放当地中央银行或国家行局"。[3] 随着中央政府对省银行统制的日益强化,省银行方面亦纷起抗议,不断向财政部请愿,甚至提出"能与国家行局同等待遇","请免缴存款准备金"等要求;[4]但成效不彰。次年10月17日,财政部进一步要求,"凡已经核准之省银行省外办事处及通汇处,除办理与本省境内汇兑外,不得经营其他业务,并不得相互通汇,违者撤销其办事处或通汇处",对头寸调拨严格控制。在请愿不成,依靠正常业务又难以维系时,部分行处遂从

---

① 《中华民国金融法规档案资料选编》,第692页。
② 李如斌主编:《南京金融志》,南京出版社1995年版,第130页。
③ 《中华民国金融法规档案资料选编》,第678、734页。
④ 《全国省银行代表向财部请愿》,《金融周刊》1947年第8卷第25期。

事各种名目的投机行径,如以本票逃缴准备金、以买汇为名将钱款拆放商业行庄以从事变相放款、设立暗账存放业务、与商业银行通汇等,[①]不一而足。尽管其间亦有台湾省银行驻京行处经历了"办事处—支行—分行"的升级过程,但与其他省行不同的是,台湾银行系"适应地方需要的国家银行",并有金融界要人替其争取各项资源;[②]更多省银行在自身发展受阻时,其驻京行处亦在苟延残喘中走向消亡。

此外,自 1944 年 11 月《省银行规则》出台,即规定省银行资本"由国库拨给为原则",[③]省银行正式纳入国家行局体系下;但省行在国有化后却因"国家行局不能以转抵押、转押汇及重贴现等方式,予以资金上的融通"而陷入困境。[④] 后经央、地间多番博弈,中央终于选择妥协,将省行由"国有化"重归"地方化"。1947 年 4 月29 日《省银行条例》修订条文出台,规定"省银行之资本,由省库拨给,并由县市公库参与公股"。[⑤] 也正是在这一过程中,外省驻宁银行的运营资本随之经历了"国库拨给"到"省库拨给"的转变。

(二)南京市民银行

南京市民银行因战事内迁,原有行屋后被敌机炸毁;1945 年 9 月 12 日,市长马超俊派周励庸接收伪南京市银行,并指定市民银

---

①　参见《财政部检查江苏省银行南京分行业务报告及审核意见》(1946 年 8 月—1948 年 11 月),3(6)/5767、《财政部检查湖北省银行南京办事处业务报告及有关文书》(1947 年 5 月—8 月),3(6)/6833、《财政部检查西康省银行南京办事处业务报告及有关文书》(1947 年 4 月—9 月),3(6)/6840、《财政部检查湖南省银行南京办事处业务报告及有关文书》(1947 年 10 月—1948 年 7 月),3(6)/6859;此 4 卷均为二档馆藏财政部档案。

②　《台湾银行第一届董事会第一次会议录》(1946 年 7 月 30 日),沪档,台湾银行上海分行档案,Q78/1/7/1。

③　重庆市档案馆等编:《四联总处史料》(下),档案出版社 1993 年版,第 481 页。

④　《当前省银行的困难问题》,《财政评论》1948 年第 19 卷第 3 期。

⑤　《省银行条例》,《银行季刊》1947 年第 1 卷第 2 期。

行利用其行址及生财筹备复业,在对伪市行改造和市府拨资挹注后,21日市民银行复业;1947年12月更名为南京市银行。①

1. 股份构成与人事组成

南京市民银行在复业后,依行内规划制定了新章程,决定将资本额增为5 000万元,1946年底募足3 750万元,其中官股占2/3;商股占1/3;次年9月,该行根据需要增资为1亿元,迄至年底原定商股部分尚未募足,由市政府补足。尽管官股始终占绝大多数,但相对战前市行完全商股化而言,战后融入尚属可观的商股,对搞活资金融通确有裨益。在人事组成上,市行自复员以来,其董事长一直由市长兼任,第一届董事5人全为市府官员,后虽掺入少许技术人员,但仅为装点门面;为加强同国家行局的同业往来,市行还积极吸收国家行局要员参股,成为该行董事。②

2. 业务发展

(1)存款:从南京市民银行战后资负表看,其存款中最突出的两项为同业存款和公库存款,大致如下:

表2 南京市民银行战后存款余额表

年度	存款总额（万元）	黄金每10两市价（元）	折合黄金两	同业存款		公库存款	
				金额（万元）	比率	金额（万元）	比率
1945	23 589.5	731 374	3 225.4	11 670.8	49.47%	4 740.6	20.10%
1946	230 441.7	3 160 600	7 291.1	2 552.1	1.11%	152 176.3	66.04%
1947	2 177 157.7	85 000 000	2 561.4	2 693.7	0.12%	1 638 201.1	75.24%
1949.4	386 833.1	——	——	61.8	0.016%	355 721.6	91.96%

说明:1949年4月存款币别为金圆券,余均为法币。

资料来源:《民国时期南京官办银行》,第366页;贺水金:《1927—1952年中国金融与财政问题研究》,第287页。

---

① 《民国时期南京官办银行》,第360页。

② 《民国时期南京官办银行》,第360—361、363页。

据 1939 年颁行的公库法规定,"国库以外之各级公库事务,除有特殊情形外,应先尽所在地方之中央银行代理之。其无中央银行者,应指定各该省、市、县之地方银行代理之",[①]战后经央地政府间的博弈互动,省市公库存款最终重归省市地方银行经营,但中央政府仍不断强化对其款项的监管。[②] 从上表来看,南京市民银行存款的增减态势与国家行局基本一致,但两者资本量却相距甚远。复员初期,同业存款在市行存款总额中约占一半,其后却急剧缩减,公库存款所占比例则迅速攀升,成为市行资金的主要来源。随着国民政府对地方银行统制力度日益加深,尤其是 1947 年经济紧急措施方案出台以来,市行亦常以通汇为名将巨额资金移存商业银行,[③]以图缓解经营困境。

(2)放款与汇款:南京市民银行因自身资力有限,又以大量现款"供市府行政费之随时透支",[④]故无力对外大量贷放;据文献反映,市行放款集中于三项:①"生产建设及公用事业放款";②"举办小本工商业及工业生产工作社贷款";③"机关及教育事业贷款"。[⑤] 其放款总额若折合成黄金计值,1945 年度决算,各项放款约值黄金 75.9 两;1946 年跃升至 4 489.1 两,1947 年末又跌为 1 507.7 两;1948 年"金圆券改革"后,其数额下滑更为明显。汇款方面,市民银行在战后前三年虽然通汇网日趋扩大,但"汇出汇款"始终高于"汇入汇款",且差额日益增大。[⑥]

整体而言,南京市民银行发展态势与国家行局大致相同,但其

---

① 《中华民国金融法规档案资料选编》,第 890 页。

② 《中华民国金融法规档案资料选编》,第 945 页。

③ 《财政部派员检查南京市民银行业务情况报告及有关文书(1947 年 4 月—8 月)》,二档,财政部档案,3(6)/6826。

④ 《京市民银行营业与储蓄系分别立账》,《征信新闻》(南京)1947 年第 111 期。

⑤ 《民国时期南京官办银行》,第 373—374 页。

⑥ 《民国时期南京官办银行》,第 373—376 页。

资金运营量远不及国家行局。在通货膨胀甚嚣尘上之际，市行尽管对工商教各业有贷款扶助，但实属杯水车薪。因其官办属性和业务有限，市行自复员以来，始终未真正走出发展困境；反而在商股逐渐缩减后，日益陷入僵局。

四

官营行局尤其是国家行局通过接收敌伪行局充实了自身资本量，迅即完成复业，"在政治和业务两方面都形成了对商营行庄的优势"；①在这种金融格局下，各商营行庄先后开启了其复业之旅。

（一）商业银行

尽管南京金融业不及上海繁盛，但其商营行庄数亦属可观。接收初，商业银行 55 家，钱庄 115 家，因全系敌伪核准设立，依令均被停业清理。值此情势下，那些战前经财政部核准的停业或移撤后方的商业银行则很快获得复业资格，迅速实现了复员；大致如下：

表 3　南京战后商业银行概况表

行　　名	复业/增设时间	运营资本（万元）	总行所在地	备　　注
农商银行南京分行	复业/1945 年	80	上海	成立于 1934 年 10 月，战时部分行员内迁，后于 1940 年在南京复业，战后在接受清理后，迅即复业
南京商业储蓄银行	复业/1945 年 11 月 14 日	100	南京	1945 年 5 月 25 日成立于南京，经伪财政部核准注册，战后在接受清理后，迅即复业

---

① 《战后初期上海银行业与国民政府关系述评》，第 474 页。

（续表）

行　　名	复业/增设时间	运营资本（万元）	总行所在地	备　　注
上海商业储蓄银行南京分行	复业／1945年12月15日	20	上海	
新华信托储蓄银行南京分行	复业／1945年12月15日	20	上海	
聚兴诚银行南京支行	复业／1946年1月22日	25	重庆	战后该行总处迁至上海
中国国货银行南京分行	复业／1946年2月6日	25	上海	
重庆商业银行南京分行	增设／1946年2月12日	50	重庆	
四明商业储蓄银行南京分行	复业／1946年2月15日	20	上海	
中国实业银行南京分行	复业／1946年2月18日	80	上海	
川康平民商业银行	增设／1946年2月26日	50	重庆	
浙江兴业银行南京分行	复业／1946年3月1日	50	上海	
中国农工银行南京分行	复业／1946年3月5日	25	上海	
金城银行南京分行	复业／1946年3月15日	15	上海	
中南银行南京分行	复业／1946年3月21日	50	上海	
四川美丰银行南京分行	增设／1946年4月20日	5	重庆	
和成银行南京分行	增设／1946年5月10日	50	重庆	

（续表）

行　　名	复业/ 增设时间	运营资本 （万元）	总行 所在地	备　　注
大陆银行南京分行	复业/1946 年 5 月 15 日	25	上海	
江海银行南京分行	增设/1946 年 6 月 10 日	——	上海	
通惠实业银行南京 分行	增设/1946 年 7 月 15 日	50	重庆	
昆明商业银行南京 分行	增设/1946 年 8 月 31 日	50	昆明	
国华银行南京分行	复业/1946 年 10 月 3 日	100	上海	
中汇银行南京分行	增设/1946 年 10 月 4 日	500	上海	
开源银行南京分行	增设/1946 年 11 月 4 日	500	重庆	
大来商业银行南京 分行	增设/1946 年 11 月 6 日	3 000	上海	
济康银行南京分行	增设/1946 年 11 月 8 日	500	雅安	
亿中企业银公司南 京分公司	增设/1946 年 12 月 6 日	500	上海	1947 年改称"亿中 商业银行"
华威银行南京分行	增设/1946 年 12 月 26 日	500	重庆	
中国工矿银行南京 分行	增设/1946 年 12 月	——	重庆	
建业银行南京分行	增设/1947 年 5 月 12 日	——	重庆	该行总行战后初期 由重庆迁至上海
英商汇丰银行南京 支行	增设/1947 年 3 月 24 日	[港]30	香港	

资料来源：南京金融志编纂委员会等编：《民国时期南京商办银行》，1994 年，第 204—207 页。

从上表来看,战后南京商业银行复员大致呈现以下几点特征:

1. 除南京商业储蓄银行外,其余获准复业者均为战前财政部核准注册的银行。战时南京的 55 家商业银行,除农商银行南京分行外,余均为伪政府核准设立,却仅南京商业储蓄银行获得复员资格,足见战后商业银行的复员实为身份甄选过程(尤以政治身份为最)。笔者以为,南京商业储蓄银行能获准复业,或与张静江等国府要员参股存在密切关联,人际渊源应系影响国府战后清理整顿商业银行的关键要素。此外,国内各区类似农商银行这种战前经财部核准注册,但战时仍在伪区继续营业的商业银行亦有较多数被停业,即便是影响卓著的金城银行亦在清理复员中如履薄冰,甚或吸纳有权势的"重庆人"以维系自身存活。[①]

2. "川帮"银行在南京的大量铺设。从上表来看,战后南京增设银行共 16 家,其中"川帮"银行 9 家,约占 56.2%;除个别资本较为薄弱外,川帮银行经营资本相对雄厚。战时的特殊情势造成四川地区金融资本过分聚集,而战后金融格局又向战前回摆。尽管这些川帮银行经营重点在四川,但战后大后方金融的迅即削弱,这些银行为摆脱经营困境,自然而然会选择向东部拓展。战时特殊金融格局为其创造的人脉等隐性资源,亦为其战后向东部扩张奠定了重要基础。

3. 外资银行的重新融入。南京最早出现的外资银行是日资银行,系战时所设,服务于日本在华侵略扩张,战后被国民政府清理取缔;至 1947 年 4 月,才有英资汇丰银行融入。但时移世易,国民政府通过抗战在外交上赢取了巨大胜利,列强在华特权基本取缔。1947 年 9 月国民政府颁行新《银行法》,以法律的形式将外资银行特权进行了取消。即便战后能够复业或增设行处,但已与战前不

---

① 参见孙曜东口述,宋路霞整理:《浮世万象》,上海教育出版社 2004 年版,第 201、221、280 页。

可同日而语；汇丰银行于 1947 年上期在宁开设，下期便亏损法币 60 654 万元，折合当日实物计算，约为 551.4 石大米；1948 年上期虽盈余法币 68 767 万元，但时值 20.2 石大米，即上年亏损尚未补足。①

据文献反映，尽管有川帮银行和外资银行涌入，但战后南京商业银行的发展格局与战前大致相似，在通胀不断恶化下，多数银行盈余甚微或出现持续亏损，情况稍许乐观的并非川帮银行，而是在战前南京金融界便占据显赫位置的"南四行""小四行"和"北四行"中的三行(除盐业银行外)。② 然而，内战重启却使各商业银行整体陷入危机，此时国民政府不仅未采取措施助其走出困境，反而要对官商合股的"小四行"收回官股，③使"小四行"的生存空间进一步得以萎缩；大银行尚且如此，小型行庄就更难以为继。

（二）商业钱庄

与商业银行相比，钱庄在南京的复员更为艰巨，至 1946 年 11 月中旬，才有庚源钱庄、慎康钱庄和厚康钱庄 3 家钱庄陆续完成复业，战时在宁运营的 115 家钱庄均被停业。就南京地区而言，休论后续发展，复员资格的获得对绝大多数钱庄亦属遥不可及。兹以信余钱庄和慎康钱庄为例，冀以勾勒战后南京钱庄复业的艰难和成功复业者后续发展的轮廓，以裨后文论析。

1. 申请复业的艰难无果：以信余钱庄为例④

信余钱庄于 1933 年在南京成立，领有营业执照，经营存放汇兑业务，由徐崇文、夏信符等人合伙组织，1937 年 11 月底停业。

---

① 《民国时期南京商办银行》，第 289—290 页。
② 《民国时期南京商办银行》，第 288—290 页。
③ 《立法院例会通过议案，小四行官股收回，银行法草案今继续讨论》，1947 年 4 月 16 日《申报》。
④ 《南京信余钱庄申请注册、增资、改名等事项文书》，二档，财政部档案，3(6)/4725。

次年 7 月,徐崇文奉"中统"之命赴宁,利用原牌号继续经营,以接济和掩护"中统"留守人员及少许"军统"人员。后经内部股权转让,该庄由徐崇文独资经营,1941 年改组为股份有限公司,经敌伪核准,1945 年 1 月增资改组为银行。抗战胜利后,邓达谥奉命在宁成立"中统"东南区南京办事处,[①]徐崇文在为其提供部分活动经费时,亦开始为该庄谋求复员而奔走。

经"中统"东南区南京办事处向财政部驻京沪区财金特派员办公处请示和居间作用,特派员陈行在 1945 年 9 月 29 日对此批示,"收复区经敌伪核准设立之金融机构,其执照一律无效,并予清理,信余钱庄事同一律,未能例外,惟对地下策反工作协助甚大,既有特殊关系,似可重行改组,呈请注册,正式开业"。该庄遂开始检呈各项文件,接受彻查清理,并开始了复业申请之途。

1946 年 2 月底,特派员办公处完成对其业务清理;3 月 25 日,陈行向财政部呈请该庄"准予优先继续恢复银行营业"的要求,但财政部于 4 月 10 日作出批示,"信余银行既据称原为信余钱庄,设立于 1933 年,所请复业一节,应即依照收复区商业银行复员办法补充办法之规定,补具:一、前实业部或省市县政府或工部局所发营业许可证或登记证;二、在抗战前一年至三年以及抗战后之历年营业决算书表;三、在抗战期间继续营业,并无附逆情事之切结,及当地银钱同业公会或商会之保结;四、当地市县政府证明金融关系文件一并呈凭核办",并指示部内稽核室,"查该庄据称战时仍继续营业,究竟过去业务是否正常,以及有无附逆情事,请派员查明核办"。

信余钱庄通过对庄内物件整理后,7 月 12 日向财政部呈交:财政部战前批示 1 件、祝寿购机委员会收据 1 件、并无附逆请示切结书 1 件、钱业同业公会保证文件 2 件,并在 9 月接受财政部稽核

---

① 　许青等主编:《南京政党志》,河海大学出版社 1997 年版,第 352 页。

室专员佘策源、徐达文的审查。佘、徐二人经清查后发现该庄战时业务存有敌伪存款及其前副理聂鸣皋有汉奸嫌疑问题,故指出"该庄内部组织人事确属复杂","如因掩护地下工作而致业务有所迁就,似尚可恕"。徐崇文为撇清嫌疑,特向财政部呈请"中统"证明文件,声叙其战时的个中情由,并向陆军总司令部调查室提交呈文,后基本撇清干系。此后,财政部还就股权变更等问题对该庄进行质询。12月17日,信余钱庄终于补足呈交了前缺的"战前与国家银行往来之正式收据",即中国银行证明函1件、与永大商业银行南京分行往来折1扣。因中国银行南京分行账册"运存川省,刻下尚未运回",故无法形成有效证明。然至次年2月21日,财政部才派专员李日劲赴永大银行对账,李日劲于24日汇报"收付数额均属相符",但即便如此,信余钱庄亦无法实现复业了,因为恰在21日,财政部便指定南京等地"停止商业行庄复业及增设分支机构"。① 从1946年12月17日至1947年2月21日,间隔65天,恐怕很难用办事效率低下来解释,或系有意为之。徐崇文再次呈请财政部,财政部以"所请复业一节,事关通案,应毋庸议"加以均拒。徐崇文自不会甘心,在不满财政部决议后,又公然邀集其他钱庄企图迫令政府修改限制商营行庄增设或复业的条款。未果后,徐崇文继续上诉行政院,在行政院将其诉愿驳斥后,徐崇文又向行政法院提起诉求,1948年11月行政法院将徐崇文的诉求驳斥后,还将判决致函南京市政府,并登报公示,以杜绝徐崇文再度上诉。

像信余钱庄这种为获得复业而肯折腾3年多的钱庄,实属寥

---

① 《中华民国金融法规选编》记载为1947年3月3日为财政部规定南京等17处为停止商业行庄复业及新设分支行庄地区,或系有误;详见《中华民国金融法规选编》,第1525页;此外,上海一地对此法令的执行更显不够通融,规定1947年2月26日以前尚未开业者,应撤销复业原案,不得再行复业;南京、天津等地略显通融,天津地区甚至有财政部该项法令颁布4个多月后,仍允许在1947年2月21日以前核准的行庄、银号复业。

寮,毕竟绝大多数钱庄财力薄弱,又无可资金依托的政治资源。在通览中国第二历史档案馆现已开放的涉及南京钱庄申请复业的档案后,笔者发现:南京地区确有一些钱庄因依托充分权势(或其他缘由)而获得复业,但绝大多数钱庄历经周折补足证件,却常恰逢南京被划为限制商业行庄或增设的地区,在财政部批示"所请复业一节,事关通案,应毋庸议"后,便无奈放弃申请。从财政部的批示过程看,笔者以为财政部明显存在故意拖延批示的可能,甚至如乾泰钱庄,在补足证件,财政部内部审查意见早定为"似可准予复业",但仍故意延迟批复,使其最终无法复业。[①] 1947 年 2 月 17 日的《经济紧急措施方案》要求财政部"视各地银钱行庄分布情形"以指定部分地区将限制商业行庄的复员或增设,[②]值此情势,财政部并未对已补足证件的钱庄进行及时受理,却一再拖延,仅隔 4 天,21 日财政部正式指定 17 个限制地区。笔者以为,事发突然,却又系情理之中,即大部分钱庄未能复业似不仅仅出于政治惩戒或政府行政效率低下,其根由恐在于国民政府想借复员为契机,彻底淘汰钱庄业,以实现金融界的高度"银行化",[③]故有意为之;而南京最终实现复业的钱庄仅有 21 家。[④]

　　2. 复业钱庄的后续发展:以慎康钱庄为例[⑤]

　　慎康钱庄在经过数月的努力,终于补足证件;1946 年 7 月 15

---

① 《南京乾泰钱庄复业案》,二档,财政部档案,3(6)/4701。

② 《中华民国金融法规档案资料选编》,第 734—735 页。

③ 笔者此处的"银行化"与李一翔所述存在差异,李氏论述为钱庄在制度建设、机构设置、业务品类等方面进行局部张张,运营理念与组织方式更趋近银行的趋势,笔者所指为钱庄等传统金融机构在政府压力之下,被迫实行数家合并,并改组为银行的现象。参见李一翔《银行的"钱庄化"与钱庄的"银行化"——近代中国金融企业发展模式探析》,刘兰兮主编:《中国现代化过程中的企业发展》,福建人民出版社 2006 年版,第 171—184 页。

④ 《南京金融志》,第 177 页。

⑤ 《南京慎康钱庄复业注册、改称更册等事项文书》,二档,财政部档案,3(6)/4715。

日,该庄接到财政部允准复业的批示,并被告知"名称与宁波慎康钱庄相同,核与公司法第廿六条不符合,应即另设名称,并依照银行章程及施行细则之规定备具文件呈部,补行注册"。该庄经内部商议,改名为华夏钱庄,报请财政部后获允准。

9月1日,郭兆祺召集股东大会,确定人事和业务构成。从股东名册来看,除了少数来自苏州、镇江外,基本属于南京本地股东。经会议议决,将该庄改组为股份有限公司,并根据现行银行法、公司法等相关法律精神,拟订了《华夏钱庄股份有限公司章程(草案)》,规定营业范围大致为存款、放款、国内汇兑及押汇、票据承兑贴现业务、买卖有价证券(但不得有投机性质)、代理收付款项,保管贵重物品,代募公债及公司债,以及经营仓库业务。资本总额为5 000万元,分为5 000股,每股1万元,1次收足。由董事会聘任总经理(1人)、经理(1人)、副理(2人),其他职员由总经理任用。钱庄每年6、12月各结算1次,年终再行总决算。并决定该钱庄每年结算,除了营业开支损失外,所得纯益应先提10%为公积金,再提应缴税款,再次便是付股息,年率5分,如还有余额,再按照"股东红利"60%、"董事及监察人"10%、"职工酬金"30%分配。一切准备就绪后,该庄于11月13日正式复业。

在《华夏钱庄股份有限公司章程(草案)》呈送财政部后,该庄于次年2月24日又奉命将资本移存中央银行南京分行进行验资,验资合格后,数日后资本发还该庄。财政部在对其修正章程和"中央银行南京分行验资证明书"审核通过后,3月19日同时致函华夏钱庄和经济部,告知华夏钱庄"所请给照(即营业执照——引者注)一节,应予照准",饬令经济部为其颁发银字第1940号营业执照,并办理公司登记。1948年"金圆券改革"后,华夏钱庄又根据财政部要求实行增资,将资金调整为15万金元(约值战前法币4 000元),随后再度经历缴资查验、重新请经济部颁发营业执照等环节,各钱庄均类似。南京地区钱庄从战前独资制或合伙制到战

后实现股份制,①实现了资本组织形式的升级。但由于汇款业务
(尤其是申汇)是南京钱庄的业务大端,国民政府鉴于上海日益严
重的金融乱局,1948 年出台政策限制申汇,使获准复业的钱庄进
一步丧失了原已有限的发展空间,而这些钱庄在自身业务难以发
展时,遂暗中从事投机事业以图存活。与其他地区相比,南京在战
后初期对地下钱庄的取缔颇具成效,但此时地下钱庄在一些权势
人物支持下发展到“明目张胆从事违法经济勾当”。② 在体制内外
势力的交相呼应下,金融投机愈演愈烈,而国民政府在面对军事颓
势已焦头烂额,对此自亦束手无策。

五

作为政治型都市,南京银行业尽管与上海难以匹敌,但在复员
初期亦有相对可观的发展,尤其是国营行局专业化建设。曾有学
者指出,“由明至清,再至太平天国后的城市复兴、民国时期的‘黄
金十年’,这个城市的发展一直倚靠政策与资源的倾斜”③,而战后
银行业的发展亦然。从抗战胜利前后国民政府的金融发展理念来
看,存有鲜明的国家行局取向。实际上,在国民党尚未成为执政党
前,孙中山即确定了“节制资本,发达国家资本”的实业发展理念,
蒋介石甚而提出了“资本国家化”的主张④。抗战时期应特殊需
要,加上国民政府高层的推动,认为“金融机关如不能由中央统制,

---

① 1942 年 8 月 20 日,汪伪政府即颁行“金融机关管理条例”要求钱庄进行增资,
改组为股份有限公司,但战后南京实现复业的钱庄全系战时内迁歇业者,故对此类钱庄
而言,或系首度实行股份制。参见《南京市之金融状况》,1943 年 3 月 13 日《申报》。
② 《南京地下钱庄的内幕》,《大地》(周报)1948 年第 131 期。
③ 罗晓翔:《陪京首善:晚明南京的城市生活与都市性研究》,凤凰出版社 2018
年版,第 420 页。
④ 蒋介石:《中国之命运》,《蒋公思想言论总集》卷 4,第 89 页。

则无异养痈致患"①,金融统制力度得以空前强化,亦造成银行业"国营化"的持续强固。

从前述内容看,国民政府抛弃了设置准备银行区或新金融中心区等方案,但国家银行专业化建设仍得以有力发展;但其他银行机构却并未取得实质性发展,尤其是钱庄在此过程中遭遇重创。战后商业行庄申请复业亦是财政部对商业金融机构的身份登记和选优过程,财政部欲借此机会实现对民间金融市场的整肃。大部分钱庄未能复业似不仅仅出于政治惩戒或政府行政效率低下,其根由恐在于国民政府想以复员为契机,彻底淘汰钱庄业,以实现金融界的高度"银行化",故有意为之;中央政府对民间行庄复业注册条件的加码,亦造成了注册管理和实际情状的严重脱节,无证商业行庄得以空前扩增,地下行庄造成金融秩序的越发失衡,这或与执政者将国内金融规范化的意旨背道而驰。然而,无论是从中国社会金融思潮的主流,还是从国际金融整体发展趋向来看,国民政府在银行业推行的这种强制性制度变迁似属顺应时流。但其结果却是"制度变迁目标的完全错位","以政府的大权独揽和财政需求取代金融市场的稳定和经济增长",②严重失序的金融市场使国民政府失去了治理之策。笔者以为,这既因国民政府缺乏相应的金融配套措施,更与内战催生下的金融制度的异化有关。

随着内战的持续扩大,国民党军事由盛转衰,南京银行业并未能与全国金融大格局相隔离,亦不可避免地陷入了大崩溃。

（程毅,复旦大学历史学系博士研究生）

---

①　《蒋介石日记》(手稿本),1939 年 7 月 29 日,"上星期反省录"。
②　杜恂诚:《近代中国金融业发展模式与社会转型》,《中国经济史研究》2015 年第 3 期,第 23 页。

思想文化

神户《东亚报》与戊戌维新运动

蒋海波

绪　言

　　甲午战争后,中国士人开始发现东方邻国日本通过积极吸收西方的技术、学问、思想、文化,在国内的司法、通商、税制、社会风尚,乃至政治体制等许多方面施行了一系列富国强兵的政策,与列强进行艰苦的谈判,逐步改正了不平等条约,不但摆脱了列强压迫的困境,还开始跻身列强。一部分中国士人感觉到,日本的经验是可以借鉴和活用的。因为在日本发行的直排本书籍里,印刷着大量与中文意义相同或相近、相似的新式词语,那些汉字词语减缓了中国士人因接触完全异类的西方文字所带来的忧郁和烦闷。具有汉学素养的日本藩士文人能够通过汉字,以诗文的形式实现与中国文人通畅的心意沟通,中日交往中以笔谈和诗文唱和为主要形式的和谐景观,大约从 1870 年代后期开始,持续到甲午战争。甲午战争以后,大部分赴日的中国文人开始不再被视为儒教文化的载体而受珍视,而清帝国则逐渐成了被改造、"保全",乃至瓜分、掠夺的对象。但是在甲午至戊戌的短暂期间,一部分日本民间文人与主张维新的中国士人、旅日商人合作,以文字鼓吹的形式参与中国的变革。这也是这一时期中日关系中又一值得注目的侧面。
　　对日本维新的动向比较敏感的是广东士人,康有为在家乡"购求日本书至多"，基本上由汉字构成的日本书名，不仅传递了琳琅满目的新学信息，也为他构思维新变法框架提供了一个有力的参照系。根据书商带来的信息和资料，康有为辑录了《日本书目志》，于 1897 年在上海大同译书局出版。该目录是以东京书籍出版营业者组合事务所编辑的《东京书籍出版营业者组合员书籍总目录》（明治二十六年，1893 年）为底本的抄录本。① 开风气之先的广东士人通过商人打开的这扇窗口，窥视到了维新后日本的新气象，从而激起了他们对日本的好奇和重视。

1897 年秋，康有为受热心改革的光绪帝之命，在上海开办大同译书局。为了选择适当的书籍和译书人才，充实大同译书局的事业，康氏弟子和族人被派到了神户和大阪。在这里，有熟悉日本情况的广东商人，有精通中国文化的日本文人，也有热心促进中国变革事业的儒学者。于是，日本最早的中文杂志《东亚报》②在神户这座新兴的开港城市诞生了。

一、广东华侨与神户的中日交流

1868 年，来自长崎和中国各个通商口岸的商人开始移居神户。1869 年前后，新会县人叶启与香山县人郑雪涛在神户合伙开办了同孚泰号，成为神户广东帮的主干商社。1897 年夏，因为大阪港口建设的推迟，原来在大阪设置总店的广东商社移居神户，广东商社的同乡兼同业团体广业公所成为神户华侨中最有势力的团体。该公所最初设在神户下山手通 2 丁目 31 番，1903 年，在海岸

---

① 王宝平：《康有为〈日本书目志〉资料来源考》，《文献》2013 年第 5 期。

② 王士谷：《日本最早的华文期刊——〈东亚报〉》，《海外华文新闻史研究》，新华出版社 1998 年版，第 120—124 页。又，《东亚报》分别收藏在中国中央编译局、上海图书馆、广东省中山图书馆、日本京都大学人文科学研究所，本稿主要选用了广东省中山图书馆和京都大学人文科学研究所的复印本。

通 3 丁目 33 番建立了新的会舍。1905 年 5 月,取得财团法人资格。据 1910 年的统计①,神户华商已发展到 153 社(店),其中广东帮商社(店)73 家,约占 47%。祖籍三水、曾经在神户度过青少年时代的作家李满康的记录,反映了广东华商的文化水准和与日本文人的交流情况②:

> 光绪年间之神户华侨,大多数由祖国移来,是时祖国尚未颁行新学制,只受教育于故里私塾,(妇女十之七八为文盲)平均读书四五年,尚可用汉文写信记账,但亦有读书十年以上者。擅长文学之华侨,除得科举功名之国文教师外,读书较多而从事商业之辈,不独文字通顺,且能作诗作联,代表此辈之一人,可举神户中华总商会长郑祝三先生为例。郑先生为神户华侨对外活动之人物,善吟诗,自号豆眼道人,好用俚句以入诗,有诗人黄遵宪之作风,余记忆其七绝一首,兹录如左:
>
> 道人归去尾轮车,松海欢陪鼎食家。(松海为神户华侨首富吴锦堂先生之别墅,原注)醉里提壶思解渴,荆妻呼进榄葱茶。
>
> 神户华侨中之文士,常与寄寓此间之祖国文人如梁任公先生等,互相作诗唱和及作诗钟以遣兴。又清末民初之港粤各报,不断刊登征联比赛之悬赏启事,神户华侨之应征而得入选者,不一而足。以余管见所及,在当时世界各国华侨之中,神户华侨之平均教育水准,堪称数一数二,盖在神户华侨之职业圈中,无纯恃体力劳动之文盲而得插足其间也。

这里提到的郑祝三就是郑雪涛的儿子,郑雪涛本人也擅作诗,与日本文人多有唱和。

---

① 品川仁三郎编:《神户清商外商营业须知》,神户日华新报社 1910 年版,第 1—54 页。

② 李满康:《乾乾集》,香港民主潮出版社 1966 年版,第 189—190 页。

在广东华商麦梅生与大阪书籍商玉渊堂主人三木佐助之间的业务交往中,将中国古籍"购回"的经营书籍业务也很值得注意。玉渊堂主人三木佐助(1852—1926,本名彦七)在 50 岁(1901)时,撰写了回忆录《玉渊丛话》。广东华商麦少彭(？—1910)在为此书撰写的序文中,追述了乃父麦梅生与三木佐助的交流往事。①

> 忆先人有言曰:我始东航,百事草创,仅鬻本国星货,旁沽典籍。大阪书林河佐号,有彦七者,常来贸易,其人虽年尚少,资性著实,处事敏捷,是他日有为者。既而日本大小诸侯尽撤藩,各藩藏书,概附沽却,其中所谓唐本者甚多。彦以为奇货可居,来谋转卖清国,奔走东西,搜收数十万卷,其所利不少小。

关于与麦梅生之间的书籍交易,《玉渊丛话》详细地介绍了其中原委。简要而言,就是随着废藩置县的风潮,日本各藩收藏的汉文典籍被大批"处分"。三木佐助从日本各地以廉价购入汉籍,转售给因受条约限制而不能赴日本内地经商的麦梅生,麦梅生将这些汉籍带回广东销售。商人们不仅运输了作为物体的书籍,也传递了日本书籍市场的信息。通过这些信息,广东的士人敏锐地感受到维新后日本的新气象。在这个过程中,像麦氏父子这样的商人的存在以及他们与康有为、梁启超交往具有重要作用。康梁与麦少彭的交往在戊戌政变以后也未中断。1899 年 5 月 24 日,流亡日本的梁启超从横滨赴神户,暂住广业公所。28 日,在中华会馆向 200 多名华侨发表演说,倡议建立华侨学校。② 1900 年 3 月,神户华侨同文学校开学,麦少彭任总理,犬养毅任名誉校长,汤觉顿任校长。康梁维新派人士与麦少彭的密切关系可见一斑。

---

① 三木佐助:《玉渊丛话》(上卷),大阪开成馆 1902 年版,序言第 1—2 叶。

② 外务省外交史料馆藏『各国内政关系杂纂・支那ノ部・革命党关系(亡命者ヲ含ム)』第一卷,アジア历史资料センター,Ref.B03050064000 – 95—97。

另外,随着广东商社大举迁移神户,如何恢复甲午战争后两国民间的关系,成为神户政界财界的急务。1897 年 10 月 16 日,由神户各界头面人物兼松房次郎、泷川辨三、山本龟太郎、平野重太郎等出面,在神户最著名的常磐花坛举行了招待 30 名华商的宴会,以下的报道记录了宴会的盛况①:

> 十六日夜,以清商三十余名为宾客,在兵库常磐花坛召开恩亲盛宴。当日会场门前设置辕门,中日两国大国旗交叉悬挂门前。庭院里到处悬挂着记有"清日恩亲"或"中日恩亲"四字之提灯数百盏,两国小国旗无计其数。以轰然爆竹声为标志,宾主一同着席。山本、兼松、泷川、平野等四名总代表致词,叙述了希望中日间的交谊日益笃厚,贸易日益隆盛的招待会宗旨。清国领事邹振清致答辞,大森知事致词。最后宾主一同三呼"中日贸易万岁",移入宴会,有种种余兴登场表演。主宾一同尽欢而散,时间已过了午后十时。

作为答礼,华侨方面于 1898 年 3 月 13 日,在神阪中华会馆举行了规模更大的招待宴会,日本各界名士的出席者达 50 余人。《东亚报》第三册商务栏中以《中东官商辑睦会记》②为题,详细报道了这次活动:

> 客岁十月,神户大贾开会,邀中国绅商赴宴。故去月中国绅商在神户中华会馆开中日辑睦会,以答礼焉。馆中铺陈,仿效西式,极其雅丽。青叶古树,拱绕四围。异草琪花,罗列内外。门前楹联扁额,以碧纱笼之,题中日辑睦会焉。西洋烟花,支那爆竹,日夜喧嚣。电灯烛天,几同白昼。东国旭日旗,中国画龙旗,飘扬拨拂。东洋莲矩,逐火贯珠。门外回廊,中西乐奏。堂下则梨园子弟,跳舞高歌。茶会大开,酪浆罢嚼,

---

① 《日清辑睦》,1897 年 10 月 19 日《大阪朝日新闻》。
② 《东亚报》第三册,光绪二十四年六月一日(7 月 19 日),商务卷三,第 19 页。

醴酒复进,致足乐也。

是日中国绅商,为会长者有郑雪涛、蓝卓峰、鲍子卿、容翰屏、金蔼堂、孙通江、吴锦堂、王明玉、柯谦友、鲍载之、蔡念庭、苏寅生、徐筱春、朱瑞宇、张瑞徵、郑悦亭、麦少彭、黄煜南、李耀旒、黄文珊、陈达生、叶香泉、陈冠之、卢绍庭、戴金树、万碧山、罗籍生、陈杏村、吴福权、黄礼初、马聘三、杨符三。

日国官绅赴会者,神户裁判所长、税关长、警部部长、检事正、书记官、邮便电信局长、市长助役、市会议长、税关检查课长、外务课长、神户警察署长、兵库警察署长、户场警察署长、水上警察署长、商业会议所副会头、神户水道委员长、三井会社长、大坂神户磷寸会社长、东京大坂保险株式会社长、神户商业会议所会员、川崎造船所社长、三菱公司会社长、横滨正金银行长、住友银行长、日本贸易银行长、上海纺织株式会社长、钟渊纺织株式会社长、山阳铁道会社长、日本邮船会社长、兵库县参事官、神户商业会议所会头、株式会社第一银行长、神户商业会议所会员、日本兵库仓库株式会社长、神户栈桥株式会社长、日本商业银行长、神户又新日报主笔、神户新闻主笔、东亚报总理及主笔。其余中东人士甚伙,难以缕数。

以上介绍的是神户广东华侨与日本人社会交流的一些史迹。往来于神户广东之间的中国商人通过书籍将日本社会的信息带回广东,促使维新派对这座城市的注目;日本文人对中国文化的高度理解和热心参与;甲午战争后,在中日双方的努力下,神户的中日关系呈现出恢复的趋向。在这样的背景下,《东亚报》诞生了,神户成了声援中国维新运动的重要一翼。

二、《东亚报》刊行概要

1898 年 6 月 2 日,《湘报》第七十六号刊登了《东亚报启》一文①,包括《东亚报》的《刊印凡例》12 条、《办事条规》6 条、《集款章程》6 条(三者共计 1 190 字)等项目。在《刊印凡例》中,提出了其刊行目的是"爰集同志倡设报馆,首以振发中国为主义,博采通学,广译新闻,使朝野锢窍洞达昭晰,识时之士有所观感"。

其刊载的内容与范围是"一曰宗教,以提倡孔教为宗旨。凡汉学、教派、教会、教报、传教章程例案,及东西人士著述赞颂儒教论说隶焉。二曰政治,凡五洲时事、侏离琐闻、议院国会、外交内政之属隶焉。三曰法律,如罗马律、拿破仑律、万国交涉、公私宪法、吏户礼兵刑工约章因革之属隶焉。四曰商务,凡商学、地志、种植、纺织、茶业、华洋物产贩运、比较工匠商轮赛会之属隶焉。五曰艺学,凡天文地舆、算学声电、光化汽重、矿医格致之属隶焉"。该报除了《论说》以外,还开设了《宗教》《政治》《法律》《商务》《艺学》(工艺技术)5 个主要栏目,其范围几乎涵盖了所有的"新学"。《刊印凡例》还预告了"凡东西学人,专门名家著译新论,都成一集邮递。本馆可代附印报端,以答宿学之劬而厌天下之望"。这是一种集杂志刊行和翻译出版事业于一体的计划。关于在日本刊行的理由,《刊印凡例》表示:"日本踞万邦要冲,万国时务电报飞驰,轮船至华三日可达,较中国访事尤为迅速。"这里只强调了日本在传达信息的便利性,并没有打出将日本的学问和思想作为译介对象的旗帜。

报馆所在地是神户下山手通 2 丁目 31 番,就是神户广业公所的所在地。旬刊,线装书。并用"孔子生二千四百四十九年"和"光绪二十四年"纪年。第 1—6 册各册的扉页上有汉字名《东亚报》(直写),下面有片假名"トウアホウ"(从右往左),英文字二段 THE BRITISH 和 EASTERN ASIA NEWS。第 7 册以后的英文名改成 THE EAST ASIA,ISSUED THREE TIMES IN A MONTH.

---

① 日本寄稿:《东亚报启》,《湘报》第 76 号,1898 年 6 月 2 日,第 303 页,中华书局影印本 2006 年版(上),第 679—681 页。

栏目有《论说》《宗教》《政治》《法律》《商务》《艺学》《路透专电》《五洲汇电》《经世文选》《新书选录》《布告》等。1 册平均 36 页,1 页约 960 字,1 册合计约 34 560 字。各册附有 1 枚图录(肖像画或地图),其刊行日期和图录内容如下:

第 1 册(五月十一日,6 月 29 日①),素王圣像(孔子肖像画)。第 2 册(五月二十一日,7 月 9 日),亚细亚详细图。第 3 册(六月一日,7 月 19 日),美国大总统华盛顿肖像。第 4 册(六月十一日,7 月 29 日),中国夏殷周三代详细舆图。第 5 册(六月二十一日,8 月 8 日),日本皇帝(明治天皇)肖像。第 6 册(七月一日,8 月 17 日),俄国今皇帝(尼古拉二世)肖像。第 7 册(七月十一日,8 月 27 日),中国直隶省之图。第 8 册(七月二十一日,9 月 6 日),德国今皇帝(威尔海姆二世)肖像。第 9 册(八月一日,9 月 16 日),中国山东省之图。第 10 册(八月十一日,9 月 26),英国女皇(维多利亚女王)肖像。第 11 册(八月二十一日,10 月 6 日),中国盛京省南部精细图。

在《东亚报》各册的广告中,刊登了代销处的名单,其数量各册略有增减,以刊载最多的第 5 册为例,广东以外的中国国内有 74 处,广东(包括港澳)有 85 处,南洋有 74 处,南北美洲有 27 处,日本有 10 处。其多数是华商商社(店)。在《东亚报》刊出第 11 册的数日后,《神户又新日报》《时事漫评》栏上,发表了一篇消息和短评:"清人发刊之《东亚报》因此次政变停刊,虽由时局所致,然于清国文化开启风气而言,实在令人遗恨。"②很显然,《东亚报》停刊的原因就是戊戌政变。

在同时代主张变法维新的报刊中,翻译日本新闻杂志中报道类的文字并不罕见,例如《时务报》的《域外报译·东文报译》栏③,

---

① 本稿中凡无年份的公历日期均为 1898 年。

② 无标题,《神户又新日报》,1898 年 10 月 11 日,第 1 版。

③ 沈国威:「『时务报』の东文报译と古城贞吉」,大阪,关西大学アジア文化交流研究センター编:『アジア文化交流研究』第 4 号,2009 年 3 月,第 45—71 页。

《知新报》的《京外近事》《亚洲近事》栏中都能见到一些,但其份量并不多。以《时务报》为例,从日本报纸杂志上的翻译文章占全体的 18.71％。[1] 而且这些杂志采用的底本主要是集中于报纸,即"报译",其内容也限于"近事"(时事)。与上述两份杂志相比,《东亚报》的翻译有以下一些特征:(一)译文的来源幅度广,不仅是报纸、书籍、专业杂志、学术杂志有所涉猎,而且其领域涉及法律学、社会学、经济学、哲学、宗教学等多方面。就是说,不仅是来自日本的"信息",而且其"思想"和"学问"都是翻译、介绍的对象。(二)翻译、执笔人员由逗留在日本的中国士人和具有高度汉学素养的日本士人构成,其中日本士人的译作占绝大多数,其作用更明显一些。(三)在翻译记事后面,基本上都标明原来的日文书籍名、报纸杂志和刊行日、号数等。以这些信息为线索,后人可以对译文和原文的异同作对比研究。

《东亚报》关联人员情况简介如次:

简敬可(1860—?),广东新会人,字石芗。大阪·神户广业公所干事。[2] 韩文举(1864—1944),广东番禺人,字树园,号孔庵,别号扪虱谈虎客。自 1897 年起在《知新报》发表了《万国公政说》等 5 篇论文,曾与梁启超一起,赴长沙时务学堂任教习。政变后赴日,参与横滨大同学校的创设和《清议报》《新民丛报》编集刊行。晚年在香港度过,卒于该地。[3] 著有《近世中国秘史》(1904)[4],《韩树园先生遗诗》。[5] 在《东亚报》上仅发表了《大地宜奉孔教主纪年

---

[1] 陈一容:《古城贞吉与〈时务报〉"东文报译"论略》,《历史研究》2010 年第 1 期。

[2] 中华会馆编:『落地生根——神户华侨と神阪中华会馆の百年』,东京研文出版 2000 年版,第 66 页。

[3] 何广棪:《韩文举》,刘绍康主编:《民国人物小传》(第二册),台北传记文学杂志社 1977 年版,第 298—300 页。

[4] 沈云龙主编:《近代中国史料丛刊》三编,第 16 辑,台北文海出版社 1986 年影印版。

[5] 伍宪子等编:《韩树园先生遗诗》,香港,非卖品,1948 年。

议》一篇论说。康同文,生卒年不详,广东南海人,字介甫。康有为之侄。① 在《东亚报》发表论说《俄割东方弗利日本说》,并译述了《美国宪法》。韩昙首,生卒年不详,广东番禺人,字云(芸)台,又有仁甫、无首等名,韩文举族弟,万木草堂弟子。在《东亚报》发表《东亚报叙》,《日本四十七侠士传叙》,译述《社会学新义》,撰作《日本七十三义侠传》。② 吴恒炜,生卒年不详,广东顺德人,字介石,号天民。曾在《知新报》上发表了《知新报缘起》(第1—3册连载,1897年2月22日—3月3日)。在《东亚报》上并没有著述。因故下落不明。③ 叶栋,生卒年不详,在《东亚报》第1册,发行人为"英叶栋",第2册以后"英"字被删除,其身份似乎与英国有关。

角谷大三郎(?—1921),和歌山人县。1893年5月时,任大阪地方裁判所所属律师。④ 1898年6月,参加东邦协会⑤,1903—1913年,任和歌山裁判所判事。⑥ 在《东亚报》任《法律》栏译述和编述。大桥铁太郎(1869—?),号苏南、九华,岛根县人。曾任新闻《日本》《静冈日报》《神户新闻》《九州日报》《北国新闻》《东京每日新闻》等报纸的记者、编辑长等职。⑦ 著有《警察要训》(神户,1903)、《警察伦理谈》(福冈,1907)、『手纸の话』(岛根县松江,

---

① 吕顺长:『康有仪の山本宪に宛てた书简(译注)』,大阪,《四天王寺大学纪要》第54号,2012年9月,第399—428页。

② 蒋贵麟:《康南海先生弟子考略》,《大陆杂志》第61卷第3期,台北,1980年9月,第23页。

③ 丁文江、赵丰田编,岛田虔次编译:《梁启超年谱长编》第1卷,东京岩波书店2004年版,第372页。

④ 大阪辩护士会编:《大阪辩护士会史稿》(下),大阪,大阪辩护士会1937年版,第1115页。

⑤ 《东邦协会会报》,第46号,东京,1898年5月,第145页。

⑥ 国立公文书馆馆藏:《古休职判事角谷大三郎位阶追陞ノ件》,叙00680100,アジア历史资料中心,Ref.A11112935000-5。

⑦ 宫武外骨、西田长寿编:《明治新闻杂志关系略传》,东京,みすず书房1985年版,第23页。

1936)等。在《东亚报》《政治》和《宗教》栏任翻译,计 210 项目,还翻译了《美国鸟约京城风土记》。

在《东亚报》起到重要作用的是桥本海关(1852—1935,名德,字有则,通称小六,海关其号),明石藩(神户西邻)士,是神户著名的汉诗文家,其实力有"兵库县内恐无人出其右"的评价。[①] 有《明治作诗含英》(1883)、《海关咏物诗集》(1903)、《百物丛谈》(1903)、《赤石三胜诗集》(1907)、《朝鲜三古都诗》(1923)、《古琉球吟》(1928)、《马牛裾》(1933)、《马牛裾余辑》(1935)等汉诗文集,及史著《明石名胜古事谈》(1920—1933)。1919 年 4 月,海关携长子关雪(1883—1945)、乃孙节哉(1904—1965)赴华旅行,有纪行诗集《一苇航吟》(1922)记其事。海关有译著 3 种存世,收藏在中国国家图书馆,分别是:1.《支那史》九卷,市村瓒次郎、泷川龟太郎编,教育世界社 1903 年版。2.《经济教科书》,添田寿一撰,江楚编译官书局,光绪年间。3.《小学农业教科书》四卷,佐佐木祐太郎撰,江南总农会,光绪年间。其中,1. 原本已被确认为是林缝之助刊行的同名著作(1888—1892)。[②] 2.和 3. 分别可推定为金港堂书籍刊行的同名著(均刊于 1901 年)。另外,海关还译有《清日战争实记十五卷》(日本人原著,光绪二十四年,10 册)。[③]

桥本海关除了担任《东亚报》中《政治》《商务》《艺学》(计 152 项目)以外,还在《宗教》栏担任了 4 篇论文,《新书译录》栏里《万国公司新法》等的翻译。关于桥本海关参与《东亚报》和东亚书局翻译的状况,其子桥本关雪留下了一段记录[④]:

当时父亲为康有为一派主办的广东书局翻译了许多

---

① 山内直一编:《兵库县人物列传》,神户我观社 1914 年版,第 60 页。

② 李孝迁:《清季支那史东洋史教科书介译初探》,《史学月刊》2003 年第 9 期。

③ 张晓编著:《近代汉译西学书目提要:明末至 1919》,北京大学出版社 2012 年版,第 172 页。

④ 桥本关雪:《白沙村人随笔》,东京中央公论社 1977 年版,第 7 页。

书籍。父亲当时翻译的,在当时中国年轻人之间被广泛地阅读的有《米国繁昌史》《佛兰西革命史》《中日战争实记》《阁龙传》《万国蒙求》等大约七十余部。当时因为是中日战争后不久,胸怀革命意气的中国年轻人,有不少人为求得新知识而东渡日本。父亲家因为这些翻译,有了相当不菲的收入。

这里说的广东书局,应为神户东亚书局(后详),中日战争是指甲午战争。关于康孟卿、韩昙首与桥本海关的交流以及《东亚报》的刊行情况,关雪还回忆道①:

> 著名的康有为流亡日本前后,他的兄长康孟卿寄寓在我家,因此形形色色的支那人,那些所谓与国事有瓜葛的人们大概都到过我家,从朝到晚,白天就饕餮着烧锅牛肉,好像很普通的,一点都不当回事。我家就好像成了他们的集会所。有时候警察一整天都在我家门口放哨,这事连我这个小孩子也记得清清楚楚。当时有个叫韩昙首的,也是康有为的门生,感觉上他好像是最聪明的。虽然不太舒畅,但是我跟他笔谈过画画的事。

康孟卿等在桥本海关家里寓居及其生活状况、关雪与韩昙首的交流,加上警察的放哨监视等模样,都在关雪幼小的心灵中留下了深刻的印象。兵库县知事大森钟一的报告也证实《东亚报》是"清国改革派首领康有为之机关",康有为之侄康同文执笔其中,堂弟(应为堂兄)康孟卿(1858—?)在大阪的儒学者山本宪的私塾研习日语②:

> 据闻,近来与阪神间在留广东人之组织有关,被视为清国

---

① 桥本关雪:『南画への道程』,东京中央美术社 1924 年版,第 144 页。
② 外务省外交史料馆藏『各国内政关系杂纂·支那ノ部·革命党关系(亡命者ヲ含ム)』第一卷,アジア历史资料センター,Ref.B03050063900 – 10。

改革派首领康有为之机关,即市内下山手通二丁目名为《东亚报》杂志发行处,不仅其尊崇康有为之色彩浓厚,其侄康同文亦在《东亚报》执笔。又康有为之堂弟康孟卿现在在大阪山本宪私塾,研究日语。

山本宪(1852—1928),字永弼,号梅崖,出生于高知县佐川町,祖上五代任乡里的儒学馆"明教馆"馆主,是儒学世家。1885 年,大井宪太郎(1843—1922)等人策划在朝鲜发动政变,山本受托起草了汉文《告朝鲜自主檄》,文采激昂。但这一阴谋败露,11 月,参与此次政变的自由党人在大阪集结时被日本官宪逮捕,史称"大阪事件"。1887 年 9 月,山本也因撰写檄文而被判罪入狱。1889 年 2 月,大赦出狱。以后在大阪开办儒学私塾"梅清处塾",以授徒研习儒学为终身事业。

1897 年 9—12 月,山本宪赴中国旅行,足迹遍及京津城垣、长江流域。次年 7 月刊行汉文游记《燕山楚水纪游》,详细介绍在沪期间与汪康年、罗振玉、蒋黻、章太炎、张骞、叶瀚等江浙维新派士人的交流情形。① 1897 年末,康有为堂兄康有仪、族侄康同文赴大阪,师从梅崖学习日文。② 戊戌政变后,康有为、梁启超、王照等人流亡日本,山本上书大隈重信,为促成日本政府默认维新派志士流亡日本而奔走。11 月,在大阪发起"日清协和会",以示声援。角谷大三郎也参与该会,任评议员。③ 康有仪还参与《清议报》的创办和日文翻译。④ 山本也在《清议报》上发表《论东亚事宜》(第

---

① 蒋海波译:《燕山楚水纪游》,山本宪关系资料研究会编:「变法派の书简と『燕山楚水纪游』——『山本宪关系资料』の世界」,东京,汲古书院 2017 年版,第 361—536 页。

② 吕顺长:《清末维新派人物致山本宪书札考释》,上海交通大学出版社 2017 年版,第 36—37 页。

③ 山本宪关系资料研究会编:「变法派の书简と『燕山楚水纪游』——『山本宪关系资料』の世界」,第 356 页。

④ 吉田薫:「康孟卿の翻译作业とその周边:戊戌政变から『清议报』刊行までを中心に」,东京《中国研究月报》65(10),2011 年 10 月,第 1—14 页。

2、4、5 册连载)，提倡中日士人联合，后刊行单行本。① 他还为
罗振玉主持的上海农学会翻译过《农业保险论》(吉井东一著，
东京，有邻堂，1895)、《土壤学》(池田政吉著，东京，有邻堂，
1894)等著作。

三、《东亚报》主要栏目译文溯源

(一) 论说栏

论说栏通常在各册的最初页面，其主要内容如下：

韩昙首《东亚报叙》(第 1 册，2 700 字)表明了这份杂志的宗旨
(三页)：

> 我中国泰然拥二万里之地，驭四百兆之众，宪政弗革，百
> 穷锢塞，燕巢危幕，火厝积薪。而所谓宗室胄子、朝隐元老，击
> 楫群英，呕心泣血，大声号吁者，唯兹强学官局、《时务》《知新》
> 《湘学》《国闻》数报焉，遑问异域哉。东方大局日蹙尔，突獗覆
> 轨复踏尔，阿富汗之禾黍弥野尔，卑路芝之草木皆兵尔，马达
> 加之土疆荡析尔，阿拉伯之郊原膏血尔，羲黄族孙子囚人虏
> 尔，杜少陵之弟兄西东尔。噫，宁有谯类焉，宁有谯类焉。宗
> 周蠢蠢，我思悠悠，乱离漠矣，奚其适归。傅燮身世，悲不欲
> 生。屈平嫉时，发奋斯作。踵鲁玙之蹈海(朱鲁玙，明季浙江
> 余姚人，赴日本求援，说详日本《先哲谈》)，劾包胥之泣秦。
> 《东亚报》兴、良有以也。谅哉，龚子自珍之言也。黔首胃月，
> 天地比邻，四海秋归，室难为春。哀我邦人，莫肯念乱，忍使乃
> 圣乃神乃武乃文乃种乃族乃奴乃隶乃疆乃理乃分乃裂。猗
> 嗟，卷睨旧乡，谁弗悯些。

韩文举《大地宜奉孔教主纪年议》(第 2—3 册连载，5 300 字)，

---

① 山本宪：《东亚事宜》，大阪，福井清司刊行 1900 年版。

强烈主张用孔子纪年,认为其利点是"若夫可振夏风,可光圣教,可张国体,可扬政声,可靖人心,可一民俗,正黑白以定一尊,齐万汇而归大号,不假岁年,不动大众,不耗国帑,不资巨金,使德之流行,速于置邮而传命者,莫如以中国教主之孔子纪年为要义"(第2册2页)。康同文《俄割东方弗利日本说》(第4册,第10册连载,2900字)主张,"今欲兴利扬害,莫如中日缔盟,一以护黄种,一以拒俄人,一以昌宗教,一以保商业"(第10册5页)。呼吁中日携手,共同对抗俄国对东亚的侵略。还有一篇论说比较特殊,是无署名的《宰割中国议》(第5—8册连载,10000字)。该文是英国人赫德《支那分割论》的日译文的再翻译。日文"原文"刊登在《东邦协会会报》第46号(6月20日)上,也未署名。署名"忧亚子"①的《论英俄交夺中国权利》(第9册,约2400字)列举列强(特别是俄英)蚕食中国的现状,对此表明悲观的心情。无署名的《横滨阖埠华人倡祀孔子启(倡祀孔子章程附)》(第11册,1730字)与同日(10月6日)刊行在《知新报》第67册的文章内容相同。《知新报》上的执笔者是"同人公拟,徐勤属稿"。因此该作者应是徐勤(1873—1945)。这篇文章实际上是10月12日(八月二十七日,孔子诞生日),在横滨中华会馆举行的释奠祭(孔子生诞祭)的意向书。

其他如韩昙首《日本四十七侠士传叙》(第3册,290字)则是赤穗义士物语译书的序文,无署名《开辟美洲阁龙航海家独列几合传叙》(第5册,360字),《美国鸟约京城风土记叙》(第9册,230字),《日本龙马侠士传叙》(第10册,430字),《李盰江先生经邦三策叙》(第10册,300字)等,这些文字都是神户东亚书局出版的译书或翻刻书的序文,在读者没有看到相关著作的情况下,这些文字

---

① 据夏晓虹推测,"忧亚子"有可能是罗普。《阅读梁启超》,中华书局2006年版,第277—286页。

所能起到的作用仅仅是广告而已。

如上所述,仅从最能直接反映出自己主张的论说栏来看,康门子弟韩昙首、韩文举、康同文等人的论说各自只有 1 篇(总字数10 900 字)。即使将《论英俄交夺中国权利》、徐勤的《横滨阖埠华人倡祀孔子启》等加起来计算,论说文也只有约 15 030 字。重译的《宰割中国议》约 10 000 字。序文类 5 篇的合计字数也只有1 340 字。从份量的比例上来看,撰述者的主张只占论说栏全体的6/10。而论说栏的总字数(26 370 字)在杂志全体的份量(11 册合计 380 160 字)中只占 7%,可以说《东亚报》版面的 90%以上的文字是由翻译文构成的。

(二)"宗教"栏

该栏目刊载了关于宗教译文 5 篇、世界地理知识译文 1 篇,其内容如下:

《孔子创造天地论》(第 1 册,390 字,桥本译)是久津见息忠(1860—1925,号蕨村)著《世界之十大宗教》(普及舍,1897 年,114页)的第 10 章《结论》部分(540 字)的节译。该著作介绍了埃及、希腊、罗马、斯堪的纳维亚古代宗教、犹太教、伊斯兰教、基督教、波斯教、婆罗门教、佛教等构成的"世界之十大宗教"。儒教仅仅是"十大宗教"以外的,在结论部分中的一个段落,在整部书中只占了极小的一部分。《荀子创办学说》(第 1—4 册连载,3 500 字,桥本译)是桑木严翼(1874—1946)著『荀子の论理说』(《早稻田学报》第14 号,4 月 25 日,第 47—59 页,7 000 字)的全译。《论孔子为宇宙一大思想家》(第 2—4 册连载,2 300 字,大桥译)是松本文三郎(1869—1944)著《孔子论》(《早稻田学报》第 13 号,3 月 28 日,第17—28 页,6 500 字)译文,但是译文"省略"不少,最后的结论部分(610 字)甚至没有翻译就结束了。《读孟子豪杰之士说》(第 4 册,540 字,桥本译)是吉田松阴(1830—1859)著《讲孟劄记》(卷四十章)(《阳明学》第 45 号,3 月 15 日,第 53—54 页,860 字)的节译。

《周濂溪张横渠二子哲学论》(第 5—6 册连载,3 800 字,大桥译)是吉田静致(1872—1945)的论文『周张二子の哲学(周子を略说し张子を详论す)』(《哲学杂志》第 13 卷第 137 号,7 月 10 日,第 537—555 页,13 700 字)的节译。该论文在次号(8 月 10 日,第 621—645 页)里还有 11 430 字,再次号(9 月 10 日,第 703—722 页)里有 10 000 字的长文连载。《东亚报》翻译只是"略译"了原文的"绪言"部分。《万国新地理学问答》(第 7—11 册连载,6 800 字,桥本译)是冈村增太郎著《万国地理新问答》的第一编绪论(吉冈本店,1896年,第 1—47 页,22 000 字)的节译。该栏目从第 7 册以后,就以这篇《万国新地理学问答》的连载来填充版面,《宗教》栏作为栏目,实际上已经名存实亡了。

(三)法律栏

《法律》栏的翻译全部由角谷大三郎担任,其概要如下:

关于国际公法的一系列译文,如《国际公法总论》(第 1—2 册连载,2 230 字),《第一,国际公法之主体》(第 2—5 册,5 460 字),《第二,国家权利》(第 7 册,720 字)等,据称都是从《最近世国际公法论》译出来的,但在"译出"《第一,国际公法之主体》之后,"译者"角谷发了一段议论。从这里我们可以发现,所谓"译文"实际上是角谷的"编述"。

> 方今欧洲列国常托事占领支那领土。支那固有国际上完全权利,徒恐列国之威赫而一任彼阴谋,不知国际上权利安在乎。是自侮蔑己之国权也。其危害延及东洋,一般之安危所关也。故志士痛恨不能措置。余当编述国际之主体,不觉涕泪滂沱,掷笔为之三叹也(第 5 册 17 页,傍点为引用者所加)。

另外,该栏目还刊登了以下一些译文:《比律宾岛新立共和国宪法》(第 6,8 册连载,1 000 字)是菲律宾革命政府发布的宪法,通过日译文重译。日文的出典应该是《大阪朝日新闻》(8 月 4 日 2

面,同 5 日 2 面)的连载『比律宾の新宪法』(计 2 100 字)。《德国四大法曹》(第 7 册,1 000 字),题目与本文的关系是羊头狗肉。汉译文的内容是接在《独逸四大法曹》连载第 5 回(《法学新报》第 86号,5 月 20 日,第 28—32 页)后面的石山弥平的论文《行政裁判所废止论》(1 800 字)的一部分。《中国借地通商条约管见》(第 8—9册连载,1 620 字)是渡边智与树著『清国贷渡地ニ于ケル通商条约ノ効力ニ就テノ卑见』(《法学新报》第 87 号,6 月 20 日,第 56—59页,2 700 字)的摘译。《比利时国现行选举法》(第 9—11 册,3 900字)是若林信夫(应为若林荣次郎)译《白耳义国选举法》(《法学协会杂志》第 16 卷第 7 号,7 月 1 日,第 578—593 页)(第 1—41 条)的部分翻译,该译文在同杂志的次号(8 月 1 日)里还有连载,条文数达 199 条。若林荣次郎(1847—1932)曾任东京高等商业学校(一桥大学的前身)教授。

（四）其他栏目

从日本的报纸杂志翻译来的大量的信息都收录在《政治》《商务》《艺学》等栏目中。《政治》栏的内容以报道中国时局为主,关于美西战争的报道也不少。横滨大同学校、京师大学堂(北京大学前身)的有关报道也收录在这个栏目里。《商务》栏里收录了日本以及各国的经济信息和日本华商的动态。《艺学》栏中有很多日常生活的新发明新知识的介绍,军用技术的介绍也占一定比例。《经世文选》栏有上谕(计 11 篇)、论说、译文、告示、报道、上奏文等。主要有日本人中西某的《清国迁都私议》(第 1、5、7—8 册连载,3 000 字)、驻神户大阪领事邹振清《中国驻日本神户大阪领事谕华人阅东亚报告示》(第 2 册,380 字)、神户中华会馆来稿《与日国神户官商辑睦宴会叙》(第 3 册,830 字)、《中国驻日本公使横滨大同学校立案禀批》(第 6 册,220 字)等。现将全 11 册的记事总数中,《政治》《商务》《艺学》诸栏目的大致分类情况列表如次:

表1　《东亚报》《政治》《商务》《艺学》诸栏目记事总数及分类

《政治》栏						《商务》栏				《艺学》栏	
中国形势	36	法国形势	3	中日外交	6	中国经济	12	他国经济	7	民生技术	41
美西战争	28	德国形势	3	中德外交	5	日本经济	14	多国经济	6	军用技术	16
俄国形势	20	他国形势	9	中美外交	2	美国经济	9	在日华侨	3	世界地理	9
美国形势	11	多国外交	35	中韩外交	2	英国经济	3	小计	62	动植矿物	5
日本形势	10	中英外交	15	其他外交		俄国经济	3			小计	71
英国形势	8	中俄外交	14	中日教育	4	中日经济	3				
韩国形势	5	中法外交	8	小计	229	法国经济	2			合计	362

四、《东亚报》的译著与神户东亚书局

《东亚报》设有《新书译录》栏目,在中缝上印有"神户东亚书局丛书"字样的页面上,其叶数与《东亚报》各册并不衔接,独自相续,可以另行装订成册。收录在这一栏目中的论著,属于同时代最新的"学问"和"思想",值得注目。关于神户东亚书局与《东亚报》的关系,在《湘报》的《东亚报启》中就有"本馆除办报外,兼译商务各种要书,以饷同志"①的设想。在创设当初就有以《东亚报》"新书

---

① 日本寄稿:《东亚报启》,《湘报》第 76 号,1898 年 6 月 2 日,第 303 页,中华书局影印本 2006 年版(上),第 680 页。

译录"栏为载体,同时翻译书籍的意图。可以推测两者的关系是两块招牌一个班子。《新书译录》栏目的概要如下:

韩昙首译述《社会学新义》(第1—11册连载,9 200字)的原本是斯宾塞(H·Spencer,1820—1903)著 The Principles of Sociology 第一卷的日文编译本《社会学》(涩江保编译,博文馆,通俗教育全书第89编,1894年,第1—65页,23 000字)的部分再译。涩江保在该书"小引"中说明:"本书虽以英国硕学斯宾塞氏之社会学原理(Spencer's The Principles of Sociology)第一、第二两卷为基础,然将其高尚之议论换成卑近之议论,将彼国之事例改成我邦之事例,且将其达数千页之巨著缩成仅有百余页之小册子,其难易繁简固不可同日而言。"明确表明这是一本对原著做了大幅度改编的普及读物。① 然而,最初将"Sociology"的日文译名之一的"社会学"移植至中文的,是从《东亚报》的这篇《社会学新义》开始的。② 随着《东亚报》的停刊,翻译只进行了一小部分,但是其中对国家、民族、国民、社会等概念的导入,都具有开拓性的意义。

康同文译述《美国宪法》(第1—11册连载,7 600字)是坪谷善四郎(1862—1949)编著《万国宪法》(博文馆,1888)中相当于第2章"北亚米利加合众国"(原著未列章节,第43—75页,14 400字)部分的全译。此书是坪谷自己在东京专门学校(早稻田大学的前身)听课时,辑录众多学者的讲义和有关欧美诸国的宪法文本的关

---

① H·斯宾塞的 The Principles of Sociology,由 Principles of Sociology, Vol. I, 1876. Ceremonial Institutions(Part Ⅳ in Vol. Ⅱ of Principles of Sociology),1879. Ecclesiastical Institutions(Part Ⅵ in Vol. Ⅲ of Principles of Sociology),1885. Professional Institutions, Industrial Institutions(Parts Ⅶ、Ⅷ in Vol. Ⅲ of Principles of Sociology),1896.构成。其中,Vol. I 以《社会学之原理》之名,被译成日文(乘竹孝太郎译,外山正一校,东京经济学讲习会1883—1885年版,8册,共1582页)。

② 姚纯安:《社会学在近代中国的进程(1895－1919)》,生活·读书·新知三联书店2006年版,第46页。

联资料写成的普及读物。康同文的译述连载与《东亚报》的刊行同步,是一份比较完整译介美国宪法的译文。①

　　桥本海关译《万国公司新法》(第1—6册连载,4 400字)所依据的日文"原著"是草鹿丁卯次郎(1867—1931)纂译的《欧米各国株式会社要解》(博文馆,1896)第一编最初部分(第1—18页,7 000字)。据草鹿在绪言中称,其第一编原文取自德国哈雷大学教授コンラード氏编纂的国家学辞典中记载的欧美各国关于株式会社的法律规定。但他既没有明确提示"国家学辞典"的正式名称,也没有标明编纂者"コンラード氏"名字的原文,这种来路暧昧的"译纂"在当时的日本出版界是比较少见的。据笔者推测,能够编写"国家学辞典"的"コンラード"有可能是柏林大学教授、政治学者孔拉多·布伦哈克(Conrad Bornhak, 1861 - 1944)。详情待考。

　　韩昙首译述《法国议院选举法》(第4—11册连载,5 300字)是若林荣次郎翻译的《佛国现行选举法》(《法学协会杂志》第16卷第6号,6月1日,第488—512页,13 300字)的摘译。

　　然而,上述4部译作并未见其刊本,现在笔者看到的神户东亚书局刊行的是如表2所示的几本译著(包括一部翻刻本):

表2　神户东亚书局既刊书籍一览

《东亚报》所刊书籍广告 (卷数,颁价)	中国国家图书馆所藏
开辟美洲阁龙英航海家独列几合传 (1卷,2角)	二卷,[日]桥本海关译,光绪二十四年
日本龙马侠士传(2卷,4角)	二卷,[日]愚山真轶郎撰,无刊年

---

① 胡晓进:《清末民初美国宪法在中国的翻译与传播》,《华东政法大学学报》2015年第3期。

(续表)

《东亚报》所刊书籍广告 （卷数,颁价）	中国国家图书馆所藏
美国鸟约京城风土记(1卷,2角半)	一卷,[日]大桥铁太郎译,光绪二十四年
日本七十三义侠传(3卷,6角)	三卷,韩昙首撰,光绪二十四年
英丁前后海战纪(1卷,3角)	[美]贤独滑独希兹配痕撰,[日]安住宗俊译,光绪二十四年
李盱江先生经国三策(3卷,4角)	[宋]李觏撰,东亚书局丛书,光绪二十四年
日本四十七侠士传(2卷,4角)	未见
日本名儒学案(×卷,6角)	未见
俄国东洋军政新策(2卷,6角)	未见

除上述表4以外,《东亚报》广告栏里,还刊登了东亚书局以下的预定"刊行"书籍和图录,我们从这个雄心勃勃的书单能不难推测,这很可能只是一份代销日本书籍的清单而已:

【书籍】《清日战争实记》《近世物理学新编》《中法海战记》《中国商业全书》《英国社会古今义》《万国近世外交史》《万国新史提要》《俄国产业新书》《欧洲列国新史》《五大洲人类种族考》《地球文明开化史》《日耳曼新史》《普通小学答问丛书十六种》《万国维新政治学》《日本维新三杰传》《日本岁计政要》《万国交涉新公法》《英国工业新书》《海战万国公法》《亚历山大王战纪》《欧美富国新策》《俄国近时大事记》《万国宪法》《平权自由真义》《法国新历史》《欧美强国新政治学博议》(以上第1—11册刊载,计26点)。《万国议院章程》《万国选举公理》(以上第4—11册刊载,计2点)。《日本宽政勤王三奇士传》(以上第7—11册刊载,1点)。《俄国内政外交史》《英国古今历史》《亚美利加繁盛记》《英美文人传》《女学校胎教新法》《长命术》《催眠

术》《进化新论》《俄国东方新政策》（以上第 8—11 册刊载，计
9 点）。《美国宪法》《欧美公司新法》《佛国议院现行选举法》
（以上第 9—11 册刊载，计 3 点）。《台湾战记》《德法文学史》
《雄辩学》《国债新论》《幻灯妙术》《山林新政法》《小学校万国
地文学答问》《学校管理法答问》《小学校万国历史答问》《意大
利独立战史》《日本维新前后大事记》（以上第 10—11 册刊载，
计 11 点）。总计：52 部。

【图录】《日本水产动物图》(7 幅,10 元)、《中日韩军用精
图》(1 元)、《动物图》(6 元 8 角)、《中日韩大地图》(3 元 5
角)、《清国名胜图》(1 元)、《军用中日韩明细图》(1 元)、《万国
名胜图》(3 元)、《亚细亚洲全地图》(5 角)、《日韩清新撰舆地
全图》(1 元)、《满洲全图》(3 元)、《支那全图》(5 元)、《明细支
那全图》(5 角)、《支那北京市街图》(5 角)、《直隶湾总图》(8
角)、《支那疆域沿革地图》(4 元)、《北河总图》(2 角)、《上海地
图》(5 角)、《北支那三省地图》(3 元)、《辽东大连湾图》(1
元)、《清国渤海地方图》(1 元)、《增订支那新地图》(1 元)、《新
撰支那全图》(5 角)、《支那朝鲜新地图》(8 角)。（第 8—11 册
刊载,计 23 部)

另外,《东亚报》在引用日本报纸杂志时,使用了许多"译名",
关于其与原名的关系,比较繁杂。简单说就是译者们"创作"了不
少似是而非的原著报刊名称。例如,被称为来自《日本报》《东京日
本报》《国民报》《日本国民报》《国闻新报》《朝鲜京城报》《伦敦报》
《东邦报》等报刊的消息实际上均来自《日本》(报纸)。被称为来自
《工业报》《工艺报》《美国工艺报》《美国工业报》《英京伦敦报》《美
国格致报》《美纽约报》《美国艺学报》《德国电投》《东方报》《俄东方
报》《美国医报》《艺业报》《英工业报》《美技艺报》《工业杂志》等报
刊的文章,实际上均来自《工业杂志》。其详细关系如表 3、表 4
所示：

表 3　《东亚报》采用报纸名一览

原报纸名	报纸译名(刊载册*1)	记事数*2	原报纸名	报纸译名(刊载册*1)	记事数*2
日本	日本报	13(3)	东京日日新闻	东京日报	8
	东京日本报(一)	(1)		东京日日报	4(1)
	国民报(八)	1		东京报	3
	日本国民报	3(1)		伦敦报(七)	1
	国闻新报(三)	1		东邦报(八)	1
	朝鲜京城报(四)	1		大阪每日报(八)	1
	伦敦报(七)	1	神户又新日报	神户又新报	(10)
	东邦报(八)	1		神户报	1(3)
时事新报	时事报	38(4)		又新报	(2)
	时事新报	16(3)	大阪朝日新闻	大阪朝日报	38(1)
	东京时事报	3(2)		大阪朝日新报	5(1)
	东京时事新报	2		大阪报	6
	时事日报(三)	1		东邦报	3
	伦敦报(一)	1		朝日报	2
	英京伦敦报(二)	1	大阪每日新闻	大阪每日报(二)	(1)
	美国报(三)	1	万朝报	**万朝报**(七)	3
	日本新报(四)	1	琉球新报	**琉球新报**(九)	3
	麻尼剌报(五)	1	原报纸名：10	"译名"数：41	215(41)

表 4　《东亚报》采用杂志名一览

原杂志名	杂志译名(刊载册*1)	记事数*2	原杂志名	译名(刊载册*1)	记事数*2
太阳	太阳报	14	东洋经济新报	东洋经济报	7
	太阳(五)	1		东洋经济杂志(三)	1
	东邦报(十)	1		东洋经济新报	5
日本人	日本人报	2		**东洋商业新报**(三)	1

（续表）

原杂志名	杂志译名 （刊载册 *1）	记事数 *2	原杂志名	译名 （刊载册 *1）	记事数 *2
早稻田学报	**早稻田学报**	7(1)		工业报	25
哲学杂志	哲学报	2		工艺报	4
阳明学	阳明学报(四)	1		美国工艺报	2
外交时报	**外交时报**	2(1)		美国工业报	2
国家学会杂志	**国家学会杂志**(四)	1(1)		英京伦敦报	2
	国家学会报(八)	1		美国格致报(一)	1
东邦协会报	东邦协会会报	2		美纽约报(一)	1
法学协会杂志	法学协会杂报	7		美国艺学报(一)	1
法学新报	**法学新报**	3	工业杂志	德国电报(一)	1
地质学杂志	地质学报	2		东方报(二)	1
中外医事新报	**中外医事新报**(一)	1		俄东方报(二)	1
动物学杂志	动物学报(一)	1		美国医报(二)	1
农业杂志	东京农学报(三)	1		艺业报(二)	1
东京人类学会杂志	**东京人类学会杂志**(四)	1		英工业报(二)	1
				美技艺报(五)	1
植物学杂志	植物学杂报(九)	1		**工业杂志**(十一)	1
东京经济杂志	东京经济报	8(1)	"译名"数：40		118(4)

说明：*1，从该报纸、杂志中只采用一项录记事的，用（ ）中的汉数字表示其在《东亚报》刊载册数。*2，第1—11册的采用记事数的合计，未查到原著的记事数用（ ）内数字表示。*3，表中的黑体字表示与原名相同的报纸、杂志译名。

五、东亚书局的影响

最后,关于《东亚报》对中国读书界的影响,可以从以下一则资料中窥见一斑。在徐维则编《增版东西学书录》(1899 年初版,1902年增订版)里,不仅对东亚书局既刊的书籍作比较详细的评语,而且在介绍其他类似书籍时,也频繁地言及东亚书局预定刊行的书籍名,作为对照或备忘,可见其对东亚书局的已刊或预刊(代销)著作是非常重视和期待的。先看一下该书对《东亚报》的介绍[①]:

> 《东亚报》,排印本,设日本。中,东人合译,韩昙首等撰述。其例目曰论说,曰宗教,曰政治,曰法律,曰商务,曰艺学,曰经世文选。后附各书籍,所载皆采自日本各报,后译诸书皆言政治、法律关系,光绪二十四年五月起,每月三册,今已停。

再看一下它对《东亚报》所刊译文和东亚书局刊行书籍的评语及刊行予定书籍的言及,可归纳为如下表 5、表 6:

表 5　《增版东西学书录》对《东亚报》所刊译文·东亚书局刊行书籍的评语

书　　目	评　　语
《日本龙马侠士传》二卷,二册,[日]愚山真轶郎著	日本当庆应之季,外有各国联合之患,内有诸藩迫迫之变,龙马以一人首创攘夷,翊助王室,四方豪士云集,遂至杀身尔后已,其后西乡,大久保诸人倾幕府,张民权,卒致维新,克睹强盛,皆采纳其议为多。此传记略具其事。东亚书局译有《日本维新三杰传》《英美文人传》,均未见(27 页)
《开辟美洲阁龙航海家独列几合传》一卷,[日]桥本海关译	上卷为阁龙传,下卷为独列几传,一辟美洲成合众之局,一周全球开航海之业,实为古今罕有之奇人,惜传中所载未能详其功业。阁龙即科仑布,《汇编》四有传可参观(28 页)

①　熊月之编:《晚清新学书目提要》,上海书店出版社 2007 年版,第 148 页。

（续表）

书 目	评 语
《社会学新义》,[英]斯配查原著,[日]涩江保纂,韩昙首译述	言人种进化之理(30页)
《英国教养平民法》,[英]托立衣戏氏著,[日]大桥铁太郎译	治国以教养贫民儿为最,盖将来由壮尔老之害非可轻视,今上海所设养蒙义塾颇得其意(30页)
《美国宪法》,[日]坪谷四郎著	言美国政治颇详(30页)
《法国议院选举法》,[日]若林信译	凡二十七条,其第二十条言贵族院议员不得兼参事院议官等职,亦防弊之一法(31页)
《国际公法总论》,[日]角谷大三郎译	从最近世国际公法译出,国际公法者非法律也,无一定裁制,无一定法庭,又无一定立法,要以保本国权力不使外人干预为主脑,虽强国不能出其范围,谓之地球和平之具,谁曰不宜(40页)
《国际公法之主体》一卷,[日]角谷大三郎译	以国家承认他国不可不加慎重,以免张乱党之焰,殊有至理。所言领海,公海以潮退落之时自三海里约缩得之可为主权所及之地,亦系确论(40页)
《万国公司新法》一卷,[德]普洛布贤兹孰路夸痕拉著,[日]桥本海关译(85页)	(无评语)
《保全中国策》一卷,[英]既府罗理既卡司著,[日]大桥铁太郎译	言德据胶州之失计,唯英以保护中国为己任,虽出于战亦所不惜,英重商务,固与他国务兼并者异矣(154页)

表 6　《增版东西学书录》对东亚书局刊行予定(未出)书籍的言及

对原书目的介绍	对东亚书局予定(未出)书籍的言及
《天下五洲各大国志要》一卷,广学会本,一册,浏阳质学社丛刻本,《小方壶类钞》本,[英]李提摩太著,铸铁生述	东亚书局译有《万国新史提要》,《五大洲人类种族考》,均未出(11页)
《欧洲史略》十三卷,《西学启蒙》本,一册,[英]艾约瑟辑译	东亚书局译有《欧洲列国新史》,《日耳曼新史》,均未出(12页)

（续表）

对原书目的介绍	对东亚书局预定（未出）书籍的言及
《万国通鉴》五卷，地图一册，通行本六册，坊间石印改名《万国史论》，[美]谢卫楼著，赵如光述	东亚书局译有《地球文明开化史》，均未出（13页）
《大英国志》八卷，益智书会本，二册，墨海书院刊本，《西学大成》本，上海排印本，[英]慕维廉译	东亚书局译有《英国古今历史》，亦未出（17页）
《俄史辑译》四卷，益智书会本，四册，《富强丛书》本，[英]阚斐迪译，徐景罗述	东亚书局译有《俄国内政外交史》，《俄国近时大事记》，均未出（17页）
《法兰西志》六卷原刊本，湖南新学书局本，去眉批及东文，[日]高桥二郎选译。（原著）：犹里著，高桥二郎选译《法兰西志》，露月楼，1878年，汉文	东亚书局译有《法国新历史》，亦未出（18页）
《列国变通兴盛记》四卷，广学会本，一册，玉鸡苗馆本，[英]李提摩太著。	东亚书局译有《亚美利加繁盛记》，未出（19页）
《欧洲八大帝王传》一卷，广学会本，一册，[英]李提摩太著	东亚书局译有《亚历山大王战记》，均未成（24页）
《列国岁计政要》十二卷首一卷，光绪元年制造局本，六册，《富强丛书》本，《军政全书》本，《西学大成》本，慎记书庄石印本易名《海国大政记》，[英]麦丁富得力编，[美]林乐知译，郑昌梭述	东亚书局译有《日本岁纪政要》，未见。东亚书局又有《万国宪法国债新论》，均未出（29—30页）
《佐治雏言》三册，制造局本，《富强丛书》本，石印本，格致书室排印本，上海排印本，《军政全书》本，会稽徐氏重印本，[英]傅兰雅译，应祖锡述	东亚书局译有《欧美强国新政治学博议》，《万国维新政治学》，《英国社会古今义》，均未出（30页）
《德国议院章程》一卷，徐氏三种本，《元和江氏丛书》本，上海石印本，《西政丛书》本，《格致精义》附印本，[德]芬福根鉴定，徐建寅译述	东亚书局译有《万国交涉新公法》，未出（39页）
《英国水师律例》三卷附一卷，制造局本二册，《军政全书》本，《富强丛书》本，[英]德麟、极福富同著，舒高第、郑昌梭同译	东亚书局刻有《俄国东洋军政新策》二卷，《俄国东方新政策》，亦未见（33页）

（续表）

对原书目的介绍	对东亚书局予定（未出）书籍的言及
《陆地战例新选》一卷，同文馆本，一册，《西政丛书》本，[瑞士]穆尼耶等著，[美]丁韪良译	东亚书局译有《海战万国公法》，未出（33页）
《日本高等师范学校章程》一卷，时务报馆本，在《日本学校章程三种》内，[日]古城贞吉译	东亚书局译有《女学校胎教新法》，均未出。徐补（38页）
《各国涉公法论》十六卷附校勘记，中西纪年，制造局本，十六册，《富强丛书》本，光绪丙申上海石印本，[英]费利摩罗巴德著，[英]傅兰雅译，俞世爵，李凤苞述	东亚书局译有《万国交涉新公法》，未出（39页）
《外交余势论》东洋本，一册，[日]海舟胜安芳著	东亚书局译有《万国近世外交史》，亦未出（41页）
《富国策》三卷，同文馆本三册，益智书会本三册，日本排印本，[英]法思得著，[美]丁韪良译，汪凤藻述	时务报馆刻有通正齐生重译本，惜未成。东亚书局有《欧美富国新策》，均未出（83页）
《中国工艺商业考》一卷附表，时务报馆本，二册。[日]绪方南溟著，日本古城贞吉译。（原著绪方二三、有动格）四郎编：《清国商工业视察报告》（绪方二三，1896年）	东亚书局译有《中国商业全书》，《俄国产业新书》，《英国工业新书》，均未出（86页）
《物理推原》一册，徐家汇印本，[法]罗爱第著，李秋译	东亚书局译有《近世物理论新编》，未出（93页）
《地球说略》一册，附图一册，美华书馆印本，上海重印本，二册，[美]戴集著，亦名《地理浅说》	东亚书局译有《美国纽约京城风土记》一卷，亦未见（119页）
《百兽图说》一册，附论一卷，益智书会刻本，[英]韦门道著	东亚书局有《动物图》，又《日本水产动物图》七幅，均未见（128页）
《长生术》一卷，《时务报》本，[英]解佳著，曾广铨译	东亚书局译有《长命术》，《催眠术》，均未出（158页）

结　语

1898 年 7 月 19 日，康有为函致在神户的族侄康同和，对《东亚报》作了如下的指示：①

　　读来信，收付来《东亚报》五百分，已收。惟吾在京师，谣言众多。亦惟昔者《知新报》诸子不慎言所累，至今以民权二字大为满人所忌。若者再有其他犯讳之言，益不堪言矣。……今与汝约，所有各报，以救中国为主，而于称及国家、皇上及满洲，说话皆应极谨。

康有为收到《东亚报》时，变法运动正在急剧展开。为了减轻守旧派官僚的阻力，康有为嘱咐康同和勿将如民权、国家、皇上、满洲之类敏感的词语轻易登诸报章。康有为的担心是有针对性，例如，以下这段《东亚报》第 1 册《新书译录》栏 1 页，韩昙首译《社会学新义》中，"国民""国家""中华国家""蠢尔野蛮族""政府不过为机关之一"等概念和表述，在当时，都可能成为守旧派攻击的口实：

　　若夫社会与国家异，又与国民异，不可混同。国民者谓有一定土地，在一定政体之下者也。国家者，即合一定土地，与一定人民而言之。其权优于一人之权，其力尤优于一人之力，故足以制一人权力也。然社会则比其意义为更广，不论土地人民政体一定与否，凡人多群居而为一团者，总称为社会焉。

　　其称国民者，例如中华国民、英吉利国民、合众国民、德国民等。有一定政体，一定土地之民，皆称之为国民也。其称国家者，如中华国家、英吉利国家、合众国家、德国国家等。其权力优于一定土地人民之权力，亦可专擅一人之权力，是谓国家

---

① 　吕顺长：《清末维新派人物致山本宪书札考释》，第 278 页。

也。至于社会之称,不必聪明智慧,方中其选。即蠢尔野蛮族,亦皆可用焉。故称为国民者,指知识稍开者言之也。社会则并指蛮族而言耳。有供给分配,督制诸机关。政府不过为机关之一。故国家与社会不同一物也。

在远离中国国内的政治风波的域外之地神户,经过 30 年的交往,中日士人、商人建立了相互信赖的良好关系,集结在《东亚报》和东亚书局周围的日本文人与中国维新派士人合作,通过汉文这一媒体向读者传播维新后日本的"学问"和"思想",在其译介的著述中,关于社会学、美国宪法的翻译和介绍,都具有开拓性意义。虽然其存在时期短暂,但它译载的日文著述,不但数量众多,而且涉及面非常广泛,受到了中国读书界的重视,对戊戌维新运动起到了一定的推动作用。

19 世纪末 20 世纪初,将明治维新后日本对西方文明所采取的吸收、消化、整形、再生后的成果向亚洲传播的"思想连锁",是近代亚洲思想交流史中的一个重要现象。由于《时务报》《知新报》等的翻译,日文的信息几乎没有时间差,传达到了中国新学家的手中。① 一般认为,摄取经过日本吸收、整形的欧美技术、制度、思想、文化的尝试,从流亡日本的梁启超开始着手。② 稍后留日学生也参与了这一活动。但是要将拥有各种文体的日文,在中文标准文体从"文言文"向"白话文"转换还没有确定之际,"翻译"这一知识运作工程,伴随着意义传达的曲折和乖戾等许多困难。随着大量西方新概念新思想的导入和日本国学的兴起、汉学的衰微,加上中日之间政治走向的分化,双方的隔阂越来越深。重新构建东亚共同的话语和思想体系的任务,对无论是具有汉学素养的日本士

---

① 山室信一:『思想课题としてのアジア:基轴・连锁・投企』,东京,岩波书店 2001 年版,第 254、356—357 页。

② 狭间直树编:『梁启超:西洋近代思想受容と明治日本』,东京みすず书房 1999 年版。中译本《梁启超・明治日本・西方》,社会科学文献出版社 2001 年版。

人,还是速成研习日文的中国学人来说,都是非常艰难的。比梁启超和留学生提早一步出发的神户《东亚报》为后人留下了体现这一艰难历程的珍贵史迹。

（蒋海波：日本神户孙文纪念馆主任研究员）

"新记"《大公报》社评
主旨演变略识

薛化松　王　霞

　　1902 年 6 月 17 日,《大公报》(法文名 L' Impartial)在天津创刊,该报以"大公"命名,颇具用意。"大公"者,国人对于"至公至正"之概括也。汉代刘向的《说苑》专列《至公》一篇,语谓:"古有行大公者,帝尧是也……得舜而传之,不私于其子孙也。"宋代周辉所著《清波别志》载,"徽宗尝对辅臣语及元佑、绍圣事,皆欲以大公至正之道,扶偏救弊。"清代顾炎武《酬李处士因笃》诗云:"吾道贵大公,片言折邪妄。"晚清时期众多报刊均注重命名用意,诸如《民呼日报》《民吁日报》《神州日报》《民立报》,皆有明确的政治取向。《大公报》立意超然,标榜公正无私,"以开风气、牖民智为主义"①,在中国报林中别具特色。这一命意也颇能契合当时社会心理。就在该报创刊数日,有读者投稿,指出"贵报以'大公'命名,足征心术纯正,议论平允,必能为北方开一隙光明,振万民之精神"②;"斯报以大公之义提倡天下,殆公理将明欤"③。

　　1926 年 9 月 1 日,吴鼎昌、胡政之、张季鸾三人成立了"新记

---

　　①　《本馆特白》,1902 年 6 月 17 日《大公报》。
　　②　《出版弁言》,1902 年 6 月 18 日《大公报》。
　　③　李董亮来稿:《大公报序》,1902 年 6 月 20 日《大公报》。

公司"，接办《大公报》，继续标榜"大公"①，表示愿"作人民真正喉舌"②，进而提出"不党、不卖、不私、不盲"的办报方针。所谓"不党"，就是与中国各党派"无联带关系"，而以维护国家利益为宗旨；所谓"不卖"，就是"不以言论作交易"，坚持本报言论"断不为金钱所左右"；所谓"不私"，就是报社"对于报纸并无私用，愿向全国开放，使为公众喉舌"；所谓"不盲"，就是坚持理性和冷静的从业态度，既不"盲从""盲信"，也不"盲动""盲争"③。

　　从"无私"到"四不"，《大公报》力求在近代中国报林中展现自己独特的品牌魅力。不管在天津、上海、长沙，还是重庆、桂林、香港等地出版，《大公报》的时评都很出名④。采撷其时评精华，分类裒集，不仅可以检视《大公报》对于"无私"与"四不"办报方针的践行，而且有助于加深关于中国近代思想与新闻界的相关认识⑤。

---

　　①　《大公报续刊辞》，1926 年 9 月 1 日《大公报》。

　　②　《本报启事》，1926 年 9 月 1 日《大公报》。

　　③　记者：《本社同人之志趣》，1926 年 9 月 1 日《大公报》。

　　④　改版之后，该报"时论一栏，在最优地位发表"，见《本报启事》，1926 年 9 月 1 日《大公报》。

　　⑤　学界目前关于《大公报》的研究论文主要有：贾晓慧：《〈大公报〉与中国 20 世纪 30 年代的现代化运动》，《近代史研究》2001 年第 6 期；侯杰、辛太甲：《英敛之、〈大公报〉与中国近代社会文化变迁》，《天津社会科学》2003 年第 1 期；侯杰、秦方：《〈大公报〉与晚清时期中国社会文化变迁》，《广东社会科学》2003 年第 3 期；王印焕：《从天津〈大公报〉的时评看民初政局》，《民国档案》2003 年第 3 期；郭若平：《〈大公报〉编辑理念与"文人论政"》，《中共福建省委党校学报》2003 年第 8 期；李学智：《〈大公报〉创办初期的思想启蒙》，《理论与现代化》2004 年第 2 期；孙姣：《近十年来国内〈大公报〉研究综述》，《传承》2010 年第 11 期；赵传芳：《从〈大公报〉看民国传媒公共领域构建》，《新闻世界》2011 年第 6 期；边璐：《百年〈大公报〉——近年国内〈大公报〉研究综述》，《中国传媒科技》2013 年第 6 期；张洋：《经济视域下试析银行家吴鼎昌与新记〈大公报〉》，《理论界》2014 第 3 期；汤林峰：《〈大公报〉的历史演变及其知识分子论政观》，《湘潭大学学报》2014 年第 4 期；俞凡、孙晓丽：《再论新记〈大公报〉与蒋政府之关系——以吴鼎昌与蒋介石的交往为中心的考察》，《新闻与传播研究》2015 年第 1 期；相关著作主要有：吴廷俊：《新记〈大公报〉史稿》，武汉出版社 2002 版；王芝琛、刘自力：《1949 年以（转下页）

一

新记《大公报》正值中国历史急剧变化的时期,该报密切跟踪时局,对国内政治变化高度关注,其时评基调也应时而变。

起初,面对国民党北伐战争的胜利推进,《大公报》和众多北方舆论机构一样,对中国政局的变化充满疑虑,对国民党的"以党治国"方针有所抵触。这在该报 1926 年的时评中体现得尤为明显。例如一篇题名《时局杂感》的社论指出,国民党若效法俄国,欲将全国置于一党专制之下,"殆万不可,纵曰能之,亦无良果"。① 在该报看来,"革命党之性质,易流于过激"。②

但是,北伐战争势如破竹,国民党势力很快就由两广进入两湖,随后沿江东下,直抵江浙地区。就在《大公报》等北方媒体的密切关注之下,以国民党为主体的南方政治集团以摧枯拉朽之势对北洋军阀发起强力打击,中国自辛亥革命之后形成的南北政治对

(接上页)前的〈大公报〉》,山东画报出版社 2002 年版;段彪瑞、岳谦厚:《媒体·社会与国家:〈大公报〉与 20 世纪初期之中国》,中国社会科学出版社 2002 年版;贾晓慧:《大公报〉新论——20 世纪 30 年代〈大公报〉与中国现代化》,天津人民出版社 2002 年版;任桐:《徘徊于民本与民生之间——〈大公报〉政治改良言论评述(1927—1937)》,生活·读书·新知三联书店 2004 年版;方汉奇等:《〈大公报〉百年史:1902.6.17—2002.6.17》,中国人民大学出版社 2004 年版;侯杰:《〈大公报〉与近代中国社会》,南开大学出版社 2006 年版;彤新春:《时代变迁与媒体转型:〈大公报〉1902—1966 年》,社会科学文献出版社 2013 年版;俞凡:《新记〈大公报〉再研究》,中国社会科学出版社 2016 年版。硕博士学位论文主要有:陈建新:《〈大公报〉与抗战宣传》,浙江大学中国近现代史专业博士学位论文,2006 年;吴斌《〈大公报〉宪政言论分析(1902—1949)》,中国政法大学宪法学与行政法学专业博士学位论文,2009 年;张敏:《新记〈大公报〉政治立场的历史分析》,复旦大学政治学理论专业硕士学位论文,2008 年;田拥军:《新记〈大公报〉与中国近代社会的历史变迁》,中南大学中国近现代史专业硕士学位论文,2009 年等。

① 《时局杂感》,1926 年 9 月 13 日《大公报》。
② 《注意两大潜势力之暴发》,1926 年 9 月 12 日《大公报》。

峙格局出现了根本性变化。《大公报》瞻前顾后,不断注意并评估着南北政局的发展变化。国民党北伐战争过程中出现了严重的党内分裂,宁汉两个政府互争,《大公报》透彻分析了国民党两派纷争的要害,指出宁汉之争"应非个人问题,乃政策问题",双方在对俄政策、农工政策、阶级斗争、党治观念等方面均存在严重分歧[1],其实均可归因于"三民主义如何解释及如何施行"的问题。[2]

　　1928 年东北易帜之后,国民党形式上统一中国,《大公报》敏锐地感知到从此中国的政治将发生重大变化,且将产生久远影响。其社论《送民国十七年》写道:"虽曰兵凶战危,牺牲太巨,然十余年之内战,固无有如今年战事之意义深远而结果重大者。此等纪念,殆决不能随民国十七年之日月以俱逝者也。"[3]不过中国军阀政治的格局并未发生根本扭转,国内军队数量猛增,既干预政治,又影响民生。[4]《大公报》遂响应国内裁军舆论,发表多篇社论,要求各军事实力派停止拥兵自重,将军权统一于国民党中央,实现军队国家化。例如其社论《整理军事案在积极贯彻》提出,"宜化除私兵,使成国有。其法宜由中央派员,分别点验,得其确数,齐其编制,易兵而将,易地而驻,统一教练,勿分(畛)域,夫然后兵士了然于本身非个人之私兵,从根柢精神上洗涤军阀拥兵之锢习"。《大公报》之呼吁裁军,主要着眼于国家建设,指出北伐成功之后,国家统一基本完成,建设必须进行[5],该报在告别 1928 年的社论中,希望"破坏由本年而终,建设由新年而始"[6]。

---

① 《宁汉之争点》,1927 年 7 月 17 日《大公报》。
② 《南方变化之断片的感想》,1927 年 8 月 17 日《大公报》。
③ 《送民国十七年》,1928 年 12 月 31 日《大公报》。
④ 王芝琛、刘自力:《1949 年以前的大公报》,山东画报出版社 2002 年版,第 26 页。
⑤ 段彪瑞、岳谦厚:《媒体·社会与国家:〈大公报〉与 20 世纪初期之中国》,中国社会科学出版社 2002 版,第 228 页。
⑥ 《送民国十七年》,1928 年 12 月 31 日《大公报》。

不过,中国政局并未出现预期的良性发展。1928 年 9 月至 1930 年底,接连发生"蒋桂战争""蒋冯战争""中原大战",《大公报》明显以蒋介石为"正统"而加以拥护,认为桂、冯、阎是"叛徒",应当讨伐。1931 年元旦,《大公报》发表的《民国二十年元旦祝词》说道:"现在负责之政府当局,既表示勘乱之能力,且现露求治之热心,过去无论已,今后已有努力进步之希望。当民国扰攘十九年之后,全国国民,无论何人,应不放过此机会,应决心自此树立通常之政轨,应拥护现在已成之政治中心,而监督责备之。"①反映了该报对于南京国民政府的高度认同和深切期待。②

二

1931 年"九一八"事变发生之后,国民党对日实行不抵抗政策,中国痛失东北三省。次年 1 月 28 日,日本复攻上海,第十九路军在国民抗日高潮的推动下,英勇反击,慷慨悲壮。但蒋介石与国民党坚持"攘外必先安内"政策,致使国土沦陷,利权丧失。再加上西北连年多灾,其"区域之广、难民之多、实亘古所未见"③;本年度东南又发大水,泽国千里,损失惨重④,这一年的经济建设也乏善可陈。于是《大公报》在告别 1931 年的社论中总结道,"今年一年,在种种方面,表现(得)山穷水尽。"但该报并未绝望,而是希望"全国同胞一致发生深切之觉悟,对过去大忏悔,对未来大奋斗! 师勾践卧薪尝胆之精神,运大智大勇,在此艰难困苦中觅国家出路,则无有不转危为安者"。⑤

---

① 《民国二十年元旦祝辞》,1931 年 1 月 1 日《大公报》。
② 详见吴廷俊:《新记〈大公报〉史稿》,武汉出版社 2002 年版,第六章第一节。
③ 《华洋义振会陕甘豫振务消息》,1929 年 9 月 5 日《申报》。
④ 《江淮同乡会之呼吁》,1931 年 9 月 3 日《申报》。
⑤ 《送民国二十年》,1931 年 12 月 31 日《大公报》。

　　然而此时形式上统一的国民政府内部党争不断,使其治国理政能力严重削弱。1931 年 11 月的国民党第四次全国代表大会,蒋介石、胡汉民、汪精卫分别在南京、广州和上海召开,一时成为政坛奇闻。《大公报》认为此时的中国现状不足以对抗外敌:"内忧为外患之源,外患乃内忧之果"①;只有国家实现真正统一,才可以团结一致,共御外侮。《大公报》指出,"中国立国之大患为日本军国主义,然根本问题尤在内政。诚能提挈全国,冶诸一炉,一切外患,不足御也。不然,外患弛则内忧必紧,倘经此次之创巨痛深,而依然不能入于加紧的建设时期,则中国将真不可救也"。② 此语出自 1932 年 3 月 20 日《大公报》发表的题为《安内为攘外之本》的社论,在本条社论中,该报进一步阐述道:

　　　　反国民党者,其主张态度,固不必尽可同情;而国民党制度之本身,则实已陷于运转困难之境地。盖论人物则干部乖离,论政策则左右扞格,中山先生初年之民主政治论,及晚年之农工组织论,近年皆不能贯彻,而外患猛烈,日迫一日,人民固多责难,本党先难团结。当此伪国宣布、淞沪被占之日,而全党尚未能表现真统一巩固之壁垒,则此后战和之肆应,势将随时感受困难。故时至今日,为救国计,为救党计,乘时改革,一新政局,殆有绝对之必要矣。

　　可见,《大公报》的"安内攘外"论调与国民党的"安内攘外"方针显有不一致之处,该报建议首在"党内安"和"政府安",而蒋介石与国民党则强调"国内安",并以此为借口"围剿"中国共产党和红军。不过,此时的《大公报》持论实已逐渐偏离其办报的"四不"方针,明显站在国民党方面。1932 年 3 月的国民党中央政治会议确定了蒋汪联盟的政治架构,汪精卫出任行政院院长,主持政务外

---

①　《外患与内忧》,1932 年 3 月 7 日《大公报》。

②　《安内为攘外之本》,1932 年 3 月 20 日《大公报》。

交;蒋介石担任军事委员会委员长,主要负责领导军事"剿共"。《大公报》对国民党"围剿"中国共产党的军事行动不表示反对。不过,在《大公报》看来,共产党也是中国同胞,而且多为知识分子和农民阶级,建议国民党更多采用和平方式处理相关问题①。

　　蒋介石将主要精力用于"围剿"共产党,引起国内爱国力量的强烈不满。1933 年 11 月 20 日,李济深、陈铭枢、蒋光鼐、蔡廷锴等人以第十九路军为主力,以抗日反蒋为号召,发动福建事变,后因遭到蒋介石的重兵镇压而归于失败。《大公报》对此极为重视,"福建事变"甫一结束,就发表社论,对国民党的分裂与涣散,及由此给国家带来的损害提出强烈批评:由于党内**分裂**,"盖不能共同负责,而彼此相责,公心勇气,二者俱无"。为此,《大公报》"请求国民党向国民宣布,究竟能否自决其党证? 究竟曰京曰粤? 是否一党,能否合作? 其能合作也,须共布今后必然实行之内政外交方针;其终不能合作也,则宜各布其有诚意有计划之政见,使国民听取之"。社论强烈要求执政的国民党"息止内残",迅速"自行恢复行政统一"。《大公报》总结此次事变发生的最重要根源是"全国有诚意而烦闷之青年,在现状之下,或愈感精神上无出路,或者竟更趋于所谓反动思想以求出路"。所以呼吁国民党"开放党禁,许可全国知识分子对于建国救亡之大问题,公开讨论,除武力暴动法所必禁之外,任何主张皆有发表自由。诚能如是,全国之真正舆论可以表现,国家大计可以解决,然后合全国之力以赴之",则国是乃克有济,危亡方有挽救之希望。②

三

　　1934 年下半年之后,《大公报》社论的视角集中在如何解决中

---

①　对于《大公报》这种偏离"四不"原则,颇显"资产阶级性"的立场,吴廷俊在其《新记〈大公报〉史稿》第六章第二节已有详论,兹不赘述。

②　《闽变告一段落后之政局》,1934 年 1 月 11 日《大公报》。

国经济危机的方面,并大力宣传各种经济建设方案。随着国内政局的相对稳定、国民党政权的日趋巩固,经济建设的环境与条件似乎越来越改善,但其实际效果却令《大公报》不断失望。该报在1933年底进行总结时说道,"唯有失望,唯有懊丧"①;次年,该报指出各项建设的希望与目标不但没有实现,而且相差甚远,"尚有国民经济日益恶化之倾向"。②

其实,《大公报》此前也对经济建设较为关心,发表过不少专题社论。该报以为,"中国社会经济,尚不脱农业中心,新兴之工商企业,其幼稚无力,远不足比于资本国家之中级社会。近年以来,政府对于经济建设,迄无一贯政策,理论上既未定指导方针,实行上更一惟筹款是务,其于国民经济力,岂特未为培养,且更从而榨取剥削,惟恐生机之或有余存"。③ 在这种情况之下,经济建设自然难期有大的成就。《大公报》认为国家的强大,当以经济实力为基础,没有雄厚的经济实力,所谓的外交与国防,乃至国际地位都是空谈。正如该报所言,"国防即经济,经济即国防,冻饿不能卫国,空手不能对外也"④。但国民党当局并没有按照《大公报》的舆论导向,致力于国家建设,而是一味地进行"剿共"内战,同时又对日本不断妥协,签订一系列屈辱的外交协定。此后,《大公报》的舆论就直指国民党执政者,认为"国民党风气,仍未脱离中国旧式党派之窠臼"⑤不配领导中国进行经济建设,首先因为其政治建设不良。⑥

就一般意义而言,经济建设与政治建设从来就没办法分开,尤

---

① 《送二十二年痛言》,1933 年 12 月 31 日《大公报》。
② 《送民国二十四年》,1935 年 12 月 31 日《大公报》。
③ 《是谁戕贼国力》,1933 年 6 月 6 日《大公报》。
④ 《今后之内政外交》,1937 年 2 月 22 日《大公报》。
⑤ 《政局之忠告》,1933 年 11 月 3 日《大公报》。
⑥ 任桐:《徘徊于民本与民生之间——〈大公报〉政治改良言论评述(1927—1937)》,生活·读书·新知三联书店 2004 年版,第 229 页。

其是战乱年代的经济发展更是多受政局的影响,正如《大公报》在1934年发表的社论《修明政治与建设》指出,"经济建设如不借政治力量,简直便是不可能"①。该报一直强调政府要在民主法治的轨道之内进行经济建设,不过,就中国的状况而言,政府在发挥积极作用之前,首先需要减少政治腐败所带来的消极影响。正如该报所言,"国人近年来所嚷以建设求统一,或'工业化这里'、'开发那里'等口号,似切实际,实则极近空想"。因为中国政治上不了轨道,贪官污吏一时不能除尽,使经济建设面临巨大障碍,常规的经济建设几不可能,还谈何远大规划?因此"中国政治一日有问题,中国一日不易谈建设"。也就是说,"政治问题"是中国经济建设不可回避的难题。《大公报》还说道:"我们极望国人将所有的精力尽先用在改良政治问题上,到了相当的时机,然后再谈大规模的建设不迟。"②

四

中国的政治问题虽然根源复杂,但也非一成不变,进入1935年,随着时局的变化,作为北方两大军事实力派的阎锡山与冯玉祥,同蒋介石的合作有所改善,1935年12月18日,阎锡山出任国民政府军事委员会副委员长。在此之前,冯玉祥以蒋介石答应实行抗日为条件,在南京出任军事委员会副委员长。《大公报》力挺政府之所为,指出中央政府与地方实力派当精诚合作,相互支持,使其"善处内外危机,藉安国家全局"③。也就是说,"政府政策,当在充实军事最高干部之组织,使军事建设进入新的阶段",而且"望

---

① 《修明政治与建设》,1934年7月9日《大公报》。
② 《修明政治与建设》,1934年7月9日《大公报》。
③ 《阎副委员长今日就职》,1936年1月16日《大公报》。

其实能发挥新政策之精神,并扩充而光大之"①。

《大公报》认为国民党内逐渐团结的趋势,实乃日益深重的民族危机激发所致,这种团结的趋势毕竟对于国家有利。正如该报社论所言:"国民党内部之言合作,与对党外相互间之言共同负责,在近年实状下直不可能。而今竟能之者,盖时势演变之结果,使人人感觉存亡问题已迫于眉睫之间,今再不合作,将永无合作机会,今再不共同负责,转瞬间即同归于尽,因此事实的迫切需要所驱,故不得不合作,不得不共同负责。"②

1936 年,震惊中外的西安事变发生后,《大公报》发表《廓清内忧之亟务》的社论,继续鼓吹国内大团结:"除丧失中国国民意识,其行为思想,违反国家利益者以外,皆应团结合作。"③《大公报》提倡的团结,包括国民党内部各派系的团结、各在野党与国民党之间的团结以及社会上一切正义力量之间的团结。此时的《大公报》,尤其注意对国共两党化干戈为玉帛、携手抗日救亡的呼吁。④ 次年 1 月 20 日的社论《再度诉诸常识与良心》明确提出三点主张:第一,"吾人以为中国今日只有整个的国家民族路线,而不容有其他路线";第二,"既以救亡图存为亟务,则首须认清国家环境";第三,"欲求国家民族之生存,必须保持统一之规模,而利用统一形态,策进国力,尤在于物质、心理之双方建设"⑤。随着西安事变的和平解决,《大公报》一直期盼的"全国统一"的局面终于到来,中国很快进入抗战建国的历史时期。

社论是一家报纸最为重要的栏目之一,往往代表其政治立场

---

① 《冯副委员长就职》,1936 年 1 月 7 日《大公报》。
② 《政府改造之时局的意义》,1935 年 12 月 13 日《大公报》。
③ 《廓清内忧之亟务》,1936 年 2 月 22 日《大公报》。
④ 贾晓慧:《〈大公报〉新论——20 世纪 30 年代〈大公报〉与中国现代化》,天津人民出版社 2002 年版,第 235 页。
⑤ 《再度诉诸常识与良心》,1937 年 1 月 20 日《大公报》。

与思想主张。新记《大公报》是近代中国一家很有影响的大报、名报,因其政治特色显明,而备受后来的研究者关注。但在民族危机日益加深、政局不断激荡的民国时期,《大公报》的政治视点与立场演变脉络究竟如何,检视其社论主旨演变,无疑是一个较好的视角。

总体而言,《大公报》1927—1937 年间的社论,视阈兼顾南北,褒贬不分新旧,内容虽然庞杂,但主题尚属鲜明。正视民族危机,宣传抗日救亡,关心国家发展,提倡爱国精神,推动政治建设,是其议题所关、主旨所在。

（薛化松：南京大学历史学院博士研究生；

王霞：南京财经大学红山学院讲师）

严复为《〈时务报告白〉书后》
作者补证

李 莎

《〈时务报告白〉书后》是《国闻报》光绪二十四年(1898)七月初十日刊登的社论,针对《时务报》创办人汪康年(穰卿)、梁启超(卓如)、黄遵宪(公度)的纠纷而写。文章未署名,作者需在《国闻报》核心成员严复、夏曾佑、王修植中确定。①已故的《严复集》主编王栻认为此文可能为严复所作,并对此进行了简要论证:

> 自文字的笔调及其论证的锋锐言,当也是严复的手笔。文中自称"不佞",也与严复平日行文的习惯相符。文中又好引西人之言,如说:"西人言民智人心未进化,则一切变法措注皆无益、皆枉为。"又说:"西祷文曰:我免人负,求免我负。是至言也。盍各仿而行之。"也可以多少说明是严复的文字。②

因尚不能确定,王栻将此文与其他认为《国闻报》上可能为严复所作的 14 篇文章一起,编入《严复集》附录。2014 年出版的《严复全集》(第七卷)遵循此例,将之列于附录,题为"《国闻报》中可能

---

① 《国闻报》刊登的议论性文章中外来稿件都有注明,不署名者为馆内社论,详见王栻:《严复在〈国闻报〉上发表了哪些论文》,王栻主编:《严复集》第二册,中华书局 1986 年版,第 425—428 页。

② 王栻主编:《严复集》第二册,中华书局 1986 年版,第 447—448 页。

为严复所作的文章",①并表示"目前仍无确切证据可以对此证实或证伪"。②

自《严复全集》出版以来,严复研究界也一直未确认《〈时务报告白〉书后》为严复所作。然而,研究近代史的学者谈论《时务报》的内部矛盾时,常直接以严复为作者引用《〈时务报告白〉书后》,③并认为它眼光"内行"、④分析"平允",⑤是具有代表性的经典评论。无论是从严谨治史的角度,还是从严复研究及严复文集未来的修订需要出发,澄清严复是否为作者都十分必要。

本文旨在对《〈时务报告白〉书后》的作者身份进行补充考证,从文本外的证据和文本内的分析两个层面,证明其确实为严复所作。为论证需要,下文先对《时务报》的内部纠纷作一简要介绍。

一、背景:《时务报》及汪康年、 梁启超、黄遵宪的纷争

《时务报》是维新运动的标志性刊物,不仅"执当时维新舆论之牛耳",而且是"维新人士的集散中心和各种维新事业的策源地",⑥称得上维新的枢纽和缩影。其人员纷争和因此经受的衰亡

---

① 汪征鲁、方宝川、马勇主编:《严复全集》第七卷,福建教育出版社 2014 年版,第 354 页。

② 汪征鲁、方宝川、马勇主编:《严复全集》第七卷,福建教育出版社 2014 年版,第 3 页。

③ 例如,蔡乐苏、张勇、王宪明:《戊戌变法史述论稿》,清华大学出版社 2001 年版,第 450 页;廖梅:《汪康年:从民权论到文化保守主义》,上海古籍出版社 2001 年版,第 204 页;黄升任:《黄遵宪与〈时务报〉》,《学术研究》2006 年第 6 期;黄克武:《近代中国的思潮与人物》,九州出版社 2016 年版,第 286 页。

④ 蔡乐苏、张勇、王宪明:《戊戌变法史述论稿》,第 338 页。

⑤ 廖梅:《汪康年:从民权论到文化保守主义》,第 204 页。

⑥ 蔡乐苏、张勇、王宪明:《戊戌变法史述论稿》,第 338 页。

是维新史上具有象征意义的重要事件。

　　光绪二十二年(1896)七月初一《时务报》创刊于上海。报馆由汪康年首倡，与黄遵宪、梁启超共同设立；汪康年为总理，梁启超为主笔。列入创办人名单的还包括捐资较多的邹凌瀚及后期密切参与筹划的吴德潇。报馆启动资金包括汪康年负责善后的上海强学会余款、黄遵宪及邹凌瀚分别资助的 1 000 两和 500 两。① 同时其陆续获得各地士人数额达"万余金"的捐款，② 在天津的严复也曾捐 100 元以示支持。③

　　《时务报》公布的 5 名创办人以汪、黄、梁为核心；④ 据许多学者观察，汪康年在其中付出最多。⑤ 汪氏性情沉毅、忧国忧民，⑥ 办

---

　　① 1896 年汪康年奉张之洞之命处理上海强学会善后事宜，本想以其余款作为报馆启动资金，但未得张之洞同意。汪康年通过追回房租、变卖器物等方式，获得 620 余两，这是《时务报》最早的启动资金。在友人建议下，汪氏邀黄遵宪、梁启超参与，得到两者积极响应。黄遵宪加入后认捐 1 000 元，并出面向各方募捐；此后梁启超、吴德潇先后抵沪，参与最后的筹划。邹凌瀚因捐资较多，也由黄遵宪提议成为发起人。最终《时务报》创办《公启》由 5 人共同签名，散发各地士人手中。此后张之洞赞同此事，强学会余款 700 两该年五月转给汪康年。详见廖梅：《汪康年：从民权论到文化保守主义》，第 30—51 页；蔡乐苏、张勇、王宪明：《戊戌变法史述论稿》，第 338—374 页。
　　② 梁启超：《创办时务报源委记》，《国闻报》第 292 号，孔祥吉、村田雄二郎整理：《国闻报(外二种)》第三册，国家图书馆出版社 2013 年版，第 278 页。更多信息参见廖梅：《汪康年：从民权论到文化保守主义》，第 58—66 页。
　　③ 严复：《与汪康年书》一，王栻主编：《严复集》第三册，中华书局 1986 年版，第 505 页。
　　④ 关于三人在报馆创设中的作用，分别参见崔志海：《论汪康年与〈时务报〉——兼谈汪梁之争的性质》，《广东社会科学》1993 年第 3 期；皮后锋：《略论梁启超对〈时务报〉的贡献》，《学术论坛》1995 年第 5 期；黄升任：《黄遵宪与〈时务报〉》，《学术研究》2006 年第 6 期。
　　⑤ 详见崔志海：《论汪康年与〈时务报〉——兼谈汪梁之争的性质》，《广东社会科学》1993 年第 3 期，第 54—55 页；廖梅：《汪康年：从民权论到文化保守主义》，第 45 页；蔡乐苏、张勇、王宪明：《戊戌变法史述论稿》，第 373 页。
　　⑥ 参见廖梅：《汪康年：从民权论到文化保守主义》，第 118 页。

报和开学会以启民智是其夙愿,他也因之将报馆视为身心性命。①
这使他执着馆事如执己业,成为此后争端的原因之一。

筚路蓝缕后《时务报》迎来巨大成功:"举国趋之,如饮狂
泉",②梁启超暴得大名,《时务报》也被称为"报王"。③ 然而一度亲
密合作的主创人员间渐生嫌隙。梁启超不满汪康年独断专权,汪
康年对梁启超成名后对康门利益的维护和对主笔责任的敷衍失
望。④ 至于黄遵宪,他对梁启超十分欣赏,对汪康年的管理同样不
满,屡劝汪氏让出总理之职。⑤

光绪二十三年(1897 年)七月黄遵宪赴湖南就任,十月梁启超
应邀入湘主持时务学堂。此后梁作文"屡愆期",汪康年遂拟另聘
主笔。次年二月积怨已久的梁启超致信汪康年,逼其让出报馆,然
而汪不妥协,梁愤而辞职。闰三月,驻日公使弹劾《时务报》
馆,称其与在日本的孙中山勾结。汪康年恰于上年冬访问过东京,康梁
师徒欲将责任归于汪个人以保全《时务报》,黄遵宪从旁协助,领湘

---

① 报馆创设之初汪康年资金不足,友人纷纷反对,张之洞也不支持,但他一心坚
持;黄遵宪参与筹办时特意劝汪"勿视为性命身心之学"[上海图书馆编:《汪康年师友
书札》(3),上海书店出版社 2017 年版,第 2136 页]。

② 引自丁文江、赵丰田:《梁启超年谱长编》,上海人民出版社 1983 年版,第 68 页。

③ 《狄葆贤致汪康年书》二,上海图书馆编:《汪康年师友书札》(1),上海书店出
版社 2017 年版,第 1033 页。

④ 汪康年管理方式较为传统,以总理身份独揽大权,梁启超不满被作为"雇工人"
看待。而梁成名后对主笔责任多有懈怠。1896 年秋冬其赴广东参与康门弟子《广时务
报》筹划,久不返沪,屡欠报馆文章,又欲随黄遵宪出使国外,被关心报馆的吴德潚拦下。
学术上,梁启超曾答应不谈康有为备受争议的学说,但此后改变态度,有意显扬师承;康
门弟子不断加入报馆,还与浙江籍学者章太炎发生肢体纠纷。汪康年对康门作派渐生
厌恶,常于酬酢间讽刺挖苦,引起梁启超愤怒。详见廖梅:《汪康年:从民权论到文化保
守主义》,第 180—192 页;蔡乐苏、张勇、王宪明:《戊戌变法史述论稿》,第 408—
439 页。

⑤ 黄遵宪曾出使日本、美国等地,受西方政治文化影响。他坚持认为报馆应效仿
民主政体,"议政"和"行政"分离,看不惯汪康年旧派的管理和应酬方式。详见廖梅:
《汪康年:从民权论到文化保守主义》,第 194—199 页。

中人士发电逼汪康年交出《时务报》,而张之洞幕下的梁鼎芬则致电湖南为汪康年抱不平。①

　　此后,康、梁在京推动清廷变法,但仍不忘沪上的《时务报》。1898 年五月末康有为通过御史宋伯鲁上书光绪帝,称《时务报》为梁启超创办,建议将之改为官报,由梁启超主持。光绪接受孙家鼐的建议,批准改官报之请,改派康有为主持。②

　　然而汪康年并不就此屈服。他在张之洞的暗中支持下,将《时务报》改为《昌言报》继续出版,表示遵从圣旨,将"时务报"之空名留予康有为。其六、七月间于《国闻报》连登《上海时务、昌言报馆告白》说明此事,其中有"康年于丙申秋在上海创办《时务报》,延请新会梁卓如孝廉为主笔"之语。③ 这因抹杀其他创办者的功绩而受黄、梁攻击。④ 黄遵宪很快联合吴德潚作《上海时务报馆告白》,连续登于同年六月底七月初之《国闻报》:

> 丙申五月,遵宪、德潚与邹君殿书、汪君穰卿、梁君卓如,同创《时务报》于上海,因强学会余款开办,遵宪并首捐十金为倡,当经公推汪君驻馆办事,梁君为主笔,于今两年,藉海内同志惠然相助,捐款万余金,以成斯举。今恭读邸钞,知已奉旨改为官报,以后各事即一切归官接办。特此布闻。⑤

---

　　① 详见蔡乐苏、张勇、王宪明:《戊戌变法史述论稿》,第 431—445 页;廖梅:《汪康年:从民权论到文化保守主义》,第 188—189 页;茅海建:《张之洞档案阅读笔记之四:张之洞与〈时务报〉〈昌言报〉——兼论张之洞与黄遵宪的关系》,《中华文史论丛》2011 年第 2 期,第 30—32 页。

　　② 详见蔡乐苏、张勇、王宪明:《戊戌变法史述论稿》,第 446—448 页。

　　③ 《国闻报》第 281 号,光绪二十四年六月二十四日,《国闻报(外二种)》第三册,第 187 页。(告白连续刊登,此为最早之号)

　　④ 七月初一《昌言报》首册中,汪康年针对官办谕旨附加的"跋语"中的用语是"康年于丙申之春,**倡设**《时务报》",这更为准确。但两文都表示梁启超是受《时务报》"延请"的主笔,暗示康、梁所为乃反客为主的不义之举。

　　⑤ 《国闻报》第 286 号,光绪二十四年六月二十九日,《国闻报(外二种)》第三册,第 227 页。(告白连续刊登,此为最早之号)

告白凸显《时务报》的群众基础,表示接受官办,与汪康年针锋相对。随后,梁启超于七月初六、初七之《国闻报》发表《创办时务报源委记——新会梁启超告白》,反对汪康年独居创办者之名,指责其造成报馆亏空和挖苦康有为的言行。① 一时间,《国闻报》上热闹非常,汪、黄、梁之"告白"竞相登场,令人感慨。

《〈时务报告白〉书后》作于汪、黄、梁之告白后,对各方进行评议和调解,刊登于同月十日之《国闻报》。②

二、直接证据:张美翊之信
透露文章作者为严复

目前所见的对《〈时务报告白〉书后》作者的考证仅为几十年前王栻所作,其主要依据的是文章的思想和文风,缺乏更直接的证据。然而笔者发现同时期张美翊致汪康年及其弟汪诒年(颂谷)的一封信,③透露此文作者为严复。

张美翊(1856—1924),字让三,浙江宁波人,曾随薛福成出使英、法、意、比四国。④ 张氏与汪康年是浙江同乡,均曾受教于瞿鸿机,⑤因此可能相识较早。《时务报》创办后,张美翊兼任其外文校对。⑥ 从其彼此的通信看,他与汪康年关系十分友好。张氏与《国

---

① 《国闻报》第 292、293 号,《国闻报》(外二种)第三册,第 277—278、286—287 页。

② 《国闻报》第二百九十六号,《国闻报》(外二种)第三册,第 310 页。

③ 汪诒年同在时务报馆工作,初司校勘和收发事宜,后协助汪康年"襄综一切"。参见廖梅:《汪康年:从民权论到文化保守主义》,第 57 页。

④ 参见林吕建主编:《浙江民国人物大辞典》,浙江大学出版社 2013 年版,第 291 页。

⑤ 详见钱茂伟:《张美翊事迹及学术成就研究》,《鄞州史志》2017 年第 1 期,第 103 页;廖梅:《汪康年:从民权论到文化保守主义》,第 7 页。

⑥ 参见廖梅:《汪康年:从民权论到文化保守主义》,第 57 页。

闻报》成员也都相识:《国闻报》与《时务报》馆长期存在联系;①张
美翊与《国闻报》馆主王修植、主笔夏曾佑是浙江同乡,②而夏曾佑
是汪康年的表弟。

上海图书馆所编《汪康年师友书札》收录了张美翊致汪康年
(部分致汪康年及汪诒年二人)的14封信函,其中有4封(第七至
十)连续跟进《时务报》纠纷事件。第七封记为"六月十八收"的信
中言:"朝事大变,报馆乃派督办,岂非骇人听闻","闻有易名之说,
最为稳着",③说明其作于《时务报》官办事件之时,即戊戌1898
年。下封信作于七月初三,此时张美翊已由上海抵达天津,并与王
修植、夏曾佑针对《时务报》事件都有所交谈,④身处其地的他显然
能更迅速地了解《国闻报》动向,并向仍在沪上的汪康年和汪诒年
通报:

> 《国闻报》登黄公度诸君告白,敬以奉览。粤中诸君似与
> 公意见甚深,日后恐有一番口舌,将何以应之? 且应之而互相
> 攻伐,于时局有碍,亦非计也。⑤

------

① 详见黄克武:《严复与梁启超》,《近代中国的思潮与人物》,第282—285页。
② 过去学界并不清楚《国闻报》中的人员分工情况,但2008年孔祥吉与村田雄二
郎披露的日本外务省外交史料馆相关档案显示,王修植为《国闻报》馆主、夏曾佑是主笔
[孔祥吉、[日]村田雄二郎:《从中日两国档案看〈国闻报〉之内幕(上)——兼论严复、夏
曾佑、王修植在天津的新闻实践》,《学术研究》2008年第7期]。按孔祥吉与村田雄二
郎认为日方档案对严复在《国闻报》中的"灵魂"地位认识不够,但其说并无充分依据,而
实际上是学界长期对王修植与夏曾佑在该报中的重要性有所低估。
③ 上海图书馆编:《汪康年师友书札》(2),上海书店出版社2017年版,第1593页。
④ 张信说:"廿九晨抵津,海舟平稳,勿以为念";又言:"穗卿昨晚与谈极竺,今日
晋京矣",夏曾佑当日日记确实记载了"附早车入都"[杨琥编:《夏曾佑集》(下),上海古
籍出版社2011年版,第710页],与张美翊之信吻合。关于《时务报》纠纷事件,张说:
"晤王菀生,谓:'此事惟穗卿能通两家之邮';晤穗卿,谓:'斧凿已成,恐难补救'。"见上
海图书馆编:《汪康年师友书札》(2),上海书店出版社2017年版,第1594页。
⑤ 上海图书馆编:《汪康年师友书札》(2),上海书店出版社2017年版,第
1594页。

信中所称告白,即当日(1898 年七月初三)《国闻报》刊登的黄遵宪等人所作《上海时务报馆告白》,其全文被张氏附在了信后。

紧接的下一封信中张美翊继续跟进此事:

昨途中见译书局有钦差字样,骇人听闻。近时诏令且有所不行,吾知南海固无大能为也,公等俟之而已。**严作《书后》奉阅**,敬请台安。①

作此信时张美翊已回到上海,但仍密切接续前信主题,谈论《时务报》官办事件,又前信曾附《国闻报》所刊《上海时务报馆告白》,因此很显然,信中所提的《书后》,即《〈时务报告白〉书后》。汪康年记录此信到达时间为七月十九日,《国闻报》刊载《〈时务报告白〉书后》是七月十日:张美翊之信于十日后寄出,十九日收到,时间正好吻合。《国闻报》所刊外来稿件均有注明,不署名者为馆内人员所撰社论,②《〈时务报告白〉书后》也自称"本报""本馆",即应不出王修植、夏曾佑、严复范围。张美翊称此文为"严作",说明《〈时务报告白〉书后》的作者正是严复。

如果说张美翊之信证据单一,那么文章本身内容及文风与严复的高度吻合,也可以成为严复是此文作者的佐证,下文对此详细阐述。

三、文章对《时务报》纠纷的立场与严复一致

针对《时务报》纠纷,《〈时务报告白〉书后》对各当事人汪康年、梁启超、黄遵宪都有批评,但对黄、梁责难更重,如黄克武所言,此

---

① 上海图书馆编:《汪康年师友书札》(2),上海书店出版社 2017 年版,第 1595 页。粗体为笔者所加,下同。按编者或许不知"书后"之义,故未加标点,本文据其文义添加了书名号。

② 参见王栻:《严复在〈国闻报〉上发表了哪些论文》,王栻主编:《严复集》第二册,中华书局 1986 年版,第 425—428 页。

文给人的观感是"较同情汪康年,而批判梁启超、黄遵宪",①这与严复的立场十分一致。

针对梁启超对汪康年独居创办者之名的指责,文章举"西洋"之例,认为总理可以以自己的名义代表众股东:"西洋公司集资出力者无数人,而出名者一,不得訾其以众办之事为独办也。"同时,他结合传统忠的精神,认为总理"固当视众资若己资,而后有以重众人之托"。② 这将汪康年的行为解读为忠诚投入的表现,与梁启超截然对立。

作者接着道:"且黄京卿既云,此众人之事矣,则何以第一次起意逐汪氏时,不谋之众,而独牵率一二人附己者,欲藉暧昧之事以恫喝劫持之乎?"③黄京卿即黄遵宪,"欲藉暧昧之事以恫喝劫持之"显然指黄遵宪等欲借《时务报》被指与孙中山勾结事件,逼迫汪康年交出报馆之事。此事梁鼎芬的出头颇受士人瞩目,因此作者补充说"梁心海之书具在,可覆案也"。④ 作者显然了解《时务报》争端的内情,对黄遵宪等人的行为批评严厉。

作者对"改官办"同样持否定态度。他指出,黄、梁二子以《时务报》为众人所有为由指责汪康年,但自己的作为却更严重地违反了公众所有原则;此举不仅不合梁启超平时宣扬的"公理",而且属于"藉贵位尊势以劫制天下"的不义行径:

> 且既知公义捐款至万余金,《时务报》为公事,非私事矣,则何人实畀梁君以全权,使之以众人之捐款为一家之芹献,辄请奏改公立民报为官报乎?……且梁君平日持论云何?岂不曰:务凭公理以悦服人心,不宜藉贵位尊势以劫制天下乎?此固祖龙与华盛顿之分也。乃一旦志得,遂挟天子之诏,以令

---

① 黄克武:《严复与梁启超》,《近代中国的思潮与人物》,第286页。
② 王栻主编:《严复集》第二册,中华书局1986年版,第494页。
③ 王栻主编:《严复集》第二册,中华书局1986年版,第494页。
④ 梁心海即梁鼎芬。

钱唐一布衣,非所谓变本加厉者耶?[①]

文章对汪康年的责难在于其作为总理的失职:"自梁卓如解馆以来,而《时务报》之文劣事懈,书丑纸粗,大不餍海内之望,如是则总理不胜任也";"任事以来,未尝照章清厘账目,以塞群责,设有谣诼,其将何以自明?"[②]因此作者认为汪氏受到排挤也有自己的责任。这一批评同样严厉,但更多是事务层面而非道义上的非议,而"设有谣诼,其将何以自明?"一句,隐约还透着善意提醒的意味。

《〈时务报告白〉书后》的立场与严复相当吻合。事件前后,严复对汪康年忧国忧民的品质持认同态度,而对康、梁和黄遵宪的表现有着道义上的批评。官办事件之初(1898年六月初三)严复与汪康年之信言:

> 钦仰风徽,积日已久。常欲奉书左右,又以冗废。比者同学萨君鼎铭奉檄来津,备述贤者任事朴忠,救世之心甚热,敬佩奚如。
>
> ……
>
> 近闻御史宋伯鲁请以《时务报》改为官报事,已交孙五先生议矣。据有人言,此举乃报复,意欲使公不得主其局,不知曾闻否?谨奉达。[③]

此信之前,严复与汪康年并无太多往来,信首说"钦仰风徽,积日已久",有客气的成分,但也表明他对汪康年印象良好。又萨鼎铭是严复在海军学校就已相识的老朋友,严复对他的人格十分推崇,[④]萨氏的好评无疑增强了严复对汪康年的认同。信

---

① 《严复集》第二册,第494页。

② 王栻主编:《严复集》第二册,中华书局1986年版,第494页。

③ 严复:《与汪康年书》三,王栻主编:《严复集》第三册,中华书局1986年版,第506—507页。

④ 详见严复:《萨军门五十寿序》,孙应祥、皮后锋编:《严复集补编》,福建人民出版社2004年版,第96—97页。

件更说明官办事件之初严复就听闻此事,对汪有同情之意;对康、梁的行为,严复转述之语称之为"报复",虽然并非自己的判断,但言语间也透露出不以为然。

下封信中严复更为坦率,批评梁启超"英华发露太早,正坐苏子瞻《稼说》所指病痛",更从价值选择上否定黄遵宪:"公度欲富贵,遂富贵矣,于国种亦无望也。"①此信于七月初四送达,故当作于六月末,正是汪康年与黄遵宪的告白战发生之际。此时严复仍与汪氏友好互动,却对黄、梁批评严厉,足以说明他在《时务报》纠纷中的立场。

《时务报》发生纷争的 1897 年末至 1898 年七月,未见严与梁的通信,想来彼时严复对梁启超很是失望。他后来的回忆也印证了这一感受——1899 年严复与张元济之信道:

> 每次见《清议报》,令人意恶。梁卓如于已破之甑,尚复哓哓,真成无益。平心而论,中国时局果使不可挽回,未必非对山等之罪过也。轻举妄动,虑事不周,上负其君,下累其友,康、梁辈虽喙三尺,未由解此十六字考注语;况杂以营私揽权之意,则其罪愈上通于天矣。闻近在东洋又与王小航辈不睦;前者穰卿,后者小航,如此人尚可与共事耶?②

信中透露的观点与《〈时务报告白〉书后》相当吻合,其对康、梁"杂以营私揽权之意"的评价也与文章中"梁之所谓公者,正吾之所谓私""乃一旦志得,遂挟天子之诏,以令钱唐一布衣"意思一致。该信说明严复对康、梁质疑甚深,对其戊戌政变前后分别与汪康年(穰卿)、王照(小航)的矛盾,得出此辈不可"与共事"的结论,说明

---

① 严复:《与汪康年书》四,王栻主编:《严复集》第三册,中华书局 1986 年版,第508 页。

② 严复:《与张元济书》五,王栻主编:《严复集》第三册,中华书局 1986 年版,第533 页。

他将《时务报》纷争的主要过错归之于康、梁，这与《〈时务报告白〉书后》的立场完全相符。

四、文章的思想和文风与严复高度吻合

从思想和文风看，《〈时务报告白〉书后》极具严复特色，王栻的考证也主要从这一方面展开，[①]但由于其论述非常简单，有必要再加以补充。

（一）思想层面

1. 文章针对《时务报》纷争感慨道："西人言民智人心未进化，则一切变法措注皆无益、皆枉为，偶伏于此，将见于彼，今征其言乃犹信也。"[②]这透露出典型的民质决定论思想，是严复反复阐述的信念，例如他在《原强修订稿》中说："斯宾塞尔曰，富强不可为也，政不足与治也。……苟民力已薾，民智已卑，民德已薄，虽有富强之政，莫之能行。"[③]这阐述的即《〈时务报告白〉书后》说的民智未进化则变法皆枉为的思想，而文中的"西人言"应指斯宾塞的学说。斯宾塞的《群学肄言》中这一观点十分鲜明："欲行良法而收厚实，必俟民品之既臧。""民品既卑，虽有胜制，无益于治。"[④]严复常在文中引斯宾塞之言，《时务报》纠纷不久前又曾翻译和讨论此书，因此评论事件时联想其说，是非常符合逻辑的。

戊戌后严复与张元济的信中，也与《〈时务报告白〉书后》一

---

① 详见本文开篇所引。

② 王栻主编：《严复集》第二册，中华书局 1986 年版，第 493 页。

③ 严复：《原强修订稿》，王栻主编：《严复集》第一册，中华书局 1986 年版，第 26 页。

④ ［英］赫伯特·斯宾塞著，严复译：《群学肄言》，商务印书馆 1981 年版，第 191、211 页。

样，针对时事产生"民智不开，变法枉为"的感慨："终谓民智不开，则守旧维新两无一可。"①"今日时事无往而不与公学相同。无所立事，则亦已矣；苟有所立，必有异类横亘其间，久久遂成不返之势。民智不开，不变亡，即变亦亡——即谓此耳。"②可见严复不仅深信斯宾塞的民质决定论，而且往往能从现实的世变中印证这一学说，并以此说为视角对事件进行观察和评论，形成一种典型的思维模式，《〈时务报告白〉书后》充分体现了严复这一思维模式。

2.《〈时务报告白〉书后》末段言："西祷文曰：'我免人负，求免我负。'是至言也。曷各仿而行之。"并说"能群起于能爱，能爱起于相宥"，希望汪、黄、梁为大局而相互宽容。③ 前句引用的祈祷文出自《马太福音》第六章。严复对基督教有相当的知识，在《原强修订稿》中有所介绍，④还曾翻译《马可福音》片段，⑤因此，引用福音书中的章句对他而言应是自如之事。严复十分注重"相宥"，认为它为基督教崇尚而为传统教义所缺乏："西之教，曰爱仇，曰宥人之罪，祈天宥我。东之教，曰以直报怨，曰复九世之仇。"⑥"西之宗教，重改过宥罪，……至于吾俗，乃大不然。衅之既生，衔者次于骨髓，迁怒及其亲戚，寻仇延乎子孙……故其民之相遇也，刻鸷感愤

① 严复：《与张元济书》一，王栻主编：《严复集》第三册，中华书局 1986 年版，第 525 页。
② 严复：《与张元济书》九，王栻主编：《严复集》第三册，中华书局 1986 年版，第 539 页。
③ 王栻主编：《严复集》第二册，中华书局 1986 年版，第 495 页。
④ 详见王栻主编：《严复集》第一册，中华书局 1986 年版，第 30 页。
⑤ 详见李炽昌、李天纲：《关于严复翻译的〈马可福音〉》，李国章、赵昌平主编：《中华文史论丛》第六十四辑，上海古籍出版社 2000 年版，第 51—75 页。
⑥ 严复：《〈法意〉按语》一一九，王栻主编：《严复集》第四册，中华书局 1986 年版，第 1003 页。

之情多,而豁达恺悌之风少也。"①在他看来,不宽容是泰东教化"最为弱点者"。② 可以想象,他以"相宥"奉劝《时务报》诸君时,便很可能绕过传统,借助于这方面更擅长的基督教资源。《〈时务报告白〉书后》援引福音书,以"相宥"劝解汪、梁、黄三人,鲜明地体现了严复的这一特点。

(二) 语言层面

如王栻先生所言,文章论证"锋锐",这在前文的引用中已可见一斑。作者的分析往往直击要害,用语犀利精准、简练朗峻,符合严复一贯的风格。从文章的语气来看,也几乎可以排除其为王修植、夏曾佑所作的可能:作者言语老成,对梁启超、汪康年的批评带着长者式的口吻,在王、严、夏三人中,只有比汪康年大 6 岁的严复用这种语气合适。夏曾佑是汪康年的表弟,王修植是夏曾佑的挚友,③同待汪康年以兄长之礼,④当不会做这样长者评议式的文章。

---

① 严复:《〈法意〉按语》一四四,王栻主编:《严复集》第四册,中华书局 1986 年版,第 1014 页。

② 严复:《〈法意〉按语》一一九,王栻主编:《严复集》第四册,中华书局 1986 年版,第 1003 页。

③ 王修植("菀生""待庵"/"待盦")与夏曾佑同年(1890)进京参加会试,彼时相识,且初见后不久就户外同游(见夏曾佑:《日记》第五册,《夏曾佑集》下,第 622 页),可见彼此投缘。1896 年赴天津后夏曾佑长期寄居王修植家中,其日记载其于光绪二十二年(1896)十二月十五日抵天津,十七日即"移居菀生家"(《夏曾佑集》下,第 693 页),一直住到次年移居国闻报馆(《夏曾佑集》下,第 700 页);夏氏日记也记载了在天津几年与王修植极为密切的来往。

④ 见王修植与汪康年之书函[上海图书馆编:《汪康年师友书札》(1),上海书店出版社 2017 年版,第 71—80 页]。另据夏曾佑日记记载,其 1890 年在京宴席中遇见王修植时,正是汪康年做东(《夏曾佑集》下,第 622 页),说明身为浙江同乡的王修植与汪康年也相识很早。实际上,从地域角度看,在《时务报》敏感的"浙粤之争"中,同为浙人的夏曾佑和王修植很难不避嫌疑地公开批判梁启超和黄遵宪,而身为闽人的严复正好两不相涉,更能没有顾虑地出面撰文进行批评和调解,这也说明《时务报告白〉书后》作者为严复的可能性远胜夏曾佑和王修植。

五、结　　语

综上，《〈时务报告白〉书后》可以确认为严复之作。未来《严复集》和《严复全集》修订时，宜将其编入正文。

这篇文章虽非严复的核心文本，但它使后人对戊戌期间严复的思想和立场有更切实的了解。他说"本馆亦新者徒也，义得责善"，[①]说明严复明确将自己归于维新派，对其内部纷争十分关切。维新成员是多元而复杂的，严复属于与康、梁疏离的那部分士人。《〈时务报告白〉书后》是少有的他对梁启超等的公开批评，它表明严复对《时务报》官办前的纠纷就已了解，对康、梁营私揽权的作风无所好感，这使政治理念本不一致的两者更相疏远。

作为维新运动的先驱和枢纽，《时务报》的纷争带给严复很大的触动："自海内闳达，叩胸扼腕，争主维新以来，未有若此事之伤心短气者也。"[②]这也应是当时维新士人的共同心声。此事无疑加深了严复的民质决定论：兴盛一时的维新事业却因其内部成员自私互斗的习气而败落，他因此"流涕太息于中国之人心世道之果不可为而已"，[③]对民智低下的中国的变法事业愈加悲观。这或许也使他译书以启民智的决心更为坚定。

《〈时务报告白〉书后》体现了严复调解汪、梁、黄之争的努力。汪康年通过张美翊读到此文，也许是受其启发，汪氏满足了严复的期望，公布了报馆账目，也证明了自己的清白。[④] 他作《创办时务报原委记书后》回应梁启超，说"良以同志无多，要在善相勉而失相

---

① 《严复集》第二册，第 495 页。
② 王栻主编：《严复集》第二册，中华书局 1986 年版，第 493 页。
③ 王栻主编：《严复集》第二册，中华书局 1986 年版，第 493 页。
④ 详见廖梅：《汪康年：从民权论到文化保守主义》，第 191 页。

宥"，①彰显了严文倡导的"相宥"精神。黄遵宪坚持认为《时务报》公办改官办合情合理，②也因此再失人心。③ 同样在国外生活多年，黄遵宪与严复对事件却有着相反的判断；认为"公办改官办合理"的黄遵宪显然对现代政治中不受公权力侵犯的公民空间理念不甚措意。至于梁启超，他对汪氏之文没有回应，但戊戌政变后修书与之重归于好："兄之相爱，语语肺腑，读之犹恍忆南怀仁里，夜雨一灯，兀兀对坐时也。"④无论严复之文是否曾对当事人产生效果，它为后人提供了维新运动中一大公案的"内行"而"平允"的经典评论，也因此受到史学者的普遍青睐。

（李莎，南京大学法学院助理研究员）

---

① 引自汪诒年：《汪穰卿先生传记》，中华书局 2007 年版，第 87 页。

② 详见茅海建：《张之洞档案阅读笔记之四：张之洞与《时务报》《昌言报》——兼论张之洞与黄遵宪的关系》，《中华文史论丛》2011 年第 2 期，第 55—60 页。

③ 除受到严复等人的批评外，黄遵宪也因此事与张之洞及其幕中士人关系逐渐恶化，详见茅海建：《张之洞档案阅读笔记之四：张之洞与《时务报》《昌言报》——兼论张之洞与黄遵宪的关系》，《中华文史论丛》2011 年第 2 期。

④ 《梁启超致汪康年书》四十八，上海图书馆编：《汪康年师友书札》(2)，上海书店出版社 2017 年版，第 1699 页。

学 者 园 地

陈绛先生追思录

陆兴龙整理

编者按：陈绛（1929—2019）生于福州，早年毕业于上海圣约翰大学，1950年起先后在中共华东局统战部、上海社会科学院经济研究所、复旦大学历史系任职，晚年受聘为上海市文史研究馆馆员。先生一贯热心参与上海中山学社各项活动，1991年起担任辑刊《近代中国》副主编，2003年接替丁日初先生担任主编，直到2016年。先生治学严谨、学问高深、为人谦和，有"谦谦君子，德比润玉"之誉。2019年8月20日，先生不幸与世长辞，10月17日，上海中山学社举办陈绛先生追思会，缅怀先生的风范与贡献。

廖大伟(上海中山学社副社长兼秘书长、上海大学历史系教授)：各位同仁，各位专家，今天我们在这里举行陈绛先生追思会，共同缅怀陈绛先生。陈先生是上海中山学社最早的社员之一，2003年起担任《近代中国》主编，为学术繁荣和对外交流作了很多贡献。他的为人处事、高风亮节是我们的学习楷模，让我们怀念在心。今天出席追思会的有上海中山学社的领导和社员、陈先生生前的好友及学生。陈先生去世前夕，学社公众号推出了介绍陈先生的文章。确实，他对学社的帮助和影响很大。各位对陈先生都非常熟悉，也很尊敬，接下来的时间留给各位。

郭志坤(上海市文史研究馆馆员、上海人民出版社原总编)：

陈绛先生是我敬重的老师,尽管没有教过我,但是我读过他的著作并与他有过多次深谈。我感觉他在学术上非常严谨,处事低调,待人厚道。文史馆要我参与口述历史的工作,建议我整理陈绛老师的口述历史,并对我有很高的期望,要我写第一本作为样本,为此副馆长沈飞德还特地陪我到陈老师家里去。这个任务 2012 年下半年就定了,本想一两年内完成,最终却一拖再拖。第一批口述史共有 5 本,我最后一个交稿。为什么?就是因为陈老师非常低调,不愿意多讲。我当过记者,喜欢抓细节镜头,比如陈老师跟潘汉年的关系,这些都是有故事可以写的,而他却说没有什么可讲。我知道潘汉年的夫人跟陈老师的夫人很熟,我多次采访,第一次他讲没有联系,第二次也没有讲,直到第五次才慢慢地说出来。他回忆说:当时专案组要他交日记,后来交日记还不够,又要他交出家信,前后审查了半年之久。这样,我们才把这段历史整理出来。讲到他为周而复先生写《上海早晨》提供素材一事,陈老师只提了一下就不讲了,但是我很感兴趣。因为他当时正好在棉纺组,周先生关照他要做好详细记录。第一次的记录周先生说不够,要记录对话,是指和资本家的对话。当时周先生已有想法,在为小说准备素材。我多次采访以后,陈老师才跟我说了一些内容。我整理出来了以后,他又划掉一千多字,要他介绍自己真难。他说周先生在书的后记中没提到他,周先生作古后再说这些事,别人会说他贪功。我尊重他的意见,就把这些文字删除了。

　　陈先生多次说他一辈子搞学术,很平淡,没啥事迹,不肯多讲。我紧追不放,先后采访 27 次都不止,仅陈先生住院时我就去了 4次,每次都交谈两三个小时,还带了录像、录音。初稿出来以后,经过三审,又拖了很长时间。他对初稿十分严谨,其间我们之间有邮件往来,他看得比较吃力,叫我一定要打印出来,前后搞了 5 次,我家的打印机就是这样打印坏的。他核对稿子非常严谨,凡涉及外国人名,他会用英文一一标出,涉及到古代人名,他会添加很多内容。看到文稿有文学语言,比如"兴高采烈",他一定要改为"高兴"。初稿有 30 万字,后来删掉很多,有的是陈老师删除的,他认为不便披露;有的是我删除的,确实也是因为篇幅太长。尽管前后花了 3 年的时间,我感觉很值得,因为从他身上学到了很多。后来我又专门写了 1.8 万字的陈绛老师世纪人生,收录在文史馆的一本书中。尽管如此,我还有一些遗憾,因为有很多内容没收进去。如果时间允许,身体还行,我准备写陈绛老师传,因为我手中有很多材料。我和他交流了很多次,有很多的笔记,他的论著里也有很多的材料,我都没有收进去。其他想说的在书里都有了(陈绛口述、郭志坤撰稿:《陈绛口述历史》——整理者注),就不多说了。谢谢!

鲍敏中(民盟上海市委原专职副主委、上海中山学社原常务副社长):我跟陈绛先生共事了 6 年,我到中山学社做常务副社长,陈绛是《近代中国》主编。6 年共事使我受益匪浅。他是一个严谨治学的学者,是一个诚恳、宽厚的长者,这是我对他的感觉。总而言之,对他的评论就是德才兼备的专家学者,是为中山学社作出巨大贡献的资深社员。无论是治学、做人,都给我们留下了深刻的印象。我刚接任时和他不熟,因为我不是搞这个专业的。接任后不久,陈先生就和我说要辞去《近代中国》主编一职,希望由年轻人来担当。当时我一愣,心想我刚来,还摸不到边,你就辞职了。后来仔细一想,当年他已年近八旬,还担当重任,确实不容易,而且他已担任七八年了。但他又是众望所归,怎么办呢,我就和他商量,他非常通情达理,表示愿意做一个过渡,由他兼任主编,再让年轻人当执行主编,所以一直干到 2016 年学社换届,他才正式退下来。那时他已年近九旬了,还在为学社为《近代中国》鞠躬尽瘁,这给我留下了非常深刻的印象。作为一位长者和学术方面的权威,他对学社的工作总是大力支持,学社举办活动,他有空总会参加,而且很积极。研讨会临近结尾时常常有人早退,但陈先生始终如一,坚持到最后。《近代中国》能够得到这样的成就,能够成为核心期刊,这和陈绛先生严谨的工作态度密不可分。他对稿件严格把关,宁缺毋滥,凡来稿他都亲自审阅,而且非常严谨,就像郭老师说的一样,文字和格式的错误都会校出来。

总而言之,陈绛先生对上海中山学社有重大贡献,特别是对《近代中国》。他是我学习的楷模,他的音容笑貌仍然在我脑海中回绕,给我留下了许多美好的回忆。

丁凤麟(《解放日报》原高级编辑):对两位的发言我有同感。陈绛先生去世了,我们心里总有说不出来的味道,非常可惜。临终前几天,他同我还有微信联系。我与他退休后接触相当多,我和他都被上海图书馆聘为特邀研究员,搞资料整理以及家谱资料选辑,前后好几年同在一个工作室,朝夕相处。此前,我也知道陈绛,我觉得他经历不凡,从 1949 年新中国成立时参加革命工作,整整 70 年,始终认认真真、勤勤恳恳,需要他干什么,他都认真干,确实不容易。其间,他的岗位换了好几个,交给他的工作,他都认认真真、仔仔细细地完成。他为人谦和,这可能是他家教的关系。我和他相处以来,从没听到他发脾气,甚至连大声说话都没有过,从来不与别人产生大矛盾。但他又是非分明,不过表现方式柔和一些。所以我想他有很多品德值得我们继承的。做学问认认真真,对待同志同事真诚和善,我从他身上也学到了不少。

沈祖炜(上海中山学社副社长、上海市文史研究馆原馆长):我与陈先生相识有 40 年了。40 年前,我刚到上海社科院读研究生,陈绛先生在复旦大学工作,以前他是上海社科院经济所的老成员,在经济所工作多年。"文化大革命"结束后,研究人员归队时,他没有回社科院,而是去了复旦大学历史系。我在社科院读研究生时,一直把他当作自己的老师看待,虽然他已不在社科院工作了。社科院的老先生都喜欢和陈先生往来,尤其是张仲礼先生和丁日初先生。当时社科院老先生的阵容很强大,他们牵头做课题研究,带研究生,开研讨会,都会请陈先生参与,我就在这个过程中和陈先生逐渐熟悉,感觉陈先生确实非常有人格魅力。凡社科院请陈绛去开会都是添彩的,包括我们后来培养研究生,也很喜欢请陈先生来。一是他德高望重,压得住阵。二是他发表的意见,无论是对学生的论文还是研讨会的论文,他的评论都非常中肯,所以他是社科院非常有人望的院外专家。接待外宾也经常请他一起参与,如接待美国高家龙、法国白吉尔、日本滨下武志等多位著名教授。年轻一辈始终觉得陈先生就是我们的老师,因为我们确实从他那里受到了很多教育。

陈先生退休后是上海市文史研究馆馆员。2009 年,我调到文史馆工作,我第一个想法就是要去拜访陈先生。但是还没来得及上门,他就到馆里来了。当时馆里有一个学习会制度,每两星期一次,他都按时来。文史馆所有的活动,只要他能够参加的都会来,是各种活动的积极分子,因此我和陈先生往来也确实比较多。

刚才说到陈先生治学严谨,作风踏实,我补充一个小故事说明他的奉献精神。当时我们经济所的蒋立老师写了一部《学生、战士、学者》自传,写他求学、参军(新四军)、治学的人生三部曲,有50 多万字,厚厚的一本。临到出版时蒋先生已经病重,他最后的心愿是希望能看到这本书。但是这个稿子刚印出初稿,编成样书还需要作者校对。此时,蒋先生已在弥留阶段。陈先生自告奋勇说"这件事我来做"。他夜以继日工作,仅用 10 天就完成了校对。最后样书送到蒋先生病床时,他已经没有力气看了。但是他相信陈绛先生的校对功力,他就躺在床上拍了拍这本书,表示心愿得到了满足。这本书稿没有出版,只是印装成册而已,也没有稿费。当时陈绛先生出手相助而不求回报,也只有陈绛先生可以做,因为他熟悉蒋先生的经历,而且文字功底又非常深厚,办事非常认真,所以他就做好了这件事。对此,我深受感动,他的个人品德,为别人无私奉献的精神,值得我们永远纪念和学习。陈先生翻译《赫德日记》一事也说明了他治学严谨。《赫德日记》原文不完整，而且又是英文，不容易读懂，翻译难度相当高，涉及到的人名、机构名称应该怎么翻译？甚至那个年代连"赫德"的名字都没有规范的译名。又比如说赫德根据他的理解把中国衙门写成了英文，现在要还原成汉语，那原来正规的名称应该是什么？这些资料都要查。陈绛先生翻译的《赫德日记》，确实做到了非常的严谨，里面的注释非常多，这体现出陈绛先生做学问的严谨程度。当时有一部通行于史学界的外国翻译著作《上海——近代中国的钥匙》，出过两个版本，一个是上海人民出版社的版本，还有一个是江苏某出版社的版本。一般人都只看一个版本，就会用于研究。陈绛先生会把这两个版本放在一起对比，觉得这个版本这里写错了，那个版本那里又翻译错了，他把疑点都一一挑出来，再找来原著，将三个版本一同校对。我印象中《近代中国》较早有一篇文章，是陈绛先生写的，就是讲这本书的翻译问题。这充分说明陈先生对应用国外研究成果、国外资料是非常严谨的。

我最后和他见了两次。一次是他90岁，我70岁，文史馆开祝贺会，他还参加了。我见到了他，一起吃饭，一起合影。我开玩笑说你是老寿星，我是小寿星，这张照片成了我永远的纪念。最后一次是文史馆年末的团拜会，我走进团拜会会场——锦江小礼堂，我第一个念头就想找陈绛先生，因为一年前陈先生说他很愿意参加这样的会，但是为什么文史馆没有通知他？我把他的意见转达给了文史馆，文史馆表示下一次一定请他来。我想这次应该见到他，结果没有找到他。团拜会一结束，我马上赶到徐汇区中心医院。到了医院里，看到陈先生还在工作。他坐在床上，半个床都堆满了书，在搞他姑妈的年谱长编。他的精神状态还不错，离开时他一再坚持送我去电梯口。电梯门关上那一刻，我心里五味杂陈，既感到很温暖，又心想你这么大的年纪，应该以自己为中心，但他还是考虑别人。所以从人品来说，陈绛先生真的了不起。

今天的追思会,不仅仅是中山学社的社员们缅怀陈先生,也是整个学术界的朋友们在缅怀陈先生。我们说某某人称得上"大先生",陈先生这样的学者就是"大先生",我们永远怀念他。

傅德华(复旦大学历史系教授):我跟陈先生的交往时间也比较长了,特别是他到复旦大学工作以来。1974年,我毕业留校,在中国近现代史教研组,他也是在中国近现代史组,所以我和他联系比较多,直到他逝世前的一个月。他给我的印象非常清楚,从来没有老先生的学术架子,对人非常诚恳,所以我们也愿意为他作奉献。我在历史系时还兼任系党总支委员,负责退休老教师的工作,所以他退休之后,我经常去看望他。复旦有一个"夏天送清凉、冬天送温暖"活动,包括他住院期间我仍然去。后来尽管我不再担任总支委员了,每一任领导去时我都陪同。让我感动的是,他还在病床上工作,完成他的心愿。编长编时多次和我接触,让我给他借书,有时还让我复印资料,复印后再给他送过去,或快递给他。所以陈先生给我的印象是非常有传统的、优秀文人的气质。

有几件事给我的印象比较深。他任《近代中国》主编时,我曾经投过一篇文章。这篇文章是和我的一位学生一起写的,我发给他,他看得非常认真,建议我哪几点要修改,我都按照他的意见修改。改完之后他还不满意,又亲自改完之后再把稿子寄给我。一般老先生多是提些意见,由你自己改,但是他非常认真。包括我编的一些书,有一些书中英文的翻译都是向他请教。他的英文功底非常好,对我的研究项目给予了很大的帮助。此外,只要他能动笔,每到新年都会给大家发一封贺卡。这封贺卡的内容就是他今年做了哪些事,和我们进行交流。和他交往中,他一直亲切地叫我小傅,每每发微信或邮件给他都会回,让我非常感动。

提到他和经济所老先生的交往,其实他在我们面前也经常讲到。我记得我们开中美关系学术研讨会时,丁日初、张仲礼等先生都来开会,陈先生也来了。陈先生跟汪熙先生的感情很深厚,写了将近万字的关于他俩关系的回忆录。我们历史系有一个传统,给9位逝世的先生编过纪念集。我接受给陈先生编集任务也是义不容辞,因为我和陈绛先生在一个组里呆过,他给我很多的教诲,到现在依然铭记在心。追悼会我没能去,正在汕头参加学术会议,没有办法回来。我想等资料长编出来后,收到我们的纪念文集中。我们的纪念文集分为几个部分:第一部分是他一生各个时段精彩的照片;第二部分可以在前面放一些他遗留的文稿;第三部分是他的同事、学生、家属对他的思念文章。我也借这个机会,希望参加追思会的每个同志,把发言稿整理成缅怀陈先生的文稿,我们会搞一个陈绛先生纪念公众号,大家有文章都可以在这里发,以后编辑成册,放在纪念文集里。这个纪念文集肯定是由复旦历史系出面编,在他逝世一周年当天,我们会在复旦开追思会,搞一个首发式。所以我在这里也希望借这个机会请大家把稿子发给我们,没有来的其他学者我会发一个征文通知。

陈潮(复旦大学国际文化交流学院教授):我非常荣幸能够成为陈老师的学生。陈老师正式招研究生,我是第一个。毕业后我在复旦国际文化交流学院工作,教留学生中国历史和汉语,但是我始终追随着陈老师做中国近代史的研究。

回忆陈老师对我的教诲,就像刚才许多前辈老师说过的,是一辈子都用不完的。陈老师不仅是一个学术上的大师,而且我觉得他像慈父一样教导下一辈。我从来没有听到陈老师发脾气。昨天我竭力回忆陈老师曾有什么地方批评过我,想来想去想到了一件事,这个批评是拐弯的。我做研究生时,他要我做一个论文的目录序列,我做完后让别人帮我抄了一遍,抄完后我没看就交给了陈老师,结果陈老师看到了几个错误,他很婉转地说请别人抄的自己也得看一遍。就这一句话,我却感到分量很重,虽然没有批评我,但是我感到这是我终生不忘的事情。陈老师做学问严谨,我在他指导下写论文,有两件事的印象很深刻。我做轮船招商局研究时,该

局和外国轮船公司签订合同到清末共有 7 次,其中第七次,我引用
了相关年谱中的一段话。文章完成后,我交给了陈老师。突然我
接到陈老师的一个电话,他说这个年谱中没有这句话,他说他家里
有中国史学会编《洋务运动》,核对所收录的年谱中没有找到原文。
我说我肯定看过的,是在上海图书馆把这本年谱借出来看的。他
坚持要我再去看,直到后来我再跑上海图书馆,把这句话抄下来,
他看了抄件才放心。

　　他对我写论文的措词也非常认真,几乎每一句都会改。我写
了"怡和洋行敲了招商局一记竹杠"这句话,陈老师说学术论文用
这个词汇不适合,要我改过来,要和整篇文章的学术语言一致。我
说就用"巧取豪夺"吧,他说这带有指黑社会和流氓的感觉,外国公
司不是抢招商局的钱,是和你谈判,不是强占强夺,说"巧取"可以,
但是"豪夺"不合适。最后改成了"怡和洋行利用招商局无奈的形
势,巧取获利"。我对这句话的印象很深,以后我写学术文章时,对
这种带一点文学色彩的词,总会斟酌一下。

　　我上过陈老师教的"洋务运动"这门课,也因此考了他的研究
生。他研究洋务运动很早,有出版社约他编书出版,但他一直没有
出书。我们很疑惑,认为有现成的文字,为什么不编出来? 我一直
问他这件事。他说孔子说学问可以述而不作,不一定要写出来。
我授课后你们理解了就可以,不一定要出书。后来我想陈先生为
什么不把这个稿子拿出来,可能他觉得随着时间推移,已经有书出
版了,他不愿意再重复别人的东西。1980 年以后,史学界对洋务
运动有一个重新评价的热潮,重点是要把洋务运动推到一个比较
高的历史高度上,过去是批判的态度,但是洋务运动的负面作用还
是确实存在的。我想陈先生是否觉得他的稿子对洋务运动的论述
还不完整,所以他说述而不作就可以了,由此我更感觉陈老师对做
学问的严谨态度。

　　陈老师研究中国近代眼界非常宽广,擅长把国外最先进的研

究引进来。他很早就开设介绍外国学界对中国近代史研究综述的课程，开阔了学生的眼界。陈老师翻译的《赫德日记》，眼界完全是从一个更宽广的角度来研究的。他较早就关注西学东渐，论述外国技术、思想对中国的影响。由此，我觉得陈老师的研究眼光非常宽广。

邵雍（上海师范大学历史系教授）：陈绛老师对于我来说也是一个终生的老师，我之前和他接触不是很多，通过文史馆出了他的口述史，这样我了解了一些。我曾经拜访过他在五原路的家，楼上一个很大的房间堆满了书，没有任何的间隔。还有一次是在福州开会，主办方安排我们到武夷山，了解到了陈老师的祖先、家族的显赫身世以及家学的渊源。

我和陈老师一起多次参加过上海市的高考命题，每次和他住在同一间房，前后有一个月。他非常认真，接到任务都会带来很多的资料，有国内外的资料，也有图片，他会把这些设计在高考的命题中。他每次会带很多的事来做，包括审阅《近代中国》的稿件。他任主编期间，发表了我的3篇文章。有些事情想起来至今令我汗颜，文章中涉及到外国地名，陈老师都不厌其烦地在原稿上标出通用英文及标准汉语译名，共用红、蓝钢笔标出20多个，这完全是他义务为作者服务，又很费时费力，而且当时他年事已高。2016年初他的口述历史出版后还专门送我一本，见书如见其人，因为书中有一些事我也是亲身经历的，所以读起来非常的津津有味。

2018年12月下旬，我和陈老师最后一次见面。那时海峡两岸的三家学术机构一起在上海召开"孙中山民族振兴与人类命运共同体"学术讨论会。闭幕那天下午，我陪同中山大学的两位教授去医院看望陈老师。走进病房就看到靠墙摆满了书籍，床上还有一个正在工作的笔记本电脑。病房实在太小，他把我们带到公共空间聊了很长时间，拍了照片，这也是我和陈老师最后的合影。会见结束后，他颤颤巍巍地坚持要把我们送到电梯口。他走路大不如前,但还看不出会有什么问题,不料这竟是我见他的最后一面。今天参加追思会,对我来说也是一个教育,长者优秀的品德永远值得我们学习。

廖大伟:陈老师是 2019 年 8 月 20 日离开的,8 月 25 日大殓。高社长(高小玫,上海中山学社社长——整理者注)对陈先生非常敬重,每年都去医院看望他。这次活动我也请示了高社长。高社长 10 月份在北京学习,她回复"恐无法参加,你们各位尽心,缅怀先生对学术的无上贡献,致敬先生传统的先人风骨"。

我也是陈先生的学生。40 年前我考进复旦大学历史系,认识陈先生至今已经有 39 年了,他给我们上过洋务运动史的课。和陈先生更多的接触是在中山学社,大概在 1990 年前后。中山学社的活动陈先生都积极参加,热情很高。他主编《近代中国》非常细致认真,对人非常关心。他住在吴中路儿子家里时我去过几次,今年我去医院探望他时他还送到我电梯口。后来我和他还通过几次电话,最后一次是黎志刚回国,陈先生问他的情况,我也和他说了。我还把我们学社的公众号发给他。海内外朋友圈对他的评价都是高贵谦和,从外表到内在都是这样,确实这样。

冯勤(上海交通大学出版社人文分社副总编辑):今天参加陈先生的追思会,就像刚才大家说的,我们脑海中的陈先生都是很美好、很温暖的感觉和形象,我们看到他,永远是一个笑眯眯的人。因为工作的关系,我也接触了很多学术界的老前辈,陈先生是这些老学者中特有老辈风范的。上个月我在福建,很多人都和我说起陈先生,夸他具有老辈风范,这对我的印象太深了。他对年轻人的关爱、提携是非常多的。今天从我个人来说两点:一个是收获,一个是遗憾。陈先生晚年的近十年来,让我收获比较大。他最后一部著作交给我做责任编辑,这是我非常大的收获。这部著作有 70 万字,可能会在明年出版。最大的遗憾是他生前没有看到这本书。让我稍感欣慰一点的是,他给我的是全部电子稿,他自己反复看完。还有一个附录,是他在福建看到的关于陈宝琛的信息,这部分没有电子稿,他特别关照我先排版,让他自己亲自校验。我和他最后的接触是去医院拿校样。他看得非常认真,中午谈了很多,他把后记写完了,还有插图照片也交给了我。从后记中可以看出,在写这本书的过程中,凡是他能够想起来的帮助过他的人,他都要感谢一下。

我刚才说的遗憾是,那天参加大殓后回家时,突然想到有一件事可能没有做。因为前一段时间我做了一些关于研究近代史的重要学者的一套书,突然感觉到,我和陈先生接触时没提出过这个要求,为他编一本他的著作或研究中国近代史的论文集。我真感到这是我很遗憾的事。

傅德华:我们准备给他编纪念集,把他最重要的有学术价值有影响的底稿放在书的前面,后面是他学生的纪念文章,我再做一个著作目录。正好陈绛先生的儿子也在,现在我们领导委托我在编他的文集,希望你们整理一下他生前的照片借给我扫描。

陈静(民革上海市委宣传部部长、上海中山学社副秘书长):我了解陈绛先生是通过间接的方式为主。以前我作为民革市委机关的工作人员,参加过中山学社举办的活动,和陈绛先生有过接触。每次会议他都到得挺早,待人非常宽厚,好多次都是自己坐车拄着拐杖来的,我们非常的感动。我后来加入了中山学社,担任副秘书长,参与一些社务活动,从社长、副社长那里听到陈绛先生的很多故事,包括他十多年来主编《近代中国》,把这个刊物办得很好,出了非常多的力。陈先生任主编时,甚至对论文的引文都要查阅和考证,是一种非常严谨的治学态度。我作为晚辈,对陈先生也非常敬重,为我们学社有这样的老前辈非常自豪,也激励我们把学社的工作做好,做好服务工作,促进我们蒸蒸日上,这应该是对陈绛先生最大的告慰。

金鑫(民革上海市委干部、上海中山学社办公室主任):我在学社工作的时间相对比较短,和陈绛先生的接触仅每年一次陪同领导看望陈绛先生。他平易近人,今年我和陈绛先生在微信上还互祝新春快乐。当时我们还交流了一个历史问题,我还帮他查阅了资料,感觉他对学术上的每个小细节都把关非常严格。虽然斯人已去,但我们要继承他学术上的作风,这是对我们学社的一种激励。

陆兴龙(上海社会科学院经济研究所研究员):我和陈先生的认识很早,但平时接触不多。初识陈先生是上世纪八十年代,我和陈先生都参加湘潭大学的学术会议,会后一同参观张家界。当时会议接待条件和张家界食宿是很简陋的,但陈先生始终很乐观,即使亲自起早排队买归程车票也毫无怨言。以后和陈绛先生谈起这件事,他也是作为一种笑谈。

上海经济史学学会成立后,我和陈先生的接触多了一些。陈先生最初是学会副会长,后来是第二任会长。先生在会务中做了很多的工作,一直到70岁,当了两任会长,搞了很多有特色的活动,这两届学会都被评为上海市优秀学会。所以先生不仅对中山学社作了贡献,而且为上海市经济史学会也作出了贡献。此外,社科院经济所从2002年起,连续六七年间,每年都举办一次国际或国内学术会议。这些学术会议,先生都担任了很多组织工作。如他在很多会议上组织安排工作都做得很到位,甚至对每一篇请他点评的文章都反复推敲,与作者进行沟通,他的严谨学风对当时与会学者们都留下了很深的印象。他虽然已经在复旦大学工作很多年了,但是对社科院经济所的学术活动也起到很好的推动作用,包括外地的学者都对他有很高的评价和很多的赞扬。可以说,他把全部的心血都留给了我们,他带走的是我们的一片思念。

易惠莉(上海中山学社副社长、华东师范大学历史系教授):在今天的到会者中间,大概除了冯勤先生之外,我可能是最晚认识陈先生的。1986年我来上海,陈先生的大名是知道的,但是和他认识是 1991 年我的博士论文答辩之时,他是我的论文答辩委员。答辩结束后,我留在华东师大工作。从 1992 年开始,我的老师夏东元先生有博士生论文答辩时,都要请陈先生做答辩委员。那时我作为答辩秘书,每年都有跟陈先生一起吃饭、一起说话的机会,慢慢地就熟悉起来了。1998 年下半年,陈先生去北京参会,一个日本学者送了他一本书,后来陈先生在电话里和我说,你先把这本书看一下,再写一个书评。我说书评我写不出来,就写一个介绍,他说尽量写书评。写好之后,我把文章寄给陈先生,后来是《近代中国》的徐元基先生和我联系的,他说陈先生去澳洲探亲,要一年才回来,由他来处理这个文章,这样我就开始和徐先生有了联系。

2000 年,我们在常州开会,前后 3 天,每天吃过晚饭就和陈先生一起散步。他对我说了很多事情,我也对陈先生的大家族非常感兴趣,所以和他聊天时就说:"你讲,我来写你的传记。"这个话我说了很多遍,他从来没有拒绝,也没有同意过。我说:"你是家里最小的孩子,这些孩子都是一个妈妈生的吗?"他说:"是的。"我说:"你的父亲没有职业,那么抚养费怎么办?"他说:"大的带小的,我的读书费用都是三姐提供的,所以和三姐的关系特别好。"以后他去台湾参加同学会,又见了三姐。他把这些情况都和我说了。此后,我和陈先生交往开始多起来了。2010 年,常州史学界准备把去年的会议论文编成集子,我就问要不要成立一个学术顾问委员会,对方说可以,我就推荐了陈先生。我们一起开会讨论了几次,都是我和常州方面的会长、陈先生和徐先生参加的。我们在一起讨论,一起吃饭,一起聊天,关系越来越熟。我私下问陈先生很多问题,我问陈先生:"你刚开始工作时,你的领导是潘汉年,你的工作单位都是处于历次运动的风口浪尖,后来工作的经济所也是风口浪尖,你怎么能够平安度过,给我传授一下经验。"他总是说"我很谨慎"。我问:"你谨慎到什么程度?"我觉得我也够谨慎了,但是还不行。他总是笑笑,推说以后有机会再谈。我总觉得他的内心很苦。他在 2004 年时,把 1967 年下放时候的手稿寄给我,说这是那个时候的手稿,你可以读一下,你就知道我当时的心情。后来我读了手稿还专门给他写了一封信。我在信中称陈先生为先生,他每次来信都称呼我为惠莉贤友,我觉得非常惭愧,我怎么当得起他的贤友。后来正式出版之后,他还专门给我寄了打印稿。他为什么给我这个稿子? 我问他为什么被发配去那里,那 7 年做了什么事? 他总是凄凉地笑笑,说什么事情都没有做。他只说了所幸国家恢复了高考,两个儿子都进了大学。他不在家的时候,师母把两个儿子培养得很好。我觉得他的心里很苦。他的口述自传出版后,我马上读了一遍。我看到他在自传中说,一个人的人生有几个7 年? 可能他的心里也有很多的想法,想做很多事情,却又十分无奈。他经常和我说,他论文没有写几篇。我说不是有几篇没几篇的问题,只要写出一篇来就会留下印象,这才是真实的。《赫德日记》出版后,他送了我一本。我马上打电话给他,说这绝对是传世的,比写好多篇论文还要好。我再三说你放心,不要再为自己有没有几篇论文感到遗憾了。我和他说话时总想套他的话,他对我来说像谜一样,我经常回忆起他的回答,有很多谜,越想了解,就越觉得他非常的深邃,包括他回答问题的方式都是非常巧妙的。我最大的遗憾就是没做陈先生传。我的小本子上有很多人名,记了很多,有各种各样符号,但是现在什么都搞不清楚了。对我来说,最大的遗憾还是对他了解太少。虽然我也去过他家里好几次,医院也去过,也经常给他打电话,他每次都说希望我去看他,但是又总觉得我去看他路太远,我的身体又不好,还要回四川看望母亲。大概有几年的时间,我们交往比较多,我知道他喜欢看一些回忆录、自传,所以我每次看到好的就打电话,问他看过没有? 如果他没有看过,我就寄给他。他翻译《赫德日记》时说有的书连复旦也没有,他请傅老师给他找资料,也经常打电话要我帮他找资料,每次接到资料后又会给我打电话表示感谢。尽管对我来说他是老师,但是他给我的印象像父亲，像朋友，又像恩师，感受如沐春风。他从来没有大声说话，永远都是轻言细语。我们交往比较多，有时候我套他的话，他非常的谨慎，绝对不轻易评品他人。

他做事非常认真。大概在2004、2005年间，我在《近代中国》上发表了一篇文章。因为很多地方引用的都是日本的资料，所以陈先生给我审稿时，满篇都划红了，还有很多的标注。后来他打电话给我，他说那个人是汉学家，他的汉语水平就是这样的，我问要不要按照你说的改过来？还是按照原样？他说你把我改的全部不用，还是用原来的吧，既然是日本汉学家的文字，还是要体现出日本汉学家的水平。最终成书时还是用了原样。我觉得很惭愧，那篇文章将近6万字，他花了那么多精力，划了那么多地方，结果却都没有用上。大概在2003年，有一位日本学者在熊月之老师那里做访问学者。有一次开会时，他说一直在找一个资料，是关于从清末民初到"九一八"事变时中国和日本的关系，他要做这个课题。他问还找得到参考书吗？我说帮你问一下陈先生，陈先生的知识面很广，他可能知道。我就和陈先生联系，陈先生说你找对人了，我的一个学生在图书出版社，中华书局留下的书都在他那里。之后我带着这位日本学者去了。日本学者特别感谢陈先生，我就说你去见陈先生一面。当时陈先生还在上海图书馆，我们把陈先生约出来表示感谢。日本学者也多次和我说，如果没有陈先生的帮助，他的课题可能就完不成。他说看得出来你和陈先生的私交很好。我说陈先生乐于助人，只要他办得到的事情都会提供帮助的。

刚才傅老师说要写陈先生的传记，我觉得非常有必要。我觉得进一步挖掘一些口述自传中没有的东西很有必要。陈先生这一生走过来好像很平静，没有碰到政治上的发难。但是总的来说，他的心里还是很苦的，为了避免这种灾难，他也付出了很多。每每想起他，我就想起中国的遗憾，是不是中国的知识分子都有遗憾，我们这一代就没有了吗？也许这就是中国知识分子的宿命。

陈任(陈绛先生长子)：我非常感谢各位老师、各位前辈、爸爸的同事、爸爸的领导，非常高兴能够在这里看到各位。大家说了很多学术上爸爸和大家共事的细节，以及生活中的方方面面，我说一点我们家里的事，这可能也是大家接触不到的。

我感觉我爸爸应该是一个文艺青年，为什么？我拿一个东西给大家看一下。我们最近在整理东西，结果我发现了这些小漫画。这些小漫画非常有意思，是从报纸上剪下来的。我爸爸非常细心，他觉得有意思的漫画会全部剪下来，像学术资料一样把它收集起来，所以我说爸爸很有文艺范。我爸爸骨子里有一套注重礼仪的东西，也很幽默，口琴吹得很好，乒乓也打得很不错，所以我说爸爸是文艺青年，兴趣很广，也很幽默。当然他对我们的教育很严。他以前一直跟我们说公家的东西一点都不能要，他说还好你出国了，要不然在国内可能会犯错误。我就补充这些生活上的细节，你们可以想象一下，他在家里的一个父亲的形象，不是那么刻板的。

陈传(陈绛先生次子)：我爸爸是个无党派人士，不热衷于参与政治运动或者各种党派。他刚参加工作时，统战部有一个大秀才，爸爸属于小秀才。爸爸这方面很谨慎，跟过很多领导。爸爸也不善于经商，他对商业活动不感兴趣，对赚钱也不感兴趣，但是他对中山学社的事非常关心。我想这是什么原因？可能是与丁日初伯伯有很深的渊源。因为丁伯伯之前在社科院，他们在同一个单位。另外丁伯伯也是福建人，他离我家又近，爸爸跟丁伯伯走动比较多。我知道《近代中国》从1991年开始出版时，丁伯伯是主编，也是发起人之一。但是他年龄比较大，经常就找爸爸帮助审稿，爸爸经常把稿子拿回来。当时爸爸要忙学校里的工作，又要看稿，家务做得比较少，妈妈也经常抱怨，我们还一时很不理解爸爸。后来爸爸去出版社也是这样，到人民出版社工作了一两年的时间，就像易老师说的那样，把稿子改得密密麻麻的，也不是说来稿质量不好，但凡只要有点瑕疵，爸爸是决不会轻易放过的。这方面的事情很多很杂,所以妈妈承担的家务比较多。直到后来中山学社或者文史馆组织了活动,妈妈才有机会出去散散心。以前家里条件有限,爸爸工资比妈妈高,但他的工资除了给家里,每个月还要贴补给二姑。他非常重视亲情,经常用自己的收入资助她。我的外公外婆那个时候被打成了反革命,爸爸也是每个月寄钱给他们,还有剩余的钱就用来买书。爸爸对中山学社的感情很深,除了一开始帮助丁伯伯编纂《近代中国》,到2003年,丁伯伯的身体不好了,主编也要换人了,爸爸觉得有很多老师都比他强,不大愿意担任。他一直比较低调,可能是丁伯伯或者是大家的推举,他最后还是担任了主编。主编相对忙一些,他自己也比较认真,为了这本学术刊物,他不辞辛劳,同时也得到了大家的支持,不是他一个人的功劳。我最近整理爸爸的来往信函,发现爸爸和很多老师在通信。其中我发现我们学界老师的治学精神都是非常可贵的,像沈渭宾老师的信是用蝇头小楷写的。爸爸对《近代中国》有一个宗旨,就是支持观点创新,来稿有比较新的观点,都要尝试着发表,这样就会吸引有新观点的稿件寄过来。其实爸爸在工作中是得到了在座各位的支持,包括傅老师的很多支持。

廖大伟:各位同仁,各位嘉宾,我们今天开了一个非常有温情、非常感人的会。斯人已逝,我们要继承陈先生留给我们一切美好的东西——他的认真,他的为人处事,他的学问。谢谢各位在百忙中抽空来参加会议。

(陆兴龙整理)

史料辑存

第二十二章　国中外记

蔡元培史料拾遗[①]

周雷鸣　杨国山整理

近年,笔者致力于中央研究院史料的搜集和研究。在披阅史料的过程中,对院长蔡元培的史料颇为关注,屡有所获,积少成多,颇为可观。这些史料体裁不一,均为浙江教育出版社 1997—1998 年出版的《蔡元培全集》所未收。兹将其中"提案""说明""呈文"和"演讲稿",集为一编,以供学界参考,以补全集不足。

一、提案之范围及山东问题
(1921 年 9 月 26 日)

第一,此次太平洋会议,我国应提议案,原难预先确定。惟就其大体言之,此次会议系为世界和平起见。吾人之希望,凡各国在我国内有妨碍我国主权者,或足以为破坏和平之引线者,皆应要求除去之。

第二,山东问题。现在日本虽已提出具体条件,然其性质,本应无条件归还,实无详细交涉之必要。惟日本既已提出具体条件,我国似不能置之不理。盖恐欧美各国,不明东方实情,误认日人所

①　本文为作者主持的 2013 年度国家社科基金一般项目(13BZS064)"中央研究院与民国时期的学术发展研究(1927—1949)"的阶段性成果。

提条件为有理由。故我国应将不与日本直接交涉之理由，及其所提条件不妥之处，详细剖解，宣布世界，以避第三者之误会。

第三，对于美国所拟关于我国议案，因关系重大，条目繁多，待将各种材料整理后，始能发表。

十，九，二十六日。

据《国中名流对于太平洋会议之意见》，《学林》1921年第1卷第2期，第1页。

二、中华教育改进社第一次年会高等教育组
通过"废止法政专门学校法律政治经济
各科应在大学教授案"之说明
（1922年8月8日）

此案为高等教育组所议决，而大会中业已保留，将付继续一年之高等教育组，详细研究，再提于明年之大会，本无提早说明之必要。惟近日北京报纸，时载有关于此案之议论，其中有甚可笑者。既不胜阅，亦不屑辨。惟国立法政专门学校王维白①君致我一函，提出五问题，似即举各种稍近情理之疑虑而归纳以成之，尚值一辨。我今即据王君所提出者而分辨之，如左：

（一）王君谓："私立法政专门学校将并入官立大学（赅国立省立，下仿此）乎？抑并入私立大学乎？无论并入何种大学，该大学之本身，其校舍是否足以收容？其经济是否足以应付？创办私立法校之人，是否愿意牺牲多年之精力与经济？国内公私立之法政

---

① 王维白（1881—），即王家驹，子维白，江苏丹徒人。日本法政大学法科毕业，授法政科举人。历任学部科员、教育部视学。1919年兼任公立北京法政专门学校校长。1921年12月代理教育部专门教育司长。1925年7月任安徽教育厅厅长。1927年7月，任专门以上学校视察委员会常任委员。后任北京大学法学院教授等职。文中"驹"为其自称。

专门为数至伙，势不能悉行归并。不能悉行归并时，何者并？何者不并？由官厅决定乎？未免虚拟。由大学决定乎？未免擅专。由被并者决定乎？则议决案不生效力。其结果空起无谓之争，直使教育界自身破坏决裂而后已。不但无以达希望之目的，将不免为教育界之罪人。"

案我等所议决者为学制改变问题，非学校归并问题。私立学校，虽不合于国家所定之学制，亦不过不准立案而止，万无强令归并之理。例如现在学制，已废止读经一课，苟有私人愿牺牲精力与经济以办理存古学校，专以读经为课，而所收者并非义务教育年龄之学生，官厅亦何用干涉？民国六年大学令，已有专科大学之制，法专均有改办大学之自由。大学之数目，本无定额，自无收容及应付各种问题。如废止法专问题，已被公认，则官立各校，应如何处置，官厅自有权衡，建议之人无庸諤諤顾虑也。

（二）王君谓："大学成绩是否优于专门？驹对于其他教育状况，不敢自信，而对于法政教育，不论为大学，为专门，盖略有所见。不但官立与官立不同，即私立与私立亦不同。驹不敢谓官立优于私立，亦不敢谓私立逊于官立。驹不敢谓大学优于专门，亦不敢谓专门逊于大学。以往事言，从前浙江之私立法政，比之浙江公立法政如何？比之上海神州大学如何？以近例言，先生所长之民国大学，比之朝阳大学如何？比之国立法政专门，比之私立中央政法如何？而朝阳大学之法科，比之北大法科如何？推而之于新华大学，比之其他专门学校又如何？驹不必妄下评语，先生自能洞见。惟是高等教育组皆教育大家，专门学者，似不至昧于此点。不图何以有如是之建议与决议也？"

案王君在此处，忽于比较大学专门外，又比较官私立各校者，其原函于提出五问前尚有一段曰："法政教育不良，并归大学。他处教育不良，归并于何处？大学教育不良，又将安并？方今国内教育，大率鲁卫之政，间有所谓彼善于此者，究其实亦不过尔尔。何以不提一字？此不能令人无疑者也？先生且谓当时议决情形，不论国立、省立及一切官公私立之法政专门学校，均如是办理。果如是，则范围甚广，能否办到？本为另一问题。姑就事实上讨论"云云。

我以为我等在高等教育组所讨论者，制度良否问题，非办理善否问题。制度良而办理不善，则更易办理之人而已足。制度不良，则办理者，即尽为第一流人物，亦将事倍功半，其次无论矣。现今办理大学之人才，不必果优于办理专门学校之人才，我亦承认。然专门学校年限少于大学二年，而经费亦较少，若以同等人才办理之，其成绩必当不同矣。我等既认专门制为不适，自无国立、省立、私立之别，一概认为可废。

（三）王君谓："并入大学后之学生，是与大学学生平等待遇？抑另设专门部？如与大学无异，则肄业年限必须延长。各生境遇不同，入学之初，早有预算；设有障碍，将以废校之故，一并迫令废学。抑有何法以维持青年之学业与成绩？若另设专门部，又何必多此一举？岂在大学则优而在专门则劣乎？迁地为良，容有是说，不闻学生之求学，与学校之教授，亦有地杰人灵之主张也。"

案废止法专之主张，若果被教育当局采用，自有限期办法。或自某年起，停招新生，俟现有各班悉数毕业后始停办。我到北京大学后，主张废止工科，特与北洋大学商议，请其收录北大预科毕业而志愿入工科之学生。此等学生，由北洋退学后，北大仍为设工科各班，俾悉数毕业而后已。废止一种学校，自当为学生妥筹归宿。自民国六年，国立七校，提议改专门为单科大学，经教育部承认后，医工农各专门学校，均已提出改编大学计划到部，因部中筹款未得，至今尚维持专校状况。办事自有次序，岂有一言废止，立即停办之理？十余年前，我国曾设法政速成科、法政别科等；后以政府欲提高法政教育，至少以高等专门为限，始渐将速成科、别科废止，当时并不闻有何等窒碍。今中国教育又进步，又欲将高等专门学校,提高一层,都成大学,何以必有窒碍?我想往年有少数人主张废止速成科、别科之时,凡办理此类机关者,于在此等机关受教育者,未必不顿起恐慌,发布何等难行之议论。不过废止之说,既受多数赞成,而办理又亦得法,遂得安然进行耳。

(四)王君谓:"私立大学,率有专门部;专门部之学生,且多于大学学生,将迫令改为大学?抑听其存在?由前之说,窒碍难行。由后之说,如原案何?"

案私立大学,本有自由余地,已详第一条。专门部自有废止方法,已详第三条。

(五)王君谓:"同时有两个以上之大学,其地点同,其科目不必同,亦不必同。归并乎?抑不归并乎?归并则公立、私立之性质不相容(如北京之北大、中大、交大、朝大、民大、平大之类),学科目之种类不相合。不归并则又何以对于独受委屈之法政专门学校?"

案我等所议者为提高法政教育方法,非归并学校。王君此问,实与议案无关。至以法政专门学校为独受委屈,似因我等并不议及他种专门学校而发。其实各种专门学校,皆当改为各科大学。自民国六年以来,我个人之主张,从无变更。不过高等教育组中王君所提议者为改良法政教育问题,自然止能就法政论法政,不能牵入他种专门学校耳。

王君之结论曰:"以上种种,在高等教育组当别有见地,第不为之解,恐终无以释局外人之疑虑也。论者谓高等教育组,虽为当代教育名家,惜法政之学,研究者少,对于是种学科,不免稍有隔阂,故有如是之决议。殊不知国民对于国家稍有几微之政治思想,于夫司法之稍有一线光明者,是否法政学校之功效?绝不能以非自己之所学,而一概摒弃之,惟恐不力也。"

案王君所引论者之意见,似以我等为抑止法政教育者,而不知我等之议案,乃实重视法政教育,欲提高其程度也。至谓高等教育组中,研究法政者少,实亦不然。考七月五日之会议,到会者共十四人,除旁听四人外,有发言及表决权者十人,而有法专校长一人(李君)、法政教员一人(提案人王君),亦占五分之一矣。

王君函中有一段最不近情理之言。其词曰:"道路传闻,谓其别有作用。不但属意法校,并将图谋某某等校,以为力征经营之具。驹以为教育事业,与教育界人均极纯洁,何至有此? 万一有之,如人格何? 如清议何? 况天下人不皆愚懦,即令野心勃勃,焉能唾手而得? 敢谓其不若是之愚且妄也。"

案我等议案之中之法政专门学校,自指一切法政专门学校而言。所谓大学,自指一切已办未办之大学而言。(国立大学现虽仅北京、南京、山西三校,但尚有广州、武昌、成都三校可办。省立大学,则直隶已办外,山东、湖北、湖南、四川、浙江、安徽、奉天等省,均已有成议)。王君所谓图谋法校及某某学校,本不知图谋者何校? 所图谋者又属何校? 但有人告我:图谋者北大,所图谋者为国立法专及高师、美专,又或兼指医专。因某某等报曾载新闻一条,谓废止法专案,是北大派欲以法科并吞法专,以教育系并吞高师,又欲设美术系以并吞美专。而法专学生代表见汤次长时,曾询及医专归并北大事。又法专王校长对该校学生报告时,曾追叙蔡某所拟之筹划全国教育经费计划,国立各校增加经费,独不及法专与高师也。又有人告我,谓曾见一文,谓废止法专案,是北大及东南大学欲并吞北京国立法专,与南京省立法专之计划。又君所提出于高等教育组之国立大学与省立大学议案,曾言国立大学应全设文理医工农法商美术音乐等科也。又有人告我,谓废止法专案,是天津南开大学教员王某提议,实南开校长吞并直隶法专之计划也。夫道路传闻之言如此,是否纯洁者应有之言论? 是否有人格者所敢信? 明眼人自能见之。私立之南开,何以能并吞省立之法专? 且提议者实东南大学之教员而非南开教员。此最易勘破者也。国立之东南大学,何以能并吞江苏省立之法专? 此亦不难勘破者也。惟谓北大欲并吞法专高师美专,则所谓弥近似而乱真者,我得以事实证明之。我个人所拟之筹划全国计划第一次草案,诚不为法专及高师筹加经费。当我提出于第一次非正式委员会时,高师校长李君与法专校长王君均在座,阅后均询我何故？我答以我之意见：法专宜兼收北大之法律系,设法科大学,而以政治经济各科移并北大;高师可专收大学文理科毕业生,入教育研究科,而停招现制之四年毕业生;如是则现有之经费,均勉可应付也。王李二君皆不以为然,陈君筱庄且谓两校校长身列筹费委员会中,而不能为本校增加经费,则无以对本校。我当时不与辨也。我之国立大学与省立大学议案,是我近年之意见,一种抽象之言,曾屡次发布之。所谓国立大学,全设各科者,在东南大学,本用此制。他日广州、武昌、成都之三大学,自然亦可用此制。至于北大,我意止办文理二科,故曾以工科移并于北洋大学。惟法科虽有移入于法专之意,而教育当局不赞成,法专校长亦不赞成,故尚未实行耳。改革高师之议亦然。至美术学校,则筹费草案中拟增加经费十倍。近与郑校长商,拟将北大之书法研究会附属于美专。郑校长近日要求教育部增加每月经费三千余元,我且为之助力,又安有并吞之嫌疑？学制本不妨有例外。北京各校,各有历史。即使他处国立大学均全设各科,而北京独用分设各科之制,在我个人亦以为无碍也。

王君之结论曰："驹以为法政教育固应改良,而应改良者且不止法政教育。吾人服务学界,应时时有提倡教育之意,不应负有摧残教育之心。夫改良是进步的,若是以废止为改良,何啻因噎而废食？充其量,非将全国大中小学一并废止不可。返躬自问,奚以自安？更奚以自解？况教育事业,宜平均发达,绝不宜偏重何科,更不宜由一党一系包办,酿成学阀之阶级。"

案废止法专,非废止法政教育。以大学有法科,中学以下有法制经济课程及公民教育,可推知之。一面废止,一面提高,何得谓之摧残？因废止法专一种学校，而拟将全国大中小学一律废止，是否合于论理？法政速成科、别科曾废止矣，曾有人指为摧残法政教育乎？曾波及全国大中小学乎？曾有一党一系包办之嫌乎？今之国立法政专门学校，为前清学部所办之京师法政学堂，法部所谓之法律学堂及度支部所办之财政学堂所归并而成立。在法专方面为建设，而在该三校方面为废止。曾有人指为摧残法政教育乎？曾波及全国教育乎？曾有一党一系包办之嫌乎？近有议废止乙种农工商学校而于高等小学校设职业科者，又有议废止甲种农工商学校而于中学后三年设职业科者。将皆不免于摧残教育乎？皆不免"充其量非将全国大中小学一并废止不可"之责备乎？

王君函中又有一段述张健伯君之言曰："东南大学王伯秋先生原本提议为改良省立法政专门学校，嗣遂不知如何变成本案？至提案原文及会场讨论之议事录，均未发表。询诸到会者亦语焉不详，惝恍迷离不解其故。最后先生谓此案暂行保留，亦不宣布云云。"

案保留是事实。"亦不宣布"，我不忆有是语，或者是案既保留，不以本社名义向各方面宣传，及向教育当局要求施行之意耳。今特将王伯秋君提议原文，及七月五日讨论此案之议事录，宣布于左。议事录全由书记当场记录之本抄出，我不敢妄改一字，以存其真。

抄中华教育改进社高等教育组七月五日会议录之一节

到会者：蔡元培　王伯秋　汤尔和　蒋梦麟　任凯南　徐廷瑚　赵翰恩　李志敏　陶孟和　孙伏园　卢逮会　胡敦复　丁文江　秦汾。（中略）

（六）蔡提出"改良省立法政教育建议案"，经原提议人王说明。

附录原案如下：议案主文，王伯秋提议，陈容附议。

改良省立法政教育建议案。

理由：我国自民国初元以来，各省公私立法政学校，如雨后之笋，同时并发。设立既易，流弊甚多。识者病之，遂极力限制私立，而于各省创办省立法政专门学校，以培植法律政治人才。现值改良司法革新政治之时，此项人才，实为国家社会所急需。兹特提出改良省立法政专门学校管见数条，敬请公决：

办法：（一）提高程度。应请国立大学设立研究院，为省立法政、专门毕业生研究高深学问之机关。（二）变革部章。部定章程多袭日本旧制，课程编制，稍嫌呆板，无伸缩余地。日本已大加改革，而我国仍沿用之，殊不足以应时代之要求。以后似宜注意下列各点：A. 加重西文。政法之学，为世界所共有。治此学者不了解西文，仅凭讲义以资研究，则造诣必不能深。B. 法科预科加多一年。我国省立法政专门学校预科，只有一年，略嫌短促。查米国大学法科，非先在大学毕业，不得入学。菲岛大学法科，亦特设预科两年以为预备。诚以法理深密，非年事稍长，常识丰富之人，不足以治斯学而资深造也。吾国以后法政学校预科修业年限，似宜亦增为两年。（此条临时删去，但今仍照录）C. 政科当特别注重各本省地方自治。D. 经济科应视各省财力。（三）应为毕业生谋出路。（四）改公立名称为省立。现在各省中等学校，凡以省款设立者，均称为省立某校，独于法政学校则称公立，名实不符，殊易招人误解。拟请教育部通令全国各省法政学校，凡称公立者，改为省立。

秦报告：谓原案所举之办法中第二条所称部章，并非事实。又第四条，按部章，所有省立学校皆应称公立，并非两歧。

陶提议：法政教育应在大学教授，因原提议人所拟办法，皆可在大学解决。

蒋谓：关于改良法政教育，有两种办法：一为改良的，即王先生之提案是；一为革命的，即陶先生之主张也。

丁表示：赞成陶先生之主张，法科改为大学科目，政治经济可在各省设立，以谋普及法政之知识。

王：省立法政，实有废止之必要，本为主张之一人。惟废止之事，恐不易办，必将惹起反感。故拟改良办法，或可有所成就。

蔡提议：取消办法第一条、第二条、第三条、第四条，而只保留ACD 三项。

王谓：第一条仍有保留之必要。鄙意所规定之课程，亦有修改之必要。

李：直隶教育厅对于专门以上学校之课程，并不加干涉。

丁：改良法政专门，较在大学中设法政科，尤为困难。提议将原案修改："改省立法政专门学校为政治经济学校，将法律科设在大学案。"

李：各省法政现状，学生以入法科者为最多。如改其性质，则维持难。

任：现在国立大学虽有两处，法律学生能否悉容在大学内?

陶：近年中国政治上之扰乱与司法之黑暗，不得归咎于中国法政教育之不良。要改革司法与政治，最根本之方法，即将法政教育提高，废止今日机械的、讲义式的、一知半解的法政教育。所有法政各科，皆应在大学教授。

蔡意见：北京法政学校，可专办法律大学。改良之议案，可不必成立。因将来高等学校，亦升为大学也。

胡提议修改："废止法政专门学校法律、政治、经济各科应在大学教授案。"

丁附议。通过。

据《晨报副刊》1922 年 8 月 8 日，第 1—3 版。

三、本社请拨赔款关税上政府说帖并计划书
(1923 年)

具呈人蔡元培等，为呈请捐拨赔款关税以兴办科学事业事：

窃维科学为近世西方文化之源，人民程度之高低，与国家实力之强弱，胥视科学之发达与否为断。吾国近年以来，群知科学之重要矣。顾提倡科学之声，虽盈于朝野，而实际科学之效，终渺若神山，则以实际讲求者之缺乏，而空言提倡之无补也。窃查西方科学发达之历史，实以学术团体之组织为之权舆，如英之皇家学会，法之科学院，成立皆在十七世纪中叶。于是科学方始萌芽，此后百数十年间，科学上之重要发明，多出此两学会会员之手。说者谓追溯此两学会之发达，无异作一部科学史；反言之，即无此两学会，是无今日之科学也。其在美国则有斯密生学社、卡列基学社，皆于科学上有独创发明，于世界学术有重要贡献。其他学术团体，指不胜屈。兹所举者，如法之科学院，则为国家所经营；如英之皇家学会、美之斯密生学社，则为政府所资助；如美之卡列基学社，则私人所创设，而皆为学界所推重，亦可见此种组织为国家生存所不可少矣。至研究科学所以必待此等组织者，其故有二：一因科学为实验学术，欲加研究，须有研究所、博物馆等设备，取精用宏，非私人力量所能胜任；二因科学问题，皆具特殊性质，而有待于高深研究，非有专门人才潜心钻研，不易为功。故西方先进诸国，皆视此种学术团体，与专校大学同时并重，建设组织之唯恐不及，诚知其本也。吾国近年以来，学术团体，渐次发达，顾以研究科学为职者，尚属少睹。独民国三年国内学者有中国科学社之组织，意在追踪西哲，讲求科学，为吾国树实验学术之先声。数年以来，以该社社员之热心，与政府及社会之赞助，颇能继续发达。其所出科学杂志，已达七年，实国内学术杂志之最有价值者。现于南京设有总社所、图书馆，于北京、上海、广州等处，皆设有分社。至于研究所、博物馆等重要事业，皆有具体计划，徒以为经济所限，未能即行。

元培等伏见太平洋会议后，各国退还赔款及加抽关税皆将成为事实，中央支配用途，拟以一部分拨充教育经费。窃谓科学事业，实为教育、实业之基础，欲图科学之发达，舍立研究所、博物馆等不为功,而欲为此等建设,又非有特别巨款不办。然则当此分配赔款关税以作教育、实业经费之时,实为树立国家学术百年根基之最良机会。拟请中央于前项款下拨出一百万元,作为补助学术团体开办研究所、博物馆之用,并另拨三百万元,作为一部分基金。其不足之数,再由社会各方面筹集,俾能按照计划,积极进行,庶几吾国科学得所依藉以图发达,不惟可与西方学术界并驾齐驱,国家富强之计,实利赖之。附呈理化研究所、生物研究所、博物馆计划各一份,敬祈鉴察,提出国务会议决定施行,无任屏营待命之至。此呈国务院、教育部、外交部。再科学事业为近世文化标准,兴办与否,各国具瞻,如能拨款兴办,各国了然于吾国热心科学之真意,于促成退还赔款,不无裨益。管所见及,合并陈明。

理化研究所计划

(一) 开办费共 36 8000 元

建筑及地基(汽锅、气管及电灯、煤气、自来水等设备在内)

170 000 元

仪器及设备

物理仪器　80 000 元

化学仪器　50 000 元

机械工场(为修理及制造研究仪器而设)　30 000 元

图书杂志　38 000 元

(二) 经常费共 116 000 元

研究员六人助手十人薪资　36 000 元

特别研究设备费　25 000 元

消耗杂用　24 000 元

修理添补及折旧　26 000 元

出版费　5 000 元

生物研究所计划

（一）开办费共 265 000 元

建筑及地基(汽锅、气管及电灯、煤气、自来水等设备在内)

	150 000 元

仪器设备

　生物仪器　30 000 元

　普通设备及理化器具　30 000 元

陈列器具　5 000 元

标本装置及修理仪器机械　15 000 元

图书杂志　35 000 元

（二）经常费共 87 280 元

研究员五人　18 000 元

助手及绘图员十人　14 400 元

标本制造员及工场技师二人　2 880 元

特别研究设备　10 000 元

消耗及杂用　15 000 元

修理添补及折旧　20 000 元

印刷及讲演　7 000 元

博 物 馆 计 划

（一）开办费共 325 000 元

建筑及地基(汽锅、气管及电灯、煤气、自来水等设备在内)

	20 000 元

购置标本　50 000 元

标本制造及修理用机械　35 000 元

陈列架具　30 000 元

图书杂志　10 000 元

（二）经常费共 115 840 元

管理员

主任一人	4 800 元
副主任五人助手十人	32 400 元
标本制造及工场技师	8 640 元
采集标本费	20 000 元
材料药品消耗及杂费	15 000 元
管理添补及折旧	20 000 元
出版及讲演	15 000 元

据《科学》第 8 卷第 2 期,1923 年,第 192—196 页。此呈文由蔡元培、张謇、马相伯、汪精卫、范静生、梁启超具名,后经北洋政府国务院批准核办。

四、唯物史观、唯心史观与唯生史观的比较
（1929 年 1 月 25 日）

各位同志:

现在大家都在党内研究党的理论,就是预备将来去办事,去为国家服务。因为要办事,就必先要求学。蒋校长叫兄弟今天来说几句话,兄弟对于军事学是不懂的。现在就把大家所知道的马克斯主义,作为讨论的问题。马克斯学问最重要部分,要算唯物史观。他认定世界变来变去,都逃不了一条公理,这条公理就是唯物;就是世界无论如何变好变坏,或和平或危险,都是根据于物;物质分配均匀,就为和平;否则,就要发生阶级斗争。物质有变更,世界一切历史都随之而变更,所以物质是历史的中心。总理很不赞成以物质为历史的中心,就是美国马克斯信徒威廉氏,也不赞成这说。他们观察争生存,才是历史的中心。世界人类初期,人少兽多,就是同兽争;后来兽类逐渐减少,就人与人争。人与人为什么要争,就是要生存,其所以发生斗争,就是不能生存。但是生存是

大家的要求,你要求生存,他也要求生存,不能生存,就要斗争。所以争生存是历史进化的中心。因此总理的民生主义,也可说是唯生史观,唯物论者,认定世界一切历史,都是随物质而变迁。唯心论者,是没有物质,只注重精神。任何宗教家,都是唯心论者。他们看见太阳、地球,都是精神力量造成的。他们以为世界一切都是空的,一切事物,都不应与人争辩;只有自己良心好,人体死了,只要精神不死,躯壳虽然没有了,而精神已登天堂,极为快乐。这是唯心派论调。唯生史观与唯心史观不同,是因古今人类之所以要努力,就是要求生存。要求生存,不是要个人长生不老,是因为我们死了,还有子孙,有亲戚朋友。所以民族,个人死了不要紧,要紧的是要求民族生存,全民族的快乐。这是唯生史观与唯心史观、唯物史观的不同。

唯生史观既是要生存,那么,要如何才可以生存呢?要如何才能生存呢?照着唯心论者说,物质文明愈发达,社会一切的罪恶也愈多。如上海可算是物质发达,但是成了中国罪恶之渊薮。所以倒不如良心好,就是住着茅屋,精神也很舒服。依唯物论者说,不要什么精神,只要物质就够了。我们到底注重哪个呢?我们根据总理的遗教,物质与精神二者都是并重的,是相辅而行的。在科学未发明以前,以为精神与物质二者是分离的,没有关系的。其实二者相联属,如人之目能视,耳之能听,手之能动,实因有精神作用在里面。假使没有精神作用,手也不会动,目也不会看,耳也不会听,这个人是等于死的,还能生存吗?所以精神与物质二者是合而为一的,要同时并进的。自惟机器发明以后,物质文明进步,日益千里,中国与外国比较,实在赶不上。我们总理对于物质建设,最大的著作,可算是实业计划。这个计划里面,预定要筑十万英里铁路,建筑三大港,修筑全国汽车路,要使全国人民便宜的衣服、适合卫生的衣服穿,有便宜的饭吃,有平坦的道路走,一切衣食住行,都要合乎卫生,适乎人类生存的道理。在农业方面,改良农种,改良肥料,预算全国食料,不致粮食发生恐慌。又如丝绸棉纱,中国因为棉纱厂少,所有毛料棉纱,都仰给外国输入,我们也要自己预算每年出产多少,需要多少,不致供不应求。又如房屋,也要预先预备,不致好像现在的首都,一没有亲戚朋友,就没有地方住。总而言之,总理对于物质建设,是要与欧美物质文明一样的发达,一样的进步。

　　讲到精神文明,外国实在比不上中国,中国人所发明的,外国人还没有知道,不过中国把这种精神湮没了,所以被外国人轻视。在民族主义第六讲说,我们中国还有一段最有系统的政治哲学,就是《大学》中说的,格物致知诚意正心修身齐家治国平天下。这一段话,如果个个能够做到,人人能够从内心做起,做到天下为公。那么,大家都好;大家好,天下就平了。这是中国政治哲学最大的发明,外国政治家还没有见到的。又说要恢复中国民族固有的能力,现在航海所用的罗盘针,世界各国不知用了多少,但是发明的是中国。又如现在军人用的火药,起初也是中国人发明的;茶可以代酒代咖啡,也是中国人发明的;瓷器也是中国人发明的;豆腐含蛋白质最多,可以代肉食,也是中国人发明的。由此可见中国人是很聪明的,是很有能力的,不过固有的能力失掉了,所以现在要恢复。恢复之固有能力,还有注重道德,这是第一要紧的。所谓道德,在为全民族生存战争时候,当然不能为道德而停止不放枪。不过对敌个人,我们不应屠杀他,或是受了伤,还应该爱护他,更把他当作朋友对待,不要看成他是外国人,要同我们自己一样。自己不愿意要的东西,也不要给他人;自己有的东西,要的东西,也要使大家有,大家要。这才是所谓道德。就是无论大小战争,战胜的民族,就于战败的图书馆、博物院,种种物质建设,都要以道德心去保存。因为这是世界的公物,对于物质文明与精神文明,都是不可毁灭的。因有如此的精神,才可叫做唯生史观。兄弟不懂军事学,只有拿这种空洞的话来说,今天所讲的话完了。

据《政治讲演集》，中央陆军军官学校政治训练处编辑委员会，1929 年，第 21—25 页。此文为蔡元培于 1929 年 1 月 25 日在军官团政治训练班的讲演，由张皎记录。

五、注 音 符 号
(1931 年 1 月 14 日)

今天青年会注音符号班举行休业礼，诸位是已经学会了注音符号，但注音符号班并不是为诸位而设的，诸位都是已经认得字的人，是为着那些不认得字的人才去学注音符号的。注音符号是替代字的，所以认得字的人去学注音符号是非常的容易。世上常有一种这样的关系，就是无论什么东西，要是这件东西是费了很多的时间或力量得到的，那么，即使是一件寻常的东西，也必视如珍宝。反之，如果是得来全不费功夫的，那即使是一件很宝贵的东西，看来也是很平常的。诸位今天虽然是很容易地学会了注音符号，但不要视如弁髦，要宝贵它，因为注音符号是一种很重要的符号。

在注音符号未规定之前，国内已有许多人想到中国字很难认。那么用什么方法使它易认呢？首先是挑选声音，但是用什么记号去注音呢？有的用速记方法，有的用日本假名式的方法。至于所挑选的声音也个个不同，往往挑选声音的人是什么地方人，其所挑选的声音便照那地方的语音。例如王照，他是采用日本假名为注音的记号的，因为他是山东人，所以他所挑选的声音也都是北方人的语音。又如劳乃宣，是浙江人，因而他所挑选的声音也都是南方人的声音，不过南方人的声音要比北方人的多一点。还有一位，他的名字叫作沈学，他是采用速记法式的。此外还有其他许许多多造字母的人。后来教育部开了一个会议，把许多造字母的人和对于小学有研究的人都请了来，在会议中，有人主张用西洋字母来拼中国字的音，主张这一说者，大约以基督教中人为最多。对于这一个问题,大家争论甚烈,后来就决定采用现在这一种符号。但是现在我们可以这样说,为什么当时不采用各国通行的字母呢?用外国字母自然是最容易,但英法德俄各国文字读法不同,究竟用哪一个国字母好呢?而且西文都是横写的,这也不方便。还有一说,就是我们所需要的是注音的字母,而并不是要造字来替代字。日本废字后,总因同音的字太多,仍须在汉字旁附注假名。我们所以用符号,其目的并不是在废字,乃是着重在注音,使不认识字的人,一见字旁所注之音,就可以念出来。所以在那次开始时,有许多人不赞成用西洋字母为注音的符号,后来也终于通不过。此外,会中对于挑选声音一方面也有所讨论,有的主张用北京音,有的主张用广东音。有的主张声音要多,因为声音多,各地方的音便都可以代表。但也有人主张声音要少,恐怕多了舌头要读不出来。声音要少,那么,不但声音少地方的人都可读得出,而且声音多地方的人也可以读出来。这样,各人有各人的意见,很不容易议定。所以我们应该知道,注音符号实在远没有得到一种完全的基础,正待各方面拿方法去救济它。后来到第二次开会时,我们把它改换一套,又费去了很多的时间。

现在诸位既已学会了注音符号,此后应该抱定一个目的,把它传授给未曾学过的人。现在耶稣圣诞到了,大家忙着送礼物,那些慈善家也常常赐送米票,但照我看来,把注音符号送给人,实在是最大的礼。请诸位想一想,现在世上对于人类最有利益的究竟是什么?生产最多的又是什么?那便是机器。我们吃的米麦,全世界个个人都要赖以为生。自从播种五谷,以至脱谷做米麦,以前的人都用人力,现在则多用机器。衣料也用机器,裁缝也用机器。机器最好,而注音符号对于一般不识字的人,也和机器一样,最有功用。从前有一个人说一个笑话,说吕洞宾能点金送人。有一次,他遇见一个读书人,这个读书人很苦。于是吕洞宾就用指头点金送给他,但他却不要。这个读书人真是了不得,有了金子却不要。其实金子是要的,不过还不够,他要吕洞宾的指头,因为若有了这个能点金的指头,他就可以得到无量数的金子了。这原是一种譬喻的话。现在有许多生活困苦的人,不知道怎样谋生活,也没有方法得到智识,他们不能进学校,也不能用笔写字。因为程度差,不能看书,所以参考资料也就少了,能力也就不及格了。像这类的人,假使每一个人样样事情都要管教他,提醒他,那未免太麻烦了,而且这也是办不到的事。现在只要给他一个窍门,一个秘诀,使他知道如何去学习本事,如何去找到一个标准,这就是要使他认得字。要使他容易识字,就这使他学注音符号。学会了注音符号,就是用各地方的土语也可以记出来,因为有许多记号可以连续起来,那些从外界所得的印象也可以记出来。人之所以异于禽兽,便是因为人能言语,能思想,能把言语和思想记出来,又能去收集别的许多材料,这是不会说话的动物不及会说话的人之处。而且,人有了文字的记号,就可以把这记号所能达到的意思积起来,使人的智识日益丰富,智识一丰富,理想也就高尚了,所以把注音符号送给人是很有益于人的。诸位不要以为注音符号是仅费了几星期便可以学会的东西,就轻视它了,或是把它忘了。要知道注音符号的产生是很不容易的,诸位一定要把它当作一种重大的礼物去送给人。而且将来要统一国语,必须利用注音符号。不过教人的时候,第一要虚心,对于无论何人不能苛求,不能依你所要的程度给他。

现在的注音符号,在声音上实在还不够用,就是南方的声音也不够。赵元任先生曾为着这件事,特地跑到广东、湖南各省去搜集这方面的材料。到了一个地方,就预备好,把那地方的特殊声音记录下来,按照那地方的特殊声音,另外做一个声音。不过这并不是添新符号,乃是在原有符号旁边做一个记号。而且那地方一共有多少声音,也一一记录下来,以便得着一个总观念,此外,同声音为何要变,及其变迁的经过,也要加以研究,这种研究是很兴趣的。不过材料要许多人去搜集。这样,将采即使在一省中,这一个地方的声音和哪一个地方的声音,或许也能有互相比较的机会。

诸位对于注音符号学得很快,因为诸位都是认得字的,而且有的还学过西文,对于字的样子和拼音的方法都很熟识。学注音符号是很容易的,不过把它传授给不识字的人,却是很费时的。那么,为什么我一学就会,而他不易学会,甚至连两种声音中间的差别都不很辨别清楚呢?我们应该设身处地地替他想一想,他是不识字的,没有读过书的,原没有像自己那样容易学注音符号。他是连符号都不懂的,那么,其他可想而知。所以我们教他的时候,要体谅他,要具有一种苦心,要知道这一件事关于全国很大,和我们个人也有很密切的关系。我们要推广注音符号,使全国的人都能够把话记出来,那些不同的话也可以记出来。

再进一步而言,不识字的人学会了符号,就可以从符号去认字,一方面用土话注音,一方面更用国语注音,这样全国的语言便能渐渐统一。等将来注音符号一推广的时候,就便没有符号的字也都可以认得。这一件事关系是很重大的。诸位现在专已学会了注音符号,其目的自然为的是要去传授给他人,凡是自己便当的人以及能教人的人,都可以去传授。这样,接续传授,一而二,二而十,十而百,全国的人都可传授。等到全国的人都学会了注音符号,那么,全国人民的智识程度也就大大地提高了,一切事业也就都可以做了。

据《上海青年》1931 年第 31 卷第 2 期,第 2—4 页。此文为蔡元培演讲。1931 年 1 月 14 日为期刊出版日期,而非蔡元培演讲日期。

六、教育的普及与提高
(1934 年 12 月 15 日)

普及的运动——小学采用半日二部制,短期义务教育,陶知行的小先生办法,姚仲拔的辅助国民教育运动会。

提高的运动——全国大学均设研究院。

教育的重要，已被公认，无待说明。但教育界向来有两方向的运动：一是普及的运动；一是提高的运动。这两种运动，其实并不相妨，例如建筑，固然要有多数熟练的工匠，但亦要有少数高明的工程师。又如军队，固然要有多数忠勇的士兵，但亦要有少数英武的将领。岂不是并行不悖的吗？现在先讲讲普及的运动。据教育部十九年度统计，入学儿童，仅占学龄儿童百分之二十八，为全体学龄儿童计，还要添加好几倍的学校才可应付。况且还有超过学龄的，如十岁以上的儿童，如成年的文盲，都不能替他设法。教育部曾有小学采用二部制的通令，指定半日二部制的办法，一校可作两校之用。这真是扩充小学的捷径法。至对于十岁以上的失学儿童，教育部也有一种一年制短期义务教育的办法，就是设短期小学或短期小学班，使失学儿童，每日分班受两小时的教育，教员于午前、午后及晚间分教三班，每年可毕业百二十人。此外还有陶知行的小先生办法，系责成每一学生，转教两人，学生毕业时，所教两人也就同时毕业。这在半日制小学与短期小学制的学生，更有时间可以利用。又有姚仲拔先生的辅助国民教育运动会，主张由热心教育的人组成此会，会中所筹经费到三百六十元（估以教员薪水每年六十元计算，如有改变可别定单位）即可聘一教员，在没有学校的村落，沿门往教，六年可毕业一班，与入学儿童无异。若参用短期义务教育制，成效更速。我们若能因地制宜兼用上述各种方法，切实进行，必有教育普及的希望了。

请再讲一讲提高运动。现在大学毕业生，受过十六年的教育，然而在应用上还觉不足，有力的必要再到外国大学去研究若干年，得个博士学位，然后自信。这并不是崇拜外人妄自菲薄的心理，实因外国大学，均设有研究院。而我国大学，或仅设少数研究所，或绝对不设，这不能算为完全的大学。大学没有研究院，第一，教员没有研究的机会。因高等学术研究的设备，私人很不容易做到，大学既不能供给教员以学术上的助力,教员就没有进步了。第二,毕业生好学的没有再进一步用功的机会。大学生毕业后,不能不即谋职业的,固然不少,但亦有少数可以深造的毕业生,预备成就学问家,有所贡献,并可任大学教员;今因大学不能收研究生,此等可造就的青年,除有力出洋者外,没有求学的机会。第三,校中高级生没有自动研究的机会。大学虽设专科,照我国大学课程看来,实还是专门中的普通,高材生若要就其性所最近,特别集中心力,亦所不能。这也是一种缺点。德国大学高年级生自信已到专精时期,得主讲教员允许,即可进研究所,在教员指导之下,专治一个问题,他的答案,就是博士论文。这种博士的程度,并不比法美诸国的低,可以见研究所对于高材生的利益了。照我个人的看法,凡有经费不敷的省立大学,与其办极陋的四年毕业之某某学院,还不如专设几个研究所,招大学毕业生若干人,叫他们受专门学者的指导,对于该省地质、地文、矿物、生物等,为切实的研究,公私均有益。现今山东大学的农学院,即用此法,将来成效,必较其他大学的农学院为胜。教育部业已发表大学研究院暂行组织规程,令饬中央、武汉两大学分设算学、农艺、经济及土木工程等研究部;而对于其他已设有研究所的大学,令饬改组。这真是提高的善法。一方普及,一面提高,这真是教育上最重要的工作,愿当局深切注意,尤望社会上赞成提倡。(二三,一二,一五,讲)

《广播周刊》1934 年第 15 期,第 10—11 页。

(周雷鸣,中国药科大学马克思主义学院教授:
杨国山,山东大学马克思主义学院助理研究员)

廉泉遗札续拾

郭建鹏　姜绍泽整理

　　廉泉、吴芝瑛夫妇是在晚清民国史上颇有影响的人物,尤其是吴芝瑛与徐自华义葬秋瑾之事,更影响中外。其实在廉泉、吴芝瑛的人生中还有两件事值得研究。一是1906年发起的女子国民捐运动,当时上至两宫,下至女界,都产生了影响。一是1928年小万柳堂突然出售的广告及吴稚晖等人极力挽救之策,更是我们了解廉泉与吴芝瑛夫妇关系发生变化及生活突然落魄的根由。只惜资料难寻,今仅将部分相关的廉泉信札及其年谱未记遗札拈出,以补当下廉泉研究之不足。

廉惠清部郎致祝少英部郎函(议结诬报放火案)[①]

少英先生大人阁下:

　　日前在张园晤教,至慰。企慕辰起居,万福。经润山诬报敝处二次放火一案,弟次日清晨偕兰舫观察至捕房查阅门册所载,乃知之当日致函,经君诘问情由伊置之不答,故激动敝同乡公愤,禀控新署。昨日经君既富堂认罪,自愿在锡金公所演剧请酒服礼,执事谓复旦学院经费伊可认捐千金。则目前经已悔悟,弟亦不复深究。请即致意经君,准助复旦经费银一千两,径交曾少卿先生转致该学

---

①　《廉惠清部郎致祝少英部郎函》,1906年8月21日《申报》。

院缮给捐款,收条不用医款字样。其自认之在锡金公所演剧请酒服礼,及前日执事所议登各报纸赔罪各节,皆无庸议,以全经君体面。敝同乡只论情理,必不争此虚文。且此事一再调停,弟亦心报不安。故为此愿全经君名誉之计,伏惟尧此。致意七月十九日

廉惠清部郎上江督书①(为请提倡女子国民)

玉帅世伯大人钧座:

(中略)侄妇倡办女子国民捐,撰有白话演说及劝捐简章,已刊布各省。欲激动女子爱国之心,出而共任义务。此项捐款拟汇存上海户部银行,四厘生息。昨曾电商部绍越千侍郎,顷奉京友来函,言绍侍郎属致意敝处,谓此事实关中国财政命脉。果能如法人爹亚士之演说,自当万众响应。现在京津两处业已一倡百和,如鼓应桴。两宫召见臣工,往往垂询及此,属敝处广为劝募,云云。敬呈章程百分,侄妇上伯母大人一书。伏惟提倡,为幸肃请。钧安

世愚侄廉泉谨上(颠)

廉惠清农部致上海商会曾观书②

少卿先生有道执事:

内子议辩女子国民捐,前在丹桂宴集时曾经谈及本拟开会提议此事,即行宣布,因久病未愈,昨复伤胎,幸遇德医克礼君诊治,始得转危为安。据德医云,伊接生殆数千人,如此凶险者只见两人也。惟动手取胎时受伤过重,流血太多,必过三日方保平安。病中犹以所志未偿为憾。今晨嘱弟代写一书致贵商会,附呈前议开会时所预备之演说及劝捐章。切望诸公夫人出而任此义务,亦当仁

① 《廉惠清部郎上江督书》,1906 年 5 月 23 日《申报》。
② 《廉惠清农部致上海商会曾观察书》,《卫生学报》1906 年第 3 期。

不让之义也。公办国民捐有定章,未异日,南洋各埠及各行省乞公并此印单,一同传布,收款亦可统归尊处,以便汇寄。勿以此女子之责任,祈祷弟患水痘已兼旬,寒热甚重,近复患咳。西医谓肺病有复发之征,一时尚难出门。书此代面嵌候起居,不宣。

节录廉惠清农部复南洋幕府劳玉初主政书①

内子议办女子国民捐,撰有白话演说及劝捐简章。本拟在沪开会演说即见实行日前已致沈夫人请于旅宁惠宁两女学内宣布此事。广募官场女界并请帅夫人提倡以风通国女于内子有妊已九月,忽于前日伤胎,血流两日夜不止,几濒于危。遆德国医士克礼君至,谓密司病状,凶险已达极点,胎不得下。四点钟后不起,泉姑请尽法施救。克谓非动手取胎不可。然流血过多,我不能保平安,君如许我动手,无复悔,我即虹口取器具来,迟恐不救。泉一一遵命,克坐电车去虹口一点钟,往返令将家人尽驱他室,只泉与两医生、一稳婆相帮。动手至一点半钟之久,始将死胎取出。克汗出如雨,谓吾生平为人接生不下数千,如此凶险者只见一人,此其第二也。密司受伤太重,非过三日不能保平安,云云。此虽休咎往不可知,然非克君不能至,今日矣,请将此情语凤楼先生,转达沈夫人。谓内子将死之言,乞夫人听纳出而任此义务,以偿其未竟之志。并乞先生将此捐章传布浙中,要约女界设立专会,苦口劝募。惝能商请宁垣简字半日学堂教习译以官话字母与汉文并列刊布之,则妇孺读之尤易感动。鄙意望先生再撰白话演说一篇发明创办宗旨并内子垂死尤望各地同胞出而任此义务之意。禀明帅座,扎发各州县为刊布。有捐者由地方公正绅士簿记代收,由县详报该款,将来汇交上海户部银行。是否可行,伏惟裁定。非如此不能遍及也。无任在祷

---

① 节录《廉惠清农部复南洋幕府劳玉初主政书》,《卫生学报》1906 年第 3 期。

尊闻阁词选·又并跋①

平林山庄主人凌云一笑:

　　泉临发津门之前日,智老为尽释迦牟尼佛像于芝瑛手写《楞严经》卷首。越日,甫返曹渡,惊闻智老生天之耗,连日怆愕。顷得寒木堂主来书,谓智老于数日前陡患肝气病,为吾兄画佛已属勉强弄笔。致死之由,实因误服羚羊角暴然气脱。外间谣传服毒,殊不足据。牟尼佛实为绝笔。又曰同人公议将平林山庄改为祠堂,春秋佳日,至好可以在彼祭奠。想吾兄亦赞成斯举,云云。又附来智老与寒木堂主书,谓连日穷到不堪地步,忙其次也。并患肝气痛,昨晚眠极早。今辰五钟醒来,看见公函:意想中为画一佛不佳,请转达惠兄,日内当另尽几页寄去,订上可也。末又注曰:不误惠兄走也。泉时有扶桑大正博览会之役,故有此云。悲夫,此墨遂成永诀乎。北望津云,不知涕泪之何从也。

民国三年三月三日
南湖居士廉泉附识

请赦李平书之函商②

弢斋相国钧鉴:

　　顷读《附乱自首之特赦令》,宽其暨往之非,开彼自汇之路。仰见大总统与我相国主持人道,与民更始之至意。凡有血气靡不感泣,颂如天之仁。以岫云所知,江苏李钟珏亦宜邀赦之□一也。钟珏成笃有干才,凡上海地方公益事多所倡办,热心毅力,众论翕然。自被嫌疑牵涉戢影,于日本国横滨山中闭门思过,与乱党绝不再来。犹复研究实业,上年于大正博览会中以个人之力陈列本国商品千数百种,冀以推广销路,挽回利权。其爱国之心,始终不渝。

---

①　《尊闻阁词选·又并跋》,1914 年 4 月 11 日《申报》。
②　《请赦李平书之函商》,1915 年 1 月 26 日《申报》。

有如此憔悴,斯□弃置可惜。拟请陈明大总统,准其悔过自新,并破格录用,以为热心公益,提倡实业者。劝是否可行,伏乞训示。以便函托闰生公使,呈请特赦,并酌量保荐也,云云。

与 孙 寒 厓 书①

天气已凉,不审寒厓所苦,复如何?至为耿忆。泉浪迹风尘,掉头海外。闲居其于潘岳,消渴同于长卿。每对秋风,何尝不叹!此间耳目所接,无非曰天皇,曰万岁。心颇厌之,乃与麦教士密商游美之策。芝瑛《楞严经》写本拟寄存于纽约博物馆,声明我华再见共和之日,仍须珠还。遘负累累,以淞波一曲了之。与吾同胞从此永诀,李峤水调山川,满目泪沾衣。闻之然出涕,不恃曲终而去者,岂独一明皇哉。环顾中原,无一干净土,并无一干净人矣。嗟乎!梅初胎已成畴,昔东山一饷,弥触酸辛,然非寒厓,亦情绪谁舆语也。尺素,书不宣心。

泉白(九月十二日自日本京都寄)

再答徐东海书②

奉书欢喜,顶礼而白。佛言我佛慈悲,具大愿力度诸苦厄,再造世界放厥光明。微尘自恶浅薄,末属觉惟念阴阳错缮,天地大错,浩劫方临,如火如电。及今解脱,尚有因缘。如其挂碍,终竟隳落。以肉眼观之,世尊欲救众生在先,欲救洹水,在使洹水自救而已。果能就此勇退,立证上乘。世间种种,如汤销冰无。复恐怖从前种种,如月出云,了不障翳。云何纠一切,都解若犹爱。未除旁言,救济徒添。支节无补,本根又灭。气息莇然,并生心厉。重增业障,忏悔更难。南通啬老,近陈法座。千条万端,蓄窍已罄。无

---

① 《与孙寒厓书》,1915 年 9 月 18 日《申报》。

② 《再答徐东海书》,1916 年 5 月 5 日《申报》。

俟微尘，卮言重赘。惟祝我佛，转大法轮，结成宝筏。若涉洹水，作舟作楫。同时众生，一切普渡。诚如经言，尽还佛性。应念化成，不可思议。微尘夙无，粘着更罕。将迎非只，世尊鉴其。本性即在，洹水亦悉。行兹之所，述当亮无。他不至以，鲁连通与。相比例小，赍经觉伫。听雷音寒，不时伏祈。万万为国珍重。

岫云和南

廉南湖请为秦效鲁援手[①]

廉南湖君致黄克强君书云：秦君效鲁，二次倡义。时奉公缴任无锡县知事，旋即被逮。羁苏三载，苦不可言。泉临发之前，曾电冯督省释，冯置之不答。此次来游，正拟到东京奉访，乞公援手。昨阅各报，知麾从已莅沪，敬乞电请。黄陂迅为饬，释去国余生。同此衔结中山先生，能加一电，尤感。

廉南湖答林寒碧书[②]

江山逆旅，风雨怀人。忽惠好音，语长心重。文采巨丽，慰喻绸缪。载诵载忻，以当侍会。岫云浪迹风尘，埋身涧谷。逃名甚于二仲，消渴同于长卿朋好。损书堆案逾尺，来而不往疏懒。奚辞有马为日本消夏胜区，详致吴君稚晖一书录稿附察用。备卧游嗟乎！来日大难一身去国欲乞源头活水，洗人间忧患之心，好将濯足。新篇续孺子沧浪之咏。欲略陈近状。敬祝双绥　溽暑朱阑，保卫不尽

岫云　和南

附：林寒碧与廉南湖遗札

南湖先生道席：

---

① 《廉南湖请为秦效鲁援手》，1916 年 7 月 16 日《申报》。
② 《廉南湖答林寒碧书》，1916 年 9 月 1 日《民国日报》。

凤仰未得就教为仄。曩奉佳章,已为写登本报文苑。昨晤石遗丈语及春杪游湖,借宿贵庄,忽值军变,逾夕遂行,未见主人,犹眷眷耳。顷复承示片有马名泷,弟留日七年无缘一访。不意今日乃得于图中。想见贤伉俪优游之乐,殊深艳羡也。十丈红尘暑饮如甍,安得着我风泉松翳间哉。念之神往,此后仍乞长惠诗景以导眼界何如? 深夜倦书,恕未端叙草草。

耑此,敬请暑安

六月十九夜　弟林景行

再拜

小淑附笔为芝瑛夫人道候并述契阔之忱,弟等明日亦赴湖上逭暑,半月乃归。

校印四库全书之赞助①

廉南湖致书浙江督军杨树棠:略谓英人哈同君之内亲罗纯毂在杭州,承买官地拟建学社,校印《四库全书》分送各省及各国图书馆,扬我文化愿力之宏,中外同仰。乃卜筑伊始,以国籍误会,无端被阻,致买主损失甚巨。泉(廉君之名)今与岑西林、王湘泉两先生出为证明国籍,欲使双方得圆满之结果,议有端倪,因病回沪,未即解决,所有部照、印本及关系此事之函电,附呈察核。敬乞我公主持,勿失部照信用。俾得从事兴筑,实为公便。容贱恙稍愈,即当趋前承教一切也。

廉南湖与邓和甫先生书②

和甫同学执事:

弟初到京时,曾去访一次。不得执手,此恨何深。近由疑始、

---

① 《廉南湖致书浙江督军杨树棠》,1917 年 1 月 17 日《申报》。

② 《廉南湖与邓和甫先生书》,1923 年 4 月 26 日《顺天时报》。

彦骞二公传述尊意,欲约一谈,研究一千万□问题。此国家大事,世外人不愿预闻,弟与孙寒厓先生初闻有捏名之事,曾致书昧云次长问询究竟,已得复书。谓是谣传,则隔壁王大娘事与吾无涉。弟与寒厓亦从此不复过问矣。弟养疴萧寺,紧紧抱着一句佛于家事且不管交好如汝我者形迹之疏,尚如此其不预,尘事可想而知。只因此次累及寒厓先生,故有函电之问询。寒厓江东独步,志洁行廉,琨玉秋霜,未足为喻。某社记者不察,妄肆讥评。昨已去书,请彼负责。天下汹汹,大家自杀几成畜生,饿鬼世界,而主持舆论者且如此。此有我佛视之极可怜悯者。《楞严经》曰:"菩萨见枉如遭霹雳"公其谓我何、肃候兴居不尽楼楼弟廉泉再拜。

廉南湖与赵次山书[1]

元补长老上座:

别后随业流转,儒风梵行一往决撒,每于报纸见宣示电稿,虽缺略不全,悲闵之怀,令人读之唏嘘。烦醒泣下而不能禁。闻说睦州陈尊宿将一草鞋挂城门,能止巨寇之兵。邓隐峰掷锡空中,能解吴元济两军之斗。我公同体大悲,于法弱魔强,弥天障日之时,出入刀涂应机说法睦州之鞋、隐峰之锡,便常从舌根笔尖上取次涌出化毒雾为宝雨,转杀气为祥云,世外余生,亦今日虫沙猿鹤中托庇之一分子。故对于我公之悲,愿坚固一片心香,随之渡辽海矣。蒙叟有言天地之大德,曰:生圣人天地之心也,是以好生而恶杀。杀者非他也,杀吾之心而已矣。杀天地之心而已矣。杀一生即自杀一心,杀两生即自杀两心,杀百千万亿心,心心相刃,刹刹相蹖化,其身为百千万亿身化其生,为千万亿生累□历劫,以偿之业报不可终穷,又读张魏公《藏经记》,□兵革斗乱起于无明净,回心杀气自息叟与魏公,知般若清净法门者,故其言痛切如此。

---

① 《廉南湖与赵次山书》,1922 年 9 月 1 日《顺天时报》。

岫云本此意旨以诗答敬兴将军并示子玉使君,录稿请教昔贤,谓文字妙香能熏洗阎浮提劫中力,兵凶疫臭恶之气,奈浮根浅智,一言偈无。此感通神力为可慨耳。佛门广大冤亲平等向上,直造佛祖圣贤,向下亦不失为英雄豪杰勖哉! 夫子幸察吃言,秋暑未阑,遥祝无边胜福。

八月十八日　岫云合十状上

廉南湖与华南圭书①

通斋先生执事:

昨承设醴,得笾盍簪,发影疏香,欢乐何极。回寓,读罗琛夫人所著《女博士》一过,至结局好梦重圆,与乃凡之一瞑千年者,见夫人所着恋爱与义务,虽欣戚不同,其足以警世训俗,唤醒痴迷。发人深省之宗旨则一。作者殆亦出于"一片之血诚"(用女博士明珠语)以改良社会自任乎,至赏其学识之渊博,与文笔之华赡,犹余事耳梁孟高风。去今未远。敬以笺谢并颂俪绥

四月廿二日　廉泉

廉南湖与段之老书②

芝公万岁:

己溺己饥,宁忍不出,世外人所欲言者只两事:一请提议民国元年建都南京制,离开千年魔窟;一请用重典禁绝鸦片,自大官始。奠国基,强民族,舍此未由。杜牧诗曰:"用贤无敌是长城",此又千秋,求治者金鉴,幸采刍荛,□□民望。

显惠谨状上
十月廿四日

---

① 《廉南湖与华南圭书》,1924 年 5 月 25 日《顺天时报》。
② 《廉南湖与段芝老书》,1924 年 11 月 7 日《顺天时报》。

廉南湖与世竹铭书①

竹铭先生大孝：

生死交情，于所记先公遗言一叶见之。泉敬将集句八首写在遗言原笺下方装成小幅、悬诸佛堂。日诵《楞严经》，祈保先公得乘莲台，生极乐国，太君健康，人眷安康，圆满菩提、如是如是。近以病疐，不获一恸。几筵之前，触物增感。悲怆无量，唯千万节哀以慰亲意也。临纸哽塞，书不尽怀。

佛弟子 显惠和南

廉南湖与顾佛影书②

佛影先生执事：

辱赐教，并示近诗，沉郁清新，咏不已。填词法适亦奉到、千门万户，度尽金针矣。不佞于此道向未用工，不敢苟作。然好忆云词，往年与亡友邓广文似周校勘甲乙丙丁稿，怪其歌哭无端，又哀其遇，不幸短命以死。今阅所录，足见一斑。所谓伤心人别有怀抱者，而广文遗草，苓落人间。问邓似周遗稿藏其戚诸君家，曾托侯希民先生求之，尚未到手。此后死之责，不知何日能了此心愿也。久拟招抚□□校刊一本，至今尚未求得。黄壤幽翳，世无知闻，可悲也已。有两寒厓，争墩故事，不让前贤，已语我寒厓先生，发一笑也。吕昭佳人，能不忘旧，有今日十人中，虽之劣吟四首，为题新影，我公至性中人，想证此意，未由瞻奉唯若时自爱不实。

六月廿二日 廉泉

---

① 《廉南湖与世竹铭书》，1925 年 7 月 29 日《顺天时报》。

② 《廉南湖与顾佛影书》，1925 年 7 月 7 日《顺天时报》。

廉南湖上张宗昌书①

敦帅督办麾右：

联城杨端勤公，仕道成之际，生平雅好聚书，所收藏数十万卷，多宋元旧叶，见翰林侍读翙卿先生所著《楹书隅录》。泉往年官户部时，犹及见翙卿先生之子凤阿舍人，并为介绍收得丁氏所藏世彩堂韩文，凤阿引为生平第一快事。今楹书无恙，如何公开，使得永久保存。杨氏与贵省巨人长德，当共同负责。鄙意此等善本，于吾国文化暨学术人心所关匪细。急宜择要汇印，使得流通，宝藏犹第二义也。伏愿我公提倡，感此盛事，请柯凤孙、傅沅叔、潘馨筑、李一山诸公，审定付印，不独嘉惠学子，并足转移风气，收镜时范世之用。昔粤寇在粤，东南文字，尽毁于火。曾胡诸公，驱驰戎马，所至关局刻书，以兴学育才推贤进士为务，卒成中兴之治，我公何多怀焉。凤阿所贻海源阁刻本，惜抱尺牍八卷，系道咸家高伯平所写，字体浑穆，极可钦玩。泉觅名手摹刻，三年成书。奉呈欣赏霜寥，惟为国自爱不宣。

廉南湖谨上
一月十六日

廉南湖君致荣宗敬君书②

宗敬先生执事：

不佞破产后因欲避免各方之纠纷和冲突，故至今旅泊萧寺，不敢遽归。家人分散，无地容身。稚、寒二公为策周全，情愈骨肉。奈理想去事实太远，皆难办到。不佞书空咄咄，南北一筹莫展。而老画师凶问又至，急欲奉偿前款，为丧葬之用。不知稚老近在何所？故托陶仞兄转商，想已接洽矣。发电后而陈仲英先生适来北

平,传述稚公雅意,要约同归。云能到南,百事皆可解决。不佞感激过分,不知所以为辞,但有涕泪而已。潭柘筑路正在敦促当局进行,不日华南圭将亲往查勘。疗养院年内如可成立,准接内子入潭柘将养。歌斯哭斯,于愿足矣。不佞对于良忠靖先生女孤三人、表妹二人,负教养之,仅于年内尽了向平,则我可死,今年已嫁二人。其表妹霞江昨亦订婚矣。附函阅后、乞即饬送为叩、肃颂阖潭万福。

弟泉再拜

八月二十七夜

　　仞千、可亭、云初诸兄前,晤时乞致耿臆(不直电稚公而托陶仞兄转商者、因贵公司有挂号电、可省地名,且免老人惊心,与译电之劳也。)

九月四日

廉南湖致荣宗敬函[①]

宗敬先生执事:

　　榴花照眼,节近端阳。旅泊萧寺,欲归不得。唯遥祝起居万福而已。弟一月中吐血三次,烂脚久而未愈。虽将身心世界一齐放下,毕竟尚活着。连得内子告急,不能不一动心。承赐膏秣之资,请先移缓应急,为内子过节之用。拟以两月为期,奉赵。倘蒙许可,借宽内顾之忧,千感万感。亡友良赉臣三女未嫁,为弟不能南归之最大原因。拟尽年内为故人了此向平。详见答侯疑始书。剪报附察,肃颂潭绥,不尽偻偻。

弟廉泉再拜

六月五日

----

① 《廉南湖致荣宗敬函》,《无锡旅刊》1929 年第 137 期。

仞千、可亭、云初诸兄前均此致候恕不一一。附寄内子一书、阅后封固饬送为扣。

廉南湖答侯疑始书①

疑始先生执事：

公与宗敬、云初诸兄见爱盛心，所谓生繁华于枯荑，育丰肌于朽骨，可以死效，难用笔陈，局外不察，见吾与诸公书，多感恩知己之语，"惹得虚空笑满腮"。世俗之见，自当如此。不知恩德滋深，良心之发现，一时有不容自巳者，我非我，而他是谁？笑骂由他，求吾心之所安而已。顷奉五月一日手帖，语长心重，反复不能答一词。所以留滞至今者，因对于吾友三女未嫁与良祠付托无人。此数月中，为慰男、秀华两姊妹相攸，其慎重实过于己子。最近得武冈刘君百昭，足配慰男，为忠靖先生婿矣。其求婚书一通、录稿附察。取得慰男同意，日内将行纳采之体，吾以红豆一双为二人福德之证。其妹秀华，已为介绍某大学生，双方在考查中。品性才学，亦颇相当。哑妹秀玉，则与马君启钧早订婚约，拟尽年内为故人了此向平。而潭柘疗养院，希望于最短期间成立。（工务局已派员入山查勘路线，预备筑汽车道以利交通。）俾不佞得南北自由，否则功败垂成，或有意外之障碍，未可知也。柳堂阁题，一时未易解决，恐内子憔悴忧伤以死，愈想愈不敢回家。苦语流传，徒贻笑柄。（为小报添资料不少）在此日与魑魅相薄，人亦魑魅也。刻刻自危，不免去住两难。"只身南返"云云，理想去事实太远。诸公望眼欲穿，感当奈何，愧当奈何？敬问无恙不宣。泉再拜、五月十日、附刘百昭先生来函一通（略）

---

① 《廉南湖答侯疑始书》，《无锡旅刊》1929年第137期。

廉 南 湖 来 函[①]

（一）

今辰奉读九月初六日惠书，当即到北平中国农工银行托汇千元。遇行员王君友源，知吾同乡汇费格外克己，只收五元云。此款用快信通知沪行收账，须一星期左右。颐丹先生处，请即致意，并乞报告杂持会诸公为荷，不佞感诸公之高义，恐图报之无期。云初兄所介绍之贤主人，最高价值，究竟能加若干，望二公左右推挽，以速其成。不佞只求能结束浮生，使内子苟全性命，勿以忧伤憔悴而死，于愿足矣。恃爱屡渎、主臣主臣，肃上仞千、可亭雨先生执事。

弟泉再拜

十月廿四日灯下、汇款单一纸附察

（二）

仞千先生执事：

昨奉手帖，感悚交并，无以为慰。云初先生已接洽否？柳堂事望公与可亭先生敦促圆成。由维持会诸公出为评定，价值只求能了押款及持会垫款本息，再余三千元以了目前最急之债，即一切惟命。破产以后，使子侄各立门户，不佞接内子入潭柘了死脱生，如是如是。日内若不从速解决，恐全家自杀即在目前。所谓不死不了，死亦不了，真无以善其后矣。内子在沪，为其他各债团所包围，贫病交迫，行将不能举火。不佞每接家书，心跳手颤，不啻宣布死刑。愿及未死将此窘迫惨状，密陈于我公及维持会诸公之前，并乞致意云初先生，本救急如焚之盛，以将柳堂一言让渡，生死肉骨，有如二天。专肃奉恳，不尽驰企。

弟廉泉再拜　十月十六

---

① 《廉南湖来函》，《无锡旅刊》1929 年第 134 期。

宗敬兄弟暨慈明、仲祜、伯鸿、可亭、云初诸兄前,请以此书呈阅。因电车跌伤右腕,作书颇困难,恕不一一也。

提倡火葬之廉南湖先生正式委托其日友听花先生书①
委托书

不佞近数月来精神越溇,百病咸生。岁在龙蛇,自知不免。生平主张公墓与火葬,曾与纯悦和尚有约,死则埋我潭柘山中。与家族无须说明。本年一阅十六日,有与丁福保医生书为证。并附孙寒厓为我预挽一则,奉呈 矜察

唯北平尚无火葬场,贵国人所设备者则有之,不知许我他日与先生永诀之日,能借邻火于了此幻身否?愿及未死而一言嘱咐至一切费用家人自当遵缴也。焚化后埋骨潭柘,题曰岫云山人之墓并请先生与纯悦和尚共同负责,不许讣告丧,不作佛事,不受亲友一言一物,儿女无识或持异议,以此委托书示之。以了我心愿,肃上过德花先生。

廉南湖亲笔委托书
中华民国十八年四月八日书于北平诩教寺

廉南湖先生与孙寒厓先生书②
寒厓先生执事:

三日前,田少君津生在辅仁大学阅报,见路透电传稚公自杀,来寺见告。不佞闻之一恸几绝。近两月来病榻缠绵,精神错迕已极,何堪经此刺激。连日书空咄咄,食不下咽,夜不成眠。自念将与吾友相逢于地下,未死相逢之约成灵愿矣。(最近与稚公书曰小

---

① 《提倡火葬之廉南湖先生正式委托其日友听花先生书》,《北平画报》1929 年第 39 期。

② 《廉南湖先生与孙寒厓先生书》,《北平画报》1929 年第 36 期。

死相逢能与我爱之先生暨寒厓先生相与一笑则身心了然,此外□之,谁与语也。)家人见我顿失常态,亦愿优悬。至昨日报纸证明故人无恙,惊魂始定。然痛定思痛,幻想犹为之颠倒也。梦东师曰:到头始信原无诗,弓影非蛇诚自疑。如是,颂三月十九日

手帖具审,先烈遗孤已分别遣送留学及免费就学,此当然之事。英灵未泯莫喻,欣荣思存。先生闻将北归,长安不易居,欲求相当位置,谈何容易。不佞潇潇肃肃,自甘饿死沟壑。前年回神户,遥来受任何方面,余味亦不自解,何以能苟延残喘至今日也?亲旧不我忧。有求于我者,尚四面而至。以此终年扰扰为他人,惜可笑亦可怜矣。良祠付托无人,此亦不能南归原因之一。近为良弼之表妹赵希罗女士介绍与合肥赵祖泉君成就因缘,颇为美满。赵现管领颐和园,文□生日以昆明湖护鲤为寿,一时传为佳话。希罗本京口驻防镶白旗,今为丹徒人,冠汉姓曰赵。父廷钧字幼达,毕业早稻田。曾长甘肃地审厅,卒于民国九年。祖国璋字子达,历任四川州县三十年,有政绩。良弼少孤,子达先生携之任所,以养以教至成立,真所谓情均天伦者。希罗之母伊吉夫人,与春姬是同乡。故希罗(年二十一)与妹霞江(年十九)皆通日文,能烹调刺绣,有针神之称。且精于照相。希罗貌似小泪珠(天虚我生为顾九香女士作《泪珠缘》,小泪珠指九香之爱女顾舜英也),而霞江才调更胜于姊,真月中倮也。伊吉夫人与赵太君(良弼之岳母)为妯娌,不佞于去冬因赵太君得识其母女,且属为两姊妹相攸,乃因祖泉君相约游园,于无意中一言撮合,缔结此良缘,此中真有不可思议者。不佞鉴于幻身之不了与婚嫁□,受之影响,故极端提倡俭婚,双方皆同意。此次办妆,推春姬为政,竹笥、荆钗以及当日宴客并双回门与会亲一切的一切,女家所费不出二百元,足为当世法矣。病蹩已消肿,现用生肌膏能勉强着袜。因为二赵,了介绍之责任,扶杖去观礼,出门两次,狼狈不堪。始服张静江先生终年仆之沪杭京道中,以篮舆代足。毕竟伟人之愿力与奋勇为不可及也。咳当良已,

千万珍卫

弟泉再拜
四月一日

涛王爷殿下①：

敬再请者。窃廷桢等前已故协统良弼谋国之勤，殒身之惨，宜邀易名之典。特予不次之恩。并求颁以楹联，褒之堂额，设位奉嗣。借申哀慕各等因，合词缕陈钧听。下月十一日已届追悼之期，廷桢等迫切翘盼。尚未奉有纶音，为此专肃再请，万望殿下轸念沉沦，曲加矜悯。俯如所请，迅予表扬。并非逾分之求。敢为恃爱之渎。傥云事迹早蒙宣付史馆之荣，追念生平尤为勋旧宗臣之望。查前督臣周馥天老终老，犹荷饰终。该故协统良弼风烈孤忠，昭垂天壤，九原寂寞，天下伤之。再宾锷与该故协统从事多年，知之最稔。昨者还京，请署名加入，合并声明。伏乞睿鉴，不胜悔迫待命之至。

王廷桢　唐实锷　唐在体　廉泉　同谨上

编印藏经之呈文②
南湖好佛教，此文请大总统编印，中华全藏。
为呈请事：

昔释迦佛示入湟盘，付嘱迦叶尊者，结集三藏，勿令佛法速灭。迦叶尊者乃命阿难尊者结集经藏。论藏优波离尊者，结集律藏西方贝叶，始著灵文，东土译经流传。大法佛以护法责任付之国王大臣，故吾国汉唐以来，翻译经论、刊刻大藏，皆资于朝廷之力，府库之财。明刻南北两藏，清有雍正龙藏并为暗室之智灯，希世之法实

① 襟霞阁主编，储菊人校订：《刀笔菁华续集　名人著撰》，中央书店1936版，第225页。

② 襟霞阁主编，储菊人校订：《刀笔菁华续集　名人著撰》，中央书店1936版，第220页。

也。自紫柏算者就嘉兴楞严寺改刻方册,藏经流传益广。今明藏、嘉兴藏已被焚毁,巍然独存者,特柏林寺之龙藏耳。仁山居士之大藏辑要,其功德向未圆成。哈同夫人之频伽藏经,其校勘未为精当。龙藏去取过严,或任意抽毁,或弃置不收。官书刷印,手续繁难。请经一部,需金数千。殊未易事。而大乘遗文,古德著属。沉沦海外,不可胜收。日本于大藏之外,有续藏之刻。为书凡一千一百四十九卷缩印十五万一千余页。凡所收集,皆我国古逸之书。日本藏经书院,竭彼官私财力。越十寒暑,乃克成之。其后书院罹灾,全书灰烬。日人获此,视为国珍。方今世道陵夷,人心陷溺。非资佛法,莫由挽救。剥极而愎,已开悔祸之机。贞下起元,实赖无为之化用。是上恳钧座,仿明清故事,特开藏轻馆,编印中华全藏。以龙藏及日本续藏为底本,而旁搜印度、日本、朝鲜、暹罗经教宏文,成此巨典。另设佛学校,延名德主司其事,造成龙象之才,实为人天共仰。凡住持三宝之国土,得天龙八部之护持。如此则不徒东方哲学大放光明,南朔声教归于宁一。而灾难减少,斗争日息。蒙古益殷其内响衙藏,将见其来同诸佛欢喜,万众皈依,可以坐致太平,同成佛道者矣。钧座大钧,载物有德。如风行无之大慈,宣如来之使命。行见法身舍利,遍满寰区大乘。圣人来游尘刹,开龙宫之秘笈,演鹫岭之金言。三有齐资,四恩俱报。此实率土之殊遇,无疆之休烈。愿钧座毅然行之,甚盛甚盛。廉泉呈

烈士建祠之公函[1]

南湖为良忠靖建祠上大总统书云:

大总统钧鉴:

　　昨者舍饭获预侍谈,欣幸无似。故人良先生赍臣建祠事,原拟

---

[1]　襟霞阁主编,储菊人校订:《刀笔菁华续集　名人著撰》,中央书店1936年版,第221页。

就红罗厂受炸旧地,经营数椽,以安英灵。磋商两年,竟未克就。此心耿耿,刻不能忘。今者北来商之潭柘寺方丈纯悦上人,慨然允将西城翊教寺东院一所约有三十余间割奉建祠之用。方外因缘,侠肠高义,有足多矣。惟该东院屋,现有某一姓暂居,须于明春方能挪出。查该寺中殿东隅,有屋三楹,上人特为泉下榻之所。额曰岫云一角者。拟先就此间略事修葺,定于旧腊十一日开追悼会。以良先生受炸,为辛亥腊八日,蜕化为十一日也。兹荷允题匾额楹帖,恭奉玉音。感深出涕,千秋万禩,永戴荣光。伏腊岁时,借申哀慕。不特良先生有知,九原衔戢。凡与良先生有旧者,无不共仰鸿慈也。伏求速藻,俾先观成。复有渎者,良先生此祠全系泉私人交际捐募,于地方公帑不敢妄有希冀。但求钧座舒金色臂,量予布施。则中外具瞻。十方偏灌。凡与良先生有旧者,自易望风集合,得凑有万金。拟将半数备明春修葺。原定东三十余间之需,余半备良先生女孤学膳之用。恃高厚之照,临诹菩提之圆满。矢兹初显,俱拜佛慈。雨泪翅诚,哀悃穷露。凡所成就,宁止殁存,均感已也。肃叩曼福。伏乞垂鉴

廉泉谨上
中华民国十一年十二月二十日

附:孙中山复廉南湖书[①]

南湖先生大鉴:

来函借悉,独以宏愿为良弼建祠,笃念故人,足征深厚。惟以题楹相委,未敢安承。在昔帝王,颠倒英雄,常以表一姓之忠,为便私图之计。今则所争者为人权,所战者为公理。人权既贵,则人权之敌应排。公理既明,则公理之仇难恕。在先生情深故旧,不妨麦饭之思。而在文分昧生平,岂敢雌黄之粢。况今帝毒未清,人心待

---

① 《孙中山复廉南湖书》,1923 年 4 月 30 日《顺天时报》。

正。未收聂政之骨,先表武庚之顽。则卢惶惑易生,是非滋乱也。看宝刀之血在,痛及先民。临楮素而心伤,难忘我见。用方唯命,幸即鉴原。此复,借询时绥

孙文

廉泉致豫才书札①

豫才老弟足下:

来书以大作见示,并以作诗之道为言。夫诗之道不一,古人言之详矣。而第就足下之诗,描足下之志言之。夫为诗者,必有会于古人为诗之旨,然后出而阅乎当世之事。观乎长江大河,以浑灏其气势;观乎神京帝阙、宫室苑圈,以尊壮其观瞻;观乎名公巨卿、硕人畸士,与夫豪右大侠,以开拓其志气;观乎边塞厄险、平原旷莽,以舒荡其心胸;观乎奇峰怪石、幽壑穷岩,以透露其才思;观乎荒祠野店、寒泉蔓草,以激宕其声响。时而晨霜载道,烟月在空,衰柳寒鸦,荒芦晚雁,则吾以苍凉青远之诗写之;时而牧马悲鸣,胡茄四起,沙黄草白,古戍荒营,则吾以激宕峭厉之诗写之;时而一编吊古,千里依人,烟墨销愁,文章憎命,则吾以感慨激昂之诗写之;时而志士罪言,愤时抗论,事关君国,义比春秋,抚时感事之作,必有深识卓见以布达之,奇句重语以镇定之,幽思孤怀(之)[以]咏叹之,凄音厉声以抑扬而顿挫之。旷观世局以大其范围,细审人情以穷其变化,熟精史事以助其波澜,若是者方可有佳作。足下才思过人,假以时日,必有可观也。诗虽小道,亦能见大,亦能成大用,幸勿忽之可耳。屡承垂询,故反复申之如此。顺颂旅棋

小兄廉泉手上

---

① 赵一生、王翼奇编:《香书轩秘藏名人书翰》(下),浙江古籍出版社 2005 年版,第 614 页。

廉泉致容庚书①

希白先生执事：

违侍日长，驰仰无任已还伏唯与居万福弟自去年患膀胱癌后，精神越涹。百病咸生，近患咯血，夜睡不着，念念心悸。尊箸簠鼎释父原稿附上，敬乞写在拓本文字两旁，俾成完璧。商鼎拓本一幅，并求。赐题至感至荷，倚枕奉恳　顺颂

道祺不尽偻

弟廉泉再拜
十月一日

廉泉致薛民见②

明剑先生侍史：

顷奉手帖，并读贤梁孟见和新诗，忧世深心溢于言表；抛砖引玉，莫喻欣荣，敬谢敬谢！近日天灾人事相逼而来，紫禁城内大火，损失之钜，乃至算数譬喻所不能及。彼汹汹者专致力于大选问题，不顾民意，不久，或当实现；某外人称我日"匪国念之心悸。鄙意非合全国之力，主张迁都南京，离去黑暗千年之魔窟，改弦更张，无以表中华民国之资格，为汹汹者一雪此耻。不佞往年有《规复民国元年建都南京制私议篇》，曾排日揭载《无锡新报》，约在去年冬间。原稿该报未寄回，手头已无副本，不知能将该报检出寄下。

一份否？京友索阅此稿至急也。尚望我公联合同志提议为幸。肃颂双绥

廉泉再拜
六月三十日

---

① 广东省立中山图书馆编：《广东省立中山图书馆馆藏名人手札选萃》，商务印书馆 2002 年版，第 102 页。

② 彭长卿编：《名家书简百通》，学林出版社 1994 年版，第 281 页。

君浩蒙庇，感不去怀。望随时教督，使得有所成就，则拜赐多矣。荣德翁前，乞致耿忆，此吾邑之星凤，以不得执手为恨也。

（郭建鹏，山东大学文学院在读博士后）

附录

征 稿 启 事

《近代中国》为 CSSCI 来源集刊,创刊于 1991 年,设有《孙中山研究》《政治外交》《社会经济》《思想文化》《人物研究》《学术述评》《史料辑存》等涉及近代中国社会多方面的专题研究的专栏,欢迎上述范围内有新意的学术论文投稿,具体要求如下:

一、论文篇首应有对学界以往相关研究成果的扼要概述。

二、论文引文注释凡例,请参照《近代史研究》的规定。

三、来稿篇幅宜在 1.5 万字内,特约或优秀文章可酌情增加。

四、来稿请以 WORD 文档电子版发送至本刊邮箱(jdzg2016@126.com),来稿经专家评阅并在重复率检查合格后,编辑部将及时通知作者。

五、来稿一经录用,本刊将支付相应的稿酬。

编辑部地址:上海市黄浦区陕西北路 128 号 1308 室,邮编 200041。

图书在版编目(CIP)数据

近代中国. 第三十一辑 / 上海中山学社编 ；廖大伟主编 .— 上海 ：上海社会科学院出版社，2019
ISBN 978 - 7 - 5520 - 2065 - 6

Ⅰ. ①近… Ⅱ. ①上… ②廖… Ⅲ. ①中国历史—近代史—文集 Ⅳ. ①K250.7 - 53

中国版本图书馆 CIP 数据核字(2019)第 256910 号

近代中国(第三十一辑)

编　　者：上海中山学社
责任编辑：杨　国
封面设计：黄婧昉
出版发行：上海社会科学院出版社
　　　　　上海顺昌路 622 号　邮编 200025
　　　　　电话总机 021 - 63315947　销售热线 021 - 53063735
　　　　　http://www.sassp.cn　E-mail：sassp@sassp.cn
排　　版：南京展望文化发展有限公司
印　　刷：上海新文印刷厂
开　　本：850 毫米×1168 毫米　1/32
印　　张：10.625
插　　页：2
字　　数：264 千字
版　　次：2019 年 12 月第 1 版　　2019 年 12 月第 1 次印刷

ISBN 978 - 7 - 5520 - 2065 - 6/K • 537　　　　定价：52.00 元